JN109924

ライブラリ 心理学の杜 3

心理学研究法

本多明生・山本浩輔
柴田理瑛・北村美穂　共著

サイエンス社

監修のことば

　心理学はどの大学でも，もっとも人気のある科目の一つです。一般市民向け
の講座でも，同様です。心理学への関心の高さは，人間とは何かという尽きぬ
疑問のせいもありますが，一方で，暴力と虐待，環境と災害，紛争と差別，少
子化など，様々の社会問題に人の心の特質が関与しているからと思われるから
でしょう。心理学に携わる者にとっては，人々のこうした関心に応えるために
も，心理学の知識を社会に対して正しく伝えていく責務があります。その中核
を担うのは大学教育です。

　実証科学としての心理学では，日々，新しい知見がもたらされ，新しい理論
が提起され，新しい技術が開発されています。脳科学，遺伝学，情報学など隣
接諸学とのコラボレーションも進み，新展開を見せている心理学分野がある一
方で，社会の諸課題に挑戦する応用分野でも心理学者の活発な活動が見られま
す。知識体系，技術体系としての心理学の裾野は益々広がりを見せています。
大学における心理学教育も，これらの発展を踏まえ，教育内容を絶えず書き換
え，バージョンアップしていく必要があります。

　近年，我が国の心理学界では大きな動きがありました。2017 年より公認心
理師法が施行され，心理専門職の国家資格がスタートしました。これに先立っ
て，心理学を講ずる各大学や関連諸学会では，大学における心理学教育の在り
方をめぐって精力的に検討が行われ，いくつかの団体から標準カリキュラムの
提案もなされました。心理学徒の養成を担う大学での今後の心理学教育は，こ
うした議論や提案を踏まえたものになる必要があり，このためにも，そこで使
用される心理学テキストの内容については抜本的見直しを行うことが急務です。

　本ライブラリは，これらのことを念頭に構想されました。心理学の基本とな
る理論と知識を中核に据え，これに最新の成果を取り入れて構成し，現代の心
理学教育にふさわしい内容を持つテキスト・ライブラリを刊行することが目標
です。公認心理師養成課程はもちろん，それ以外の心理学専門課程や教養とし
ての心理学にも対応できるよう，教師にとって教えやすい簡明な知識の体系化
をはかり，同時に，学生たちが読んで分かりやすい内容と表現を目指します。

監修者　大　渕　憲　一

阿　部　恒　之

安　保　英　勇

まえがき

　本書は，「心理学研究法をはじめて学ぶ方」を主な読者対象として執筆しました。それでは，心理学研究法をはじめて学ぶ方にとって適切なテキストとはいったいどのようなものでしょうか。心理学研究法と聞くと，専門的で難しいという印象をもたれるかもしれません。実際，心理学研究法のテキストの中には，私たち筆者からみても，もう少しわかりやすく説明したほうがよいのではないか，と思う本があります。このような思いから，私たち筆者は，心理学研究法をはじめて学ぶ方が途中で挫折することなく，最後まで楽しく読み終えることができるように，最近の話題や身近な例，時にはユーモアを交えた，親しみやすくてわかりやすいテキストを作成しようと考えました。

　そして，私たち筆者は「好きこそものの上手なれ」ということわざをヒントに，心理学という学問を皆さんに好きになってほしいと考えながら執筆を行いました。このことわざは，どんなことでも，人は好きなものについては熱心に努力するので上達が早いことを意味します。本書は，親しみやすくわかりやすい説明を心がけただけでなく，心理学を少しでも好きになってほしい，また学問としての心理学の魅力を伝えたいと思って作成しました。

　もちろん，本書には，初歩的な内容にとどまらず，研究を行うときに役に立つ実践的な情報も含めました。そして，公認心理師，認定心理士，臨床心理士などの心理学の資格取得を目指す方が学習に活用できるように，筆者同士で知恵を出し合って，お互いの原稿に目を通し，アドバイスし合いながら執筆を進めました。したがって，本書の内容は，実践的な情報を求めている方，心理学の資格取得を目指している方にもふさわしいと思います。

　本書は，第1章「心理学研究法の基礎」，第2章「実証的な研究法」，第3章「実験法（1）──変数の統制による実証的研究」，第4章「実験法（2）──さまざまな実験」，第5章「調査法（1）──調査の基本」，第6章「調査法（2）──心理尺度の作成」，第7章「観察法」，第8章「面接法」，第9章「検査法」，第10章「統計的分析」，第11章「研究倫理」，第12章「文献検索法」，という目

次立てにより構成されています。

　また，章末には知識の習得状況を確認するための復習問題を設けました。そして，復習問題の後には，皆さんが発展学習を行うための参考図書を紹介しました。心理学は奥が深く広大な学問ですから，これらを活用してさらなる学習に役立ててください。

　平成27（2015）年9月に公認心理師法が国会で可決・成立したことで，我が国初の心理系国家資格である公認心理師が誕生しました。心理学に対する社会の期待は大きくなっていますが，その期待に応えるためには，心理学に関する知識を身につけた方が社会でさらに増えていくことが重要です。

　本書が，皆さんの学びに，そして心理学や社会の発展にとって，少しでも役に立てるのであれば，私たち筆者にとって大きな喜びとするところです。

　最後になりますが，ライブラリ監修者である，東北大学名誉教授大渕憲一先生，東北大学の阿部恒之先生，安保英勇先生には執筆の機会を与えていただいたこと，そして本書の草稿段階から完成に至るまで有益なご助言を数多く頂戴したことに深く感謝いたします。また，サイエンス社編集部の清水匡太さんには本書の企画や編集作業等で大変お世話になりました。この場をお借りし，感謝申し上げます。ありがとうございました。

2022年4月

　　　　　　　　　　　　　　　　　筆者を代表して　本多明生

目　次

まえがき ……………………………………………………………… i

第1章　心理学研究法の基礎　1

1.1　は じ め に …………………………………………………… 1

1.2　心理学の成立 …………………………………………………… 2

1.3　心理学と科学的なアプローチ ……………………………… 9

1.4　心理学はなぜ科学的説明を重視するのか ……………… 11

1.5　心理学の基本的な研究プロセス ………………………… 14

1.6　ま　と　め …………………………………………………… 16

復 習 問 題 ………………………………………………………… 17

参 考 図 書 ………………………………………………………… 17

第2章　実証的な研究法　19

2.1　は じ め に …………………………………………………… 19

2.2　研究の「データ」——変数と尺度 ………………………… 21

2.3　妥当性と信頼性 ……………………………………………… 24

2.4　相関と因果 …………………………………………………… 29

2.5　実験的研究と観察的研究 …………………………………… 32

2.6　ま　と　め …………………………………………………… 38

復 習 問 題 ………………………………………………………… 39

参 考 図 書 ………………………………………………………… 39

第3章　実験法（1）——変数の統制による実証的研究　41

3.1　は じ め に …………………………………………………… 41

3.2　独立変数，従属変数，交互作用 ………………………… 41

3.3　剰余変数とその統制 ………………………………………… 45

3.4　代表的な実験法①——精神物理学的測定法 ……………… 55

3.5　代表的な実験法②——単一事例実験 ………………………… 60

3.6　ま と め ………………………………………………………… 63

復 習 問 題 …………………………………………………………… 64

参 考 図 書 …………………………………………………………… 65

第4章　実験法（2）——さまざまな実験　67

4.1　は じ め に ……………………………………………………… 67

4.2　実験室実験 ……………………………………………………… 68

4.3　質問紙実験 ……………………………………………………… 70

4.4　現場実験と自然実験 …………………………………………… 73

4.5　準 実 験 ………………………………………………………… 75

4.6　お わ り に ……………………………………………………… 83

復 習 問 題 …………………………………………………………… 84

参 考 図 書 …………………………………………………………… 84

第5章　調査法（1）——調査の基本　87

5.1　は じ め に ……………………………………………………… 87

5.2　調査法の基本構成 ……………………………………………… 88

5.3　調査法の特徴 …………………………………………………… 96

5.4　調査法の手続き ………………………………………………… 99

5.5　調査法における留意点 ………………………………………… 103

5.6　ま と め ………………………………………………………… 105

復 習 問 題 …………………………………………………………… 106

参 考 図 書 …………………………………………………………… 107

第6章　調査法（2）——心理尺度の作成　109

6.1　は じ め に ……………………………………………………… 109

6.2　心理尺度の作り方 ……………………………………………… 110

6.3　心理尺度の信頼性と妥当性 ……………………………… 115

6.4　SPSS を使って因子分析をする ………………………… 118

6.5　ウェブツールを使った調査 ……………………………… 127

6.6　ま と め ……………………………………………………… 128

復 習 問 題 ………………………………………………………… 128

参 考 図 書 ………………………………………………………… 129

第7章　観　察　法　131

7.1　は じ め に …………………………………………………… 131

7.2　自然観察法 …………………………………………………… 132

7.3　実験的観察法 ………………………………………………… 133

7.4　参与観察法と非参与観察法 ……………………………… 136

7.5　記録法による分類 …………………………………………… 138

7.6　観察法に関係するバイアス ……………………………… 144

7.7　観察の信頼性と妥当性 ……………………………………… 145

7.8　ま と め ……………………………………………………… 147

復 習 問 題 ………………………………………………………… 148

参 考 図 書 ………………………………………………………… 148

第8章　面　接　法　151

8.1　は じ め に …………………………………………………… 151

8.2　調査面接法 …………………………………………………… 152

8.3　臨床面接法 …………………………………………………… 157

8.4　面接法実施におけるポイント …………………………… 158

8.5　面接法におけるデータ分析 ……………………………… 164

8.6　ま と め ……………………………………………………… 167

復 習 問 題 ………………………………………………………… 168

参 考 図 書 ………………………………………………………… 169

第9章　検　査　法　171

9.1　は じ め に …………………………………………… 171

9.2　知能検査の発達 ……………………………………… 172

9.3　質　問　紙　法 ……………………………………… 181

9.4　投　影　法 …………………………………………… 185

9.5　作業検査法 …………………………………………… 187

9.6　ま　と　め …………………………………………… 189

復　習　問　題 …………………………………………… 190

参　考　図　書 …………………………………………… 190

第10章　統計的分析　193

10.1　は じ め に ………………………………………… 193

10.2　データの統計的記述 ……………………………… 194

10.3　仮説検証型研究と仮説生成型研究 ……………… 198

10.4　推　測　統　計 …………………………………… 199

10.5　統計的仮説検定 …………………………………… 200

10.6　検　定　力 ………………………………………… 203

10.7　効　果　量 ………………………………………… 205

10.8　相　関　関　係 …………………………………… 208

10.9　相関関係に関する注意点 ………………………… 211

10.10　因　果　関　係 …………………………………… 213

10.11　多 変 量 解 析 …………………………………… 214

10.12　お わ り に ………………………………………… 218

復　習　問　題 …………………………………………… 219

参　考　図　書 …………………………………………… 219

第11章　研究倫理　221

11.1　は じ め に ………………………………………… 221

11.2　研究倫理の基本構造 ……………………………………… 222

11.3　研究倫理審査 ………………………………………………… 228

11.4　研 究 不 正 …………………………………………………… 234

11.5　研究不正の防止 ……………………………………………… 242

11.6　ま　と　め …………………………………………………… 244

復 習 問 題 ………………………………………………………… 244

参 考 図 書 ………………………………………………………… 245

第 12 章　文献検索法　　247

12.1　は じ め に …………………………………………………… 247

12.2　文献の種類 …………………………………………………… 248

12.3　論文の探し方——文献検索法 ……………………………… 254

12.4　論文の分類と読み方 ………………………………………… 257

12.5　文献の整理の仕方——文献レビュー ……………………… 261

12.6　ま　と　め …………………………………………………… 265

復 習 問 題 ………………………………………………………… 265

参 考 図 書 ………………………………………………………… 266

復習問題解答 ……………………………………………………… 267

引 用 文 献 ………………………………………………………… 269

人 名 索 引 ………………………………………………………… 279

事 項 索 引 ………………………………………………………… 281

著 者 紹 介 ………………………………………………………… 291

心理学研究法の基礎

1

　世の中には「大きな心」「美しい心」「心が熱くなる」「心が軽くなる」などのように，心があたかも物体として存在するかのような印象を与える表現があります。しかし，心は，質量や引力，時間などと同じように概念的なものですから，その性質や状態を見たり触ったりして直接調べることはできません。このような事情から，心理学者たちには，科学者たちが知恵をめぐらしてきたように「心を研究する方法（心理学研究法）」について工夫することが求められてきました。本章では，その導入として「心理学研究法の基礎」について学びます。具体的には，心理学とはどのような学問なのか，心理学と科学的なアプローチ，心理学が科学的説明を重視する理由，心理学ではどのような流れで研究が行われているのかなどについて，最近の話題を交えながら説明します。

1.1　はじめに

　「あなたに心はありますか？」。こんな質問をされても，心があることは当然なので「はい」としか答えようがありません。それでは「心のありかを指し示すことはできますか？」と質問されたらどのように答えるでしょうか。この質問には悩むかもしれませんが，きっと「いいえ」と答えると思います。ただし，漫画やアニメ，映画では人物の心を表現するために，ハートマークが描かれることがありますから（図 1.1），もしかしたら「はい，ここに」と言って左胸の上から心臓を指す人もいるかもしれません。気のきいた人ならば，「脳」にかけて「ノー（No）」と答えるかもしれません。

　心はあくまで概念的なものですが，そのような心の性質や仕組みはどうすれ

図 1.1　ハートマークで物体的に表現されている心の例

ば解明できるのでしょうか。心理学の魅力はたくさんありますが，その一つは直接見たり触ったりして存在を確認することができない心という概念的な対象を，科学的方法を利用することで，その性質や仕組み，そして心にまつわるさまざまな現象を可視化する点にあります。したがって，心理学研究法は心理学の魅力と大きく関係しています。初学者は心理学研究法のイメージを難しいものとしてとらえてしまいがちですが，心理学研究法を学ぶことで，今まで以上に心理学の魅力を発見できるようになるのです。

1.2　心理学の成立

1.2.1　心理学前史

　心理学は最初から個別の学問として成立していたわけでありません。心に関する哲学的なアプローチはギリシャ時代にまでさかのぼることができますが，心に関する科学的なアプローチを採用する心理学の誕生には 19 世紀の自然科学の発展が大きな影響を与えました（長谷川ら，2008）。たとえば，生理学者・物理学者であるヘルムホルツ（Helmholtz, H. L. F. von）は，感覚や知覚という意識現象が生理学的メカニズムで説明できることを実証的に明らかにした

図 1.2　フェヒナー（Fechner, G. T.）

ことで，心に関する科学的なアプローチの可能性を示しました。そして，物理学者フェヒナー（Fechner, G. T.）（図 1.2）による**精神物理学**（psychophysics）[1]の創立は，実験心理学の誕生に強い影響を与えました。さらに，ダーウィン（Darwin, C. R.）による進化論は，人と動物を連続したものとしてとらえることを可能にするアイデアを提供したことから，心理学の成立と発展に貢献しました。

1.2.2　心理学の成立

　学問としての**心理学**（psychology）は，1879 年にドイツのライプツィヒ大学にて，ヴント（Wundt, W. M.；図 1.3）の心理学実験室が教育や研究に公式に利用されるようになったときに成立したと考えられています[2]。このことに由

---

[1]　精神物理学は心理物理学と呼ばれることがあります。この研究分野では精神的世界に属する感覚と物理的世界に属する刺激との間の数量的関係を解明しようとします。
[2]　心理学の成立については，多くのテキストで「1879 年に心理学実験室が創設されたとき」と説明されています。しかし，これは実際には心理学実験室ができた年ではなく，この年度の秋からカリキュラムにヴントの指導するゼミナール（演習）が新たに加わり，それまでヴントが私的に使っていた実験室が授業に組み込まれたと解釈するのが正しいようです（Bringmann et al., 1980; 高橋，2016; サトウ・高砂，

図 1.3　ヴント（Wundt, W. M.）

来して，ヴントは「実験心理学の父」と呼ばれています。この出来事は，哲学的なアプローチではなく経験科学的なアプローチを採用する心理学が誕生したことを意味します。ちなみに，同年は日本の元号では明治 12 年になり，琉球藩を廃止して沖縄県を設置するという出来事が起きています。

　初期の心理学では，実験的に整えられた状況で**研究参加者**（participant）（あるいは**被験者**（subject））に自身の体験を注意深く観察してもらい，その体験を言語報告してもらう**内観法**（introspective method, introspection）[3] と呼ばれる研究法が用いられていました。言い換えるならば，その頃の心理学の研究対象は意識で（**意識主義**（consciousism）），それを観察する方法として内省報告が利用されていたのですが（**内省主義**（introspectionism）），この方法を科学的なアプローチとして研究に使用し続けることには問題があると考える人

2003）。したがって，正しくは「1879 年にライプツィヒ大学に心理学の演習が導入されたとき」に心理学は誕生しました（サトウ・高砂，2003）。

[3]　ヴントのいう内観法とは，たとえば同じ痛覚刺激を提示した場合，あるときは痛いと答え，別のときは痛くないと答えられては困るので，いつも一定の反応が得られるように，ハードな内容の訓練を研究参加者に繰返し行うものだったそうです（サトウ・高砂，2003）。

が次第に増えていきました。

　その理由は，第1に，内観法では観察対象（心）と観察者（研究参加者）が分離されていないので観察者の主観が必ず入るからです。ヴントは，主観による影響を少なくするために，研究参加者にハードな訓練を行ったそうですが，いくら訓練を行ったところで観察者はロボットではないので，主観をゼロにすることは不可能です。そして，内観法は観察者に意識体験の言語化を求めましたが，この方法を適用できるのは言葉で説明する能力がある人だけです。世の中には，口下手な人，言葉を話すことができない年齢の子どもや言葉に関する障害がある人もいます。心理学がさまざまな人の心の働きや仕組みを明らかにしようとするのであれば，言語化という方法は制約を生みます。さらに，内観法は意識体験として観察できないものは研究対象にすることができません。

　これに対し，精神科医フロイト（Freud, S.；図1.4）は，ヒステリーの研究に携わる中で，人間の心には自我では意識できない領域（無意識）があると仮定しました。そして，フロイトは，人間行動の説明には意識よりも無意識の過程のほうが重要な役割を果たしていると考えて，**精神分析学**（psychoanalysis）という学問を創立しました。

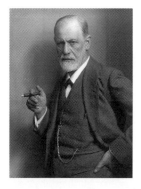

図1.4　フロイト（Freud, S.）

1.2.3　行動科学としての心理学

　内観法は心を研究する方法として問題があったことから，心理学は客観的に観察することができる「行動」をもとにして研究を行うべきだと考える人が増えていきました。代表的なのはワトソン（Watson, J. B.；図 1.5）やスキナー（Skinner, B. F.）などの行動主義者と呼ばれた心理学者たちです。ワトソンは**アルバート坊やの恐怖条件づけ実験**（Little Albert experiment），スキナーは**オペラント条件づけ**（operant conditioning, instrumental conditioning）の研究を行いました。有名な心理学者ですから，授業等を通じて彼らの名前を聞いたことがあるかもしれません。

　ワトソンは，心理学は客観的で実験的な自然科学の一分野でなければならないと考えていた人で，心理学の研究法は内観法ではなく他の科学と同様に客観的な行動の観察と測定に基づくものにすべきであり，心理学の目標は行動の予測と制御にあると主張しました。この考えは**行動主義**（behaviorism）と呼ばれています。スキナーは，ワトソンの行動主義の考えを現実社会に役立つ方向に発展させる上で大きな役割を果たしました。客観的な行動の観察と測定を重視する行動主義の考えは，1920 年代から 60 年代にかけて，心理学に強い影響を与えたことから，心理学は**行動科学**（behavioral science）の学問としての立

図 1.5　**ワトソン**（Watson, J. B.）

場を確立することになりました。**アメリカ心理学会**（American Psychological Association; APA）は心理学に関する世界最大の団体ですが，この団体が編纂した『APA心理学大辞典』で「心理学」を調べてみると「心と行動に関する学問」と説明されています（VandenBos, 2007 繁桝・四本監訳 2013）。心理学が，心だけでなく行動に関する学問として定義されていることには，行動科学の学問としての心理学の立場が反映されています。

1.2.4　現代心理学へ

　1960年代になると，観察可能な行動のみに焦点をあてる行動主義的なアプローチでは，客観的な行動の観察が難しい多くの心的過程（たとえば注意やイメージなど）が研究対象から外れてしまうという問題があることが認識されるようになりました（長谷川ら，2008）。これは，行動主義的なアプローチにも限界があり，行動を生み出す心的過程を解明できないことを意味します。**認知心理学**（cognitive psychology）は，この問題を解決する過程において発展した学問です。認知心理学は情報科学やコンピュータ科学の影響を受けて，人間の心的過程は**情報処理過程**（information processing）であると仮定しました。そして，その仮定をもとに，人間の行動を観察して心的過程をモデル化して科学的に検証するというアプローチを採用しました。これが基本的な方法論として広く受け入れられた結果，心理学は客観的な行動の観察が難しい多くの心的過程にまで，研究領域を拡大することができるようになりました。

　現代心理学には，認知心理学以外に学習心理学，発達心理学，教育心理学，社会心理学，臨床心理学など多様な研究分野があります。研究分野によって研究の主要な現場などは若干異なりますが，物理的な**刺激**（stimulus）や社会的な状況によって生じる行動を客観的に観察・測定して，その行動を生み出す心的過程を明らかにすること，心と行動の全体像を明らかにしようとする基本的な姿勢は共通しています。これはさまざまな状況下にあるすべての年齢層の人々が現代心理学の研究対象であること，心理学の研究法にはバリエーションが求められることを意味します。実際，現代心理学の代表的な研究法には，**実験法**（experimental method）（第3章，第4章），**調査法**（survey method）（第

5章，第6章），**観察法**（observational method）（第7章），**面接法**（interview method）（第8章），**検査法**（test method）（第9章）がありますが，実際の研究では複数の研究法が併用されることが少なくありません。研究が行われる環境も，実験室（**実験室研究**（laboratory research））から実験室の外の日常場面（**現場研究あるいはフィールド研究**（field research））までさまざまです。このように心理学と心理学研究法は二人三脚で発展してきました。

1.2.5　データサイエンスと心理学

　近年，データサイエンス（data science）という科学領域が話題になっています。データサイエンスは『デジタル大辞泉』では「データの分析についての学問分野。統計学，数学，計算機科学などと関連し，主に大量のデータから，何らかの意味のある情報，法則，関連性などを導き出すこと，またはその処理の手法に関する研究を行う。これらの研究者および技術者はデータサイエンティストとよばれる。」と定義されています。

　心理学は，行動のデータを収集して，**尺度水準**（level of measurement, scale of measure）（第2章）に基づいてそのデータを分類し，**統計的分析**（statistical analysis）（第10章）を行うことで，さまざまな状況下の心と行動の仕組みに関する情報，法則，関連性などを明らかにしようとします（**量的研究**（quantitative research））。したがって，心理学はデータサイエンスの学問，心理学者はデータサイエンティストともいえます。実際，心理学専攻のカリキュラムでは，データ分析に関係することから**統計学**（statistics），中でも**記述統計学**（descriptive statistics）と**推測統計学**（inferential statistics）を学びます。記述統計学は，図表の作成や平均の算出などデータの特徴の把握に関係する学問です。推測統計学は，**母集団**（population）から一部のデータ（**標本**（sample））を抜き出して，そのデータの特徴から母集団の特性を推測することに関係する学問です。最近では，これらの統計学に加えて，条件付確率の公式であるベイズの定理を用いた統計学の**ベイズ統計学**（Bayesian statistics）を学ぶ人もいます。そして，機械にデータを学習させ，データに潜むパターンや特性を発見し，予測させる技術である**機械学習**（Machine Learning; ML）を心理学の研究に応用

しようと考える人も増えてきました。このように心理学にはデータサイエンスの学問としての側面があります。しかし，心と行動に関する諸問題は，数値化が容易ではない人間のリアルな営みと完全に切り離して考察することはできません。このようなことから，心理学では**フィールドワーク**（field work）や**エスノグラフィー**（ethnography），**生活史研究**（life history study）に代表されるデータの数値化が難しい研究（**質的研究**（qualitative research））も積極的に行われています。

1.3　心理学と科学的なアプローチ

1.3.1　科学的方法

　心理学は，自然科学に属する他の学問と同じように科学的方法を用いることで，心と行動の仕組みに関する事実や証拠をもとにした実証的研究を行う学問です。科学的方法には次の要件があります（Searle, 1999 宮本・渡邊訳 2005）。
①客観的な観察あるいは過去の研究に基づいていること。
②検証可能な仮説がたっていること。
③よく計画された研究によって仮説が評価されていること。
④質的もしくは量的データを収集していること。
⑤別の人が検証し，同じことを繰り返し，発見を拡張できるように結果が報告されていること。

　これらの要件は，①事実に基づいていること，②具体的な仮説があること，③研究計画が適切であること，④根拠となるデータがあること，⑤結果を確かめることができること，と言い換えることができます。これらの要件が，1つでも満たされていなければ，その研究は科学的方法に則っているとはいえません。このように客観的な観察や**過去研究**（先行研究，あるいは既往研究；previous study）などから導き出された仮説を実証する科学的方法のことを**仮説演繹法**（hypothetico-deductive method）と呼び，心理学ではこの仮説演繹法を使った科学的なアプローチが採用されています。

表 1.1　2 つの事柄（変数 X と変数 Y）の相関関係の分類

```
(1) 変数 X が原因，変数 Y が結果（因果関係あり：X ⇒ Y）
(2) 変数 X が結果，変数 Y が原因（因果関係あり：Y ⇒ X）
(3) 変数 X と変数 Y は相互的な因果関係（因果関係あり：Y ⇔ X）
(4) 別の変数 Z が原因，変数 X と変数 Y はその結果（因果関係なし）
(5) 単なる偶然（因果関係なし）
```

1.3.2　仮説と実証

　仮説（hypothesis）とは，ある現象を説明するための**因果関係**（causal relation）もしくは**相関関係**（correlation）について検証可能な考えのことです（第 2 章）。因果関係は，2 つの事柄のうち，一方が原因でもう一方が結果となる関係のことです。相関関係は，2 つの事柄のうち，一方が変わるともう一方も変化する関係のことです。たとえ 2 つの事柄に相関関係があったとしても，必ずしも因果関係があるとはいえません（**表 1.1**）。一般的には，現象の因果関係を証明するために実験的手法が用いられます。

　仮説が事実であると証明することを**実証**（demonstration）といいます。実証される仮説は検証可能なもので，その仮説はよく計画された研究によって評価されなくてはなりません。このように，実証は 5 つの科学的方法の要件（Searle, 1999 宮本・渡邊訳 2005）と不可分の関係にあります。実際，研究計画が不適切であればデータは仮説で吟味すべき妥当性がなくなります。データが存在しなければ根拠がないので，仮説を証明しているとはいえません。研究結果の内容を確認することができなければ，仮説を事実であると客観的に判断することは不可能です。

1.3.3　再現可能性

　科学は，仮説が実験等によって評価できること（実証性），導き出した結論が事実に基づいていて客観的に認められること（客観性），そして同じ条件で同じ結果が得られること（再現性），の 3 つの基本条件が満たされたときに成

立します。したがって，仮説を支持する証拠が一度得られただけで仮説が事実だと結論づけるのではなく，もとの研究とできるだけ同じ手順で，独立した実験や調査を行って同じ結果が得られるのかを確認する**追試**（replication study）と呼ばれる作業が行われることがあります。追試によって過去に実証された仮説が正しいと証明することを確証，仮説が誤っていると証明することを反証といいます。追試を行ったところ，同様の結果が得られた場合，研究結果が再現されたと判断します。研究に**再現可能性**（reproducibility）が認められたということは，その結果が偶然得られたわけではないこと，仮説を支持するさらなる証拠が得られたことを意味するので，仮説は事実に一歩近づいたと解釈することができます。

　昨今，心理学では，研究の再現可能性に関する議論が注目されています（たとえば池田・平石，2016; 渡邊，2016）。心理学の教科書でよく取り上げられている有名な研究について，追試が行われる機会も増えてきています。**文献検索**（literature search）あるいは**文献レビュー**（literature review）（第 12 章）を行って，追試の結果を確認してみると，この問題に関する理解が深まることでしょう。

1.4　心理学はなぜ科学的説明を重視するのか

1.4.1　事実や証拠に基づいた客観的な説明

　それではなぜ，心理学は科学的説明を重んじるのでしょうか。楠見（2018）によれば，私たちは日常生活や人生経験に基づいた心に関する共通経験からなる**常識心理学**（common-sense psychology）や，テレビ・雑誌などのメディアから得た情報から構成された**ポピュラー心理学**（popular psychology）に基づく知識とともに暮らしています。残念なことですが，私たちの心に関する知識が正しいとは限りませんし，たくさんの人が信じている考えが常に正しいわけではありません。一例として「血液型で性格がわかる」などと称する**血液型性格論**（blood type personality theory）を取り上げます。この考えはメディアに頻繁に登場することから正しいと信じている人がいますが，日本とアメリカの

大規模な社会調査データを用いて血液型と性格との関連を検討した研究によれ
ば，どちらの国でも意味のある違いはほとんど存在しないことが明らかになっ
ています（縄田，2014）。したがって，血液型性格論には科学的な根拠があり
ません。このように社会で広く共有されている知識の真偽を検証しようとする
場合，科学的方法を利用することで，事実や証拠に基づいた客観的な説明を行
うことができます。それは，人類が心や行動に関する正確な知識を絶え間なく
アップデートして社会で共有化していく上でも重要です。

1.4.2　真相を見誤るリスクを減らす

　普段何気なく行っている主観的な行動観察による心へのアプローチでは真相
を見誤る可能性があることも，科学的説明を重視する理由に関係します。長谷
川ら（2008）は「賢いハンス（Clever Hans）」（図1.6）というウマの例（Pfungst,
1907 秦訳 2007）を挙げ，このことについて言及しています。賢いハンスとは，
20世紀初頭のベルリンで四則演算などができることで評判になったハンスと
いう名前のウマのことです。このウマは，「動物も適切な教育を受ける機会が
あれば人間のような能力をもつことができる」と考えた調教師が，何年もきび

図1.6　「賢いハンス」の様子

しい訓練を行った結果，質問者がカードに問題を書いてハンスに提示すると，答えの数だけ蹄で地面を叩くなどの方法を使ってその問いに答えることができるようになりました。ハンスの能力は，調教師がイカサマをしているのではないかと疑われましたが，調教師以外の人が出題したときでもハンスが正しく答えることができたことから，イカサマの可能性は否定されました。それではハンスの能力は本物だったのでしょうか。

　ハンスの能力の真相を明らかにしたのは，プフングスト（Pfungst, O.）という心理学者でした。プフングストは質問者が答えをあらかじめ知っているかどうかがハンスの能力に影響していると考えて，質問者が答えを知っている「知識あり」条件と答えを知らない「知識なし」条件を比較する実験を行いました（これは盲検法（blind test）と呼ばれる方法です）（Pfungst, 1907 秦訳 2007）。その結果，ハンスは知識あり条件では90％以上の正答率を示しましたが，知識なし条件では10％程度しか正解できませんでした。この結果はハンスに計算能力がないことを意味します。さらなる実験によって，ハンスが示した能力は質問者の身体の微妙な動きを読みとる能力が原因だったことが明らかにされました（Pfungst, 1907 秦訳 2007）。この逸話は，心や行動に関係する現象の真相を明らかにするためには，普段行っているような主観的な行動観察による直感的説明には問題があること，科学的説明を採用したほうが真相を見誤るリスクを減らすことができることを示しています。

1.4.3　社会に対する責任をより良く果たす

　心理学の研究成果は，カウンセリングや心理療法にとどまらず，教育方法や職業指導，労務管理や交通安全など多岐にわたる領域で応用されています。心理学と社会の接点が大きいということは，社会にとって心理学が有益な学問であるということだけでなく，心理学には社会に対する責任が伴うことも意味します。たとえば，科学的根拠の乏しい健康食品や代替療法が健康被害を生むことがあります。心理学はそんなトラブルとは無縁です！と主張したいところですが，残念ながら歴史を振り返ってみると，科学的根拠の乏しい心理療法の応用によって社会に混乱が生じたことが報告されています（Loftus & Ketcham,

1994 仲訳 2000）。科学的根拠の有無は，学問の応用が社会に生じる危険性を減らし，社会に対する説明責任を果たす上で重要です。そして学問が科学的説明を重視するかどうかは，平時だけでなく，社会に予測困難な事態が起きたときにその学問が社会に貢献できるかどうかにも関係します。たとえば，新型コロナウイルス感染症（COVID-19）は社会に大きな影響を及ぼしましたが，日本最大の心理学の学術団体である公益社団法人**日本心理学会**（The Japanese Psychological Association; JPA）は，市民に正確な情報を伝えるために新型コロナウイルス感染症に関するホームページ（https://psych.or.jp/special/covid19/）を開設して情報の発信を行いました。これまでに経験したことがないような非常事態が発生したとしても，心や行動の問題に関する情報発信を行うことができたのは，類似した状況下での心や行動の問題を実証的に調べた過去研究が存在したからです。このように，学問の応用と科学的説明の重要性はリンクしているのです。

1.5　心理学の基本的な研究プロセス

　心理学の基本的な研究プロセスは，研究立案，研究遂行，研究報告という 3 つの段階にまとめることができます（図 1.7）。

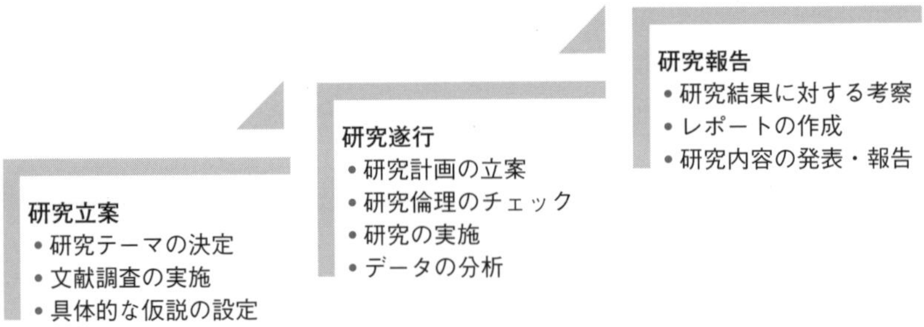

研究報告
- 研究結果に対する考察
- レポートの作成
- 研究内容の発表・報告

研究遂行
- 研究計画の立案
- 研究倫理のチェック
- 研究の実施
- データの分析

研究立案
- 研究テーマの決定
- 文献調査の実施
- 具体的な仮説の設定

図 1.7　**心理学の研究の基本的な流れ**

1.5.1　研究立案

　研究立案の段階では，研究テーマを決定して，そのテーマに関する研究の動向を文献検索で調べ，研究で実証する仮説を設定します。研究テーマの決定と聞くと難しい印象をもたれるかもしれませんが，あなたが研究したいことを決めることです。あなたが研究してみたいことですので，あなた自身の体験，問題意識や興味・関心を参考にして研究テーマを決めるのが望ましいでしょう。

　研究テーマを決定した後は，過去研究の動向を文献検索します（第12章）。過去研究の内容はまとめておいて，卒業研究の指導時間などを利用して指導教員に報告・相談するとよいでしょう。それを繰り返していくと，過去研究ではよくわかっていない部分，たとえば実証が行われていない，もしくは結果が一致していないポイントが浮かび上がります。研究で実証する仮説は，そのような過去研究ではよくわかっていない疑問点に関係するものであるとよいでしょう。

1.5.2　研究遂行

　研究遂行の段階では，仮説を実証するための研究方法を決めて，行動を測定し，データを分析する作業を行います。実証する仮説が，因果関係を前提とするのか，それとも相関関係を前提とするのかというポイントは，その研究で**実験的研究法**（experimental research method）を使うのか，それとも**相関的研究法**（correlational research method）を使うのかに関係します（第2章）。

　研究方法を決定した後，研究参加者への説明とともに，人権やプライバシーなどに関する倫理的な問題がないことを確認します（第11章）。研究にはスポーツやゲームと同じように研究者が必ず守らなければいけない**研究倫理**（research ethics）というルールがあります。所属機関には**研究倫理審査委員会**（research ethics committee）が設置されていることがありますので，そこで研究倫理の審査を受けた後，問題がなければ，研究計画に従って行動の測定とデータの分析を行います。最近の心理学では，研究の信頼性を高めるために，データ収集を開始する前に，研究で検証する仮説，方法，分析の内容などを明確にして第三者機関に登録する**事前登録**（pre-registration）を行った研究も増え

てきています（長谷川ら，2021）。

1.5.3　研究報告

　研究遂行が終わると，**研究報告**の段階に入ります。まず，結果に対する考察を行います。考察では仮説がデータから支持されたかどうかを議論します。もし，仮説が支持されなかった場合は，その理由を考察します。その後，研究成果をまとめたレポートを作成してその内容を発表・報告します。具体的には，卒業論文や学術論文のような形で研究の内容を整理して発表します。論文は，問題（序論），方法，結果，考察の各部分を含むことが望まれます（第 12 章）。はじめて論文を作成する際は，各部分をどのように執筆すればよいのか，よくわからないかもしれません。そのときは，日本心理学会（2015）の『執筆・投稿の手引き』を確認してみると具体的な書き方がわかります。

　研究内容を発表・報告することには，卒業研究発表会や学会のような場所で研究内容を説明することも含まれます。一般的な研究発表の場では，質疑応答の時間が用意されています。発表者には，聴衆にわかりやすく研究内容を説明し，質問には科学的な根拠をもとに誠実に回答する姿勢が求められます。もし，外部の人に研究実施に協力してもらった場合は，研究の要点をまとめた文書を送付して，不明な点がある場合は問合せに応じるなどの良識ある行動をとることが求められます。

1.6　ま と め

　心理学は，直接調べることができない心の性質や仕組みについて科学的なアプローチを試みる学問です。現代心理学にはさまざまな研究分野がありますが，多様な研究法を駆使して，実験室内外のあらゆる行動を測定・記録し，そのデータを分析して心と行動の全体像を明らかにしようとする姿勢は共通しています。

　本書では，心理学研究法の学習と心理学の魅力発見の一助となることを願って親しみやすくわかりやすい説明を心がけていますが，「百聞は一見にしかず」

ということわざもあります。何事も実際に体験してみることは質の高い学習を実現する上で重要です。もし，教員や先輩などから心理学の研究のお手伝いを依頼されたときは，ぜひ協力してください。その機会は，心理学研究法の実際について学ぶことができるチャンスになるのではないかと思います。

復習問題

1. 心理学の成立に大きく関係し，「実験心理学の父」とも呼ばれている心理学者は誰でしょうか。正しいものを1つ選んでください。

　①Helmholtz, H. L. F. von

　②Fechner, G. T.

　③Wundt, W. M.

　④Freud, S.

　⑤Watson, J. B.

2. 行動主義の説明として，正しいものを2つ選んでください。

　①行動主義は意識の内容を研究対象とした。

　②行動主義は観察可能な行動を研究対象とした。

　③行動主義は人間の心的過程は情報処理過程であると仮定した。

　④行動主義は内観法を批判した。

　⑤行動主義は無意識が行動に重要な役割を果たしていると仮定した。

3. 相関関係の説明として，正しいものを2つ選んでください。

　①2つの事柄のうち，一方の変化ともう一方の変化に規則性があること。

　②2つの事柄のうち，一方が原因でもう一方が結果となる関係のこと。

　③相関関係があれば必ず因果関係がある。

　④相関関係があるからといって必ずしも因果関係があるとはいえない。

　⑤相関関係は実験的方法によって検討する。

参 考 図 書

バトラー, G.　マクナマス, F.　山中　康裕（訳）（2003）．心理学　岩波書店

　心理学全般についてきわめてコンパクトに書かれた一冊です。知覚，学習，記憶，思考，発達，情動，他者との関係などについて，主要なポイントを押さえて解説しています。巻末には，訳者による臨床に関する説明，用語解説，発展学習用の書籍の紹介が行われており，内容はとても充実しています。

繁桝 算男・丹野 義彦（編著）（2008）．心理学の謎を解く──初めての心理学講義
**　　──　医学出版**

　我が国の一線で活躍してきた 10 人の心理学者が執筆した入門書です。この本では
10 人それぞれが基本的な問いを 2 つずつ持ち寄って編まれた 20 の「問い」と，それ
に対する「答え」が収録されています。今まで知らなかったこと，曖昧であったこ
とがわかるだけでなく，新たな問いも生じるのではないでしょうか。

プフングスト，O. 秦 和子（訳）（2007）．ウマはなぜ「計算」できたのか──「り
**　　こうなハンス効果」の発見──　現代人文社**

　心理学史に残る名著の中の一冊です。もし，あなたの目の前に思考力があるとさ
れるウマが登場したとしたら，その能力の謎をどのようにして解明しようとするで
しょうか。100 年以上前の心理学者プフングストがどのようにしてその問題に挑んだ
のか，彼の挑戦をまとめたドキュメントです。

実証的な研究法

　第1章で述べたように，心理学は「心」と呼ばれるあやふやなものの解明を目指す科学的な学問です。そのためには，データで示される事実を重視し，再現可能な結果や反証可能な仮説を示すといった科学一般に共通する考え方だけでなく，研究の手続きが測りたい「心」の側面をきちんと測れているかといった心理学に特有の問題にも目を向けなくてはなりません。本章では，研究データの基礎的な分類から，相関や因果をはじめとした実証科学の初歩的な概念，さらに実験的研究と相関的研究という互いに補完し合う研究法の分類を紹介し，心理学が実証科学であるためにどのような努力が行われているかについて解説します。

2.1　はじめに

　「心」を「科学的に」研究すると聞いたときに，皆さんはどのような人が何をしているところを想像しますか？　人によっては，「科学者」というイメージから，顕微鏡やフラスコなどを持ち，人を捕まえては怪しげな装置を使うマッドサイエンティストを思い浮かべるかもしれません。しかし，研究が「科学的」であるためには，何も怪しげな装置を使う必要はありません。第1章にもある通り，繰返し検証可能な仮説があり，客観的な**事実**（fact）を重視し，誰が行っても同じ結果が得られることが重要です。では，「心」を対象に客観的な研究を行うにはどのようにすればよいのでしょうか。

　「心」とは概念であり，実体がありません。したがって，私たちの体から心を取り出して，その作りを調べることはできません。実体がないのにどうやっ

て客観的な研究ができるんだ，その人の心はその人にしかわからないじゃない
かと考える人もいるかもしれません。実際に，実験心理学の祖であるヴント
（Wundt, W. M.）は，よく訓練された研究参加者自身の主観的な経験を分析し
報告する**内観法**（introspection；第 1 章参照）という研究法を用いました。し
かし，それでは科学的な研究に必要な客観性が十分に保証されているとはいえ
ません。

　では，「心」を客観的にとらえるために，私たちがヒトを含む動物の何を指
して「心」と呼んでいるか考えてみましょう。あなたは，自分以外のどのよう
な対象が「心」をもっていると思いますか？　人間はもちろんもっているとい
う方がほとんどでしょう。では，イヌやネコ，ネズミ，はたまた家電製品，植
物などはどうでしょうか。恐らく，ネズミまでは心をもっていて，後者 2 つは
もっていないと答える方が多いのではないでしょうか。では，これらの決定的
な違いはどこにあるかを考えると，まずは動物か否かという分類が浮かびます。
では動物の仲間であるサンゴ，ウニなどはどうでしょうか。もっていないとい
う人が多くなるかもしれません。反対に，ロボット掃除機に「心」があるよう
に感じたことがある方も多いかもしれません。

　では私たちがロボット掃除機の何を見て「心」があると感じるかと考えると，
それはボタンを押すとランプが光るというような単純な機械と違って，ロボッ
ト掃除機が，壁や障害物などを人間の指示もなく勝手に避けるなど，あたかも
掃除機が自分の**行動**（behavior）を自律的に決めているようにみえるからでは
ないでしょうか（図 2.1）。すなわち，私たちは**環境**（environment）の変化に
応じて自らの行動を決定しているところに「心」をみているのではないでしょ
うか。それでは最後に少し意地悪な質問をします。本当に人間は「心」をもっ
ているのでしょうか？

　第 1 章にもある通り，科学としての心理学は**行動科学**（behavioral science）
の学問です。すなわち，ある環境が個体の行動に影響を与えるとき，その両者
の関係を記述し説明すること，さらには環境に基づいて行動を予測し制御する
ことが心理学の目的といえるでしょう。その「関係」をどうとらえどう扱うか
によって，心理学の分野やアプローチは多岐にわたります。本章では，その多

図2.1　機械に「心」を感じる例

様な心理学の研究アプローチに通底する基礎的な概念や用語についてみていきます。これらを学ぶことは，皆さん自身が研究を始める上で役立つだけでなく，数多の研究発表を読み解き，評価する上で大切な最初の一歩になるでしょう。

2.2　研究の「データ」──変数と尺度

　心理学では，刺激（stimulus）と反応（response）の関係など，人に影響するものと，その影響を変数（variable）として切り出し，この変数をデータとして扱います。変数というと細かな数値で表される（四則演算ができる）量的（quantitative）データを思い浮かべるかもしれませんが，たとえば研究対象者の国籍や性別，インタビュー調査の結果などの質的（qualitative）なデータも扱われます。

　変数として扱うということは，その値は尺度（scale；モノサシ）によって測ることができるということです。モノサシはデータを規則的に数値に対応させて読みとる道具であり，データの特徴によってどのような種類のモノサシをあてはめるかも異なります。心理学で扱われる尺度は，ハーバード大学の心理学者スティーブンス（Stevens, S. S.）がまとめたところに従うと，名義尺度，

表 2.1　**尺度の種類**

データの種類	尺度	意味	例	四則演算
質的	名義尺度	区別	血液型	不可
	順序尺度	順序	順位	不可
量的	間隔尺度	間隔 0 ≠ 原点	気温	加減のみ
	比率尺度	比率 0 = 原点	距離	加減乗除

順序尺度，間隔尺度，比率尺度の 4 つに分類されます（Stevens, 1946；表 2.1）。

1. 名義尺度

名義尺度（nominal scale）とは，変数が数字で表されていても，その数字が単なるカテゴリーに対する対応づけの意味しかなく，数値の演算ができないものです。たとえばスポーツ選手の背番号は一見数値ではありますが，個々の数値は各選手を識別するものにすぎません。また，データを分析する上でカテゴリカルな変数を数値にあてはめたいとき（たとえば，日本：0，韓国：1，中国：2）も，数字の大小は無意味なので名義尺度として扱われます。

2. 順序尺度

順序尺度（ordinal scale）は，数値の順序のみが意味をもつ尺度です。たとえば，ある商品のアンケート調査で，商品の評価を「1：悪い　2：どちらでもない　3：良い」で評定させたとしましょう。このとき，3 は 1 より評価が高いことは確かですが，1 と 2 の間，2 と 3 の間で評価の差が等しいとは限らず，これらの評価が実際にはどのくらい離れているかはわかりません。他には，私たちのように日本で暮らす人にとって身近なものでいえば，地震の震度も順序尺度です。震度はある地点における揺れの強さを表す数字ですが，数値間の差に意味はなく，したがって「震度 4 は震度 2 の 2 倍揺れが大きい」と言うことはできません。

3. 間隔尺度

間隔尺度（interval scale）は，数値の大小に意味があることに加えて，数値間の間隔が等しい尺度です。そのため数値間の足し算と引き算をすることができます。一方で，間隔尺度では「0」が「無」や「原点」を意味しないため，掛け算と割り算ができません。たとえば，時刻の「0時0分」は「時刻がない」ことではなく，「2時」と「3時」を掛けても「6時」にはなりません。次に，温度について考えてみましょう。摂氏0度というのは氷が溶けて水になる融点という基準を意味し，「温度がない」ことを意味しません。そして気温30℃というのは20℃より10℃高いということはできますが，30℃に0を掛けても0℃にはならず，30℃は10℃の3倍高いということもできません。ただし，割り算ができないといっても，間隔尺度の平均値は計算できます。つまり，間隔尺度をデータの個数などの比率尺度で割ったり，比率尺度で掛けたりすることは可能です。しかし，間隔尺度同士を掛けたり，間隔尺度で割ったりできないことに注意してください。

4. 比率尺度

比率尺度（ratio scale）は，間隔の等しさに加えて0が無という意味をもつため，加減乗除すべてを行える尺度です。乗除が行えるということは，数値間の差が等しいことに加えて，比も等しいことを意味します。すなわち，2と4の比である「2倍」は，1,000と2,000の比である「2倍」と同じ意味をもっています。間隔尺度には，長さ，重さ，年齢，速度など，「0」が意味をもつ数値のほとんどが含まれるといっていいでしょう。間隔尺度の例として時刻を挙げましたが，「経過時間」については，0は時間が経過していないことを意味するため，比率尺度に含まれます。

これら4つの尺度は解説した順番に低い**尺度水準**（level of measurement）から高い尺度水準として扱われ，高い尺度水準のデータは低い尺度水準に変換して分析することが可能です。また，尺度によって算出可能な統計量や使える分析手法が異なるため（詳しくは統計学の基礎的なテキストを参照してください），尺度水準は研究データを扱う上で基本中の基本となります。そのため，自分が研究で扱いたいデータがどのような特徴をもちどのような尺度で表せるのかについては，十分に把握しておく必要があります。

2.3　妥当性と信頼性

2.3.1　操作的定義

　実証的な研究をするにあたって大事なことの一つは，なるべく具体的な変数を設定し，**定義**（definition）することです。定義とは，この概念はこのような意味であり，このような意味ではないというように，概念が示す意味を言葉によって明確に区切ることです。心理学は，「心」をはじめ「記憶」「感情」「認識」など日常で人々が使っているけれど正体があやふやな概念を解明しようとする学問ですから，「心」を定義することがその最終的な目標であるともいえるでしょう。

　ここで，たとえば「温暖な地域の人は性格が陽気である」というような環境と行動の関係についての**仮説**（hypothesis）を検証するとしましょう。このとき，前者は気温という客観的な**測度**（measure）ですが，後者の「性格が陽気」はかなり抽象的で，人のどのような特徴を指しているのか一見してわかりません。そのため，これを変数として扱うためには，主観によらない指標によって「陽気な性格」を具体的に定義する必要があります。たとえば，性格検査などを使って，この数値が大きいほど陽気であるとか，このパターンにあてはまる人は陽気であるとするなどの方法が有用です。他には，人の振る舞いを観察して，たとえば 1 時間あたりにどれくらい笑い行動が生じるかを観測する方法もあり得るでしょう。

　抽象的な概念を特定の指標を使って定義するということは，心理学が「心」という定義の困難な概念を扱う学問である以上，避けては通れません。扱う変数が照明の明るさのような物理的な尺度であれば必要ありませんが，性格などの主観的かつ抽象的な概念を扱いたい場合には，「気候と性格の関係」を明らかにする前に，そもそも「性格」って何だ？ということをはっきり決めなければなりません。しかしその疑問はそれだけで一つの研究プロジェクトになるような壮大なテーマですから，代わりに「この研究ではこの尺度をもって性格という」と定義することで，暫定的に変数として扱えるようにするのです。このような定義の仕方を，変数を操作する手続きをもって概念を定義するというこ

とから**操作的定義**（operational definition）と呼び，特に実験的な心理学研究ではよく使われます。操作的定義は研究を進める上での暫定的な定義ですから，心理学が定めたい真の定義とは異なります。そして，研究で扱う抽象的な概念を手続きによって定義するということは，手続きがその概念をよく表しているという前提，つまり操作的定義が妥当なものであるという仮説を置くことになります。この前提は研究が目的とする仮説の検証のために必要な補助であるため，**補助仮説**（auxiliary hypothesis）と呼ばれます。

2.3.2 妥当性

研究の手続きが本当に研究で扱いたい概念を表現できているか，すなわち補助仮説が妥当なものかどうかは**妥当性**（validity）と呼ばれ，十分に吟味されなくてはなりません。妥当性は研究者が用意した手続きが本当に測りたい対象をきちんと測れているかを示すもので，伝統的には大きく**内容的妥当性**（content validity），**基準関連妥当性**（criterion validity），**構成概念妥当性**（construct validity）の3つに分けて考えられます（ただし，近年では妥当性を3種類に分けず，構成概念妥当性を中心として統合的に妥当性を論じる考え方が主流となっていますので留意してください（Messick, 1995; 村山，2012））。

内容的妥当性は，用いる測度が対象をどの程度よく測定できているかについて，複数の研究者が論理的な側面から主観的に判断するものです。たとえば，参加者の数的処理能力を測りたいのに国語や英語のテストをさせることは明らかに妥当性が低いといえるでしょう。また，手続きが妥当なものであるかは，実験参加者の特徴によっても変わってきます。たとえば，赤ちゃんの数的処理能力を測りたい場合に，成人と同じ計算問題を課すのは妥当ではなく，もっと直感的で，言語を介さなくても測れる測度を用意する必要があるでしょう。このように内容的妥当性は，測定する行動の変化が研究対象とした環境変化をどれくらい原因としているかについての妥当性であり，研究デザインを組み立てるにあたって，よく議論され吟味されるべき問題です。

次に基準関連妥当性とは，用いる測度と類似した他の基準（測度）との関連を調べることで，客観的に検討される妥当性です。基準関連妥当性は用いる外

的基準によってさらに以下の 2 つに分かれます。**併存的妥当性**（concurrent validity）は，たとえば新しい性格検査を開発しその妥当性を検証したいとき，すでにある性格検査とどれくらい結果が類似しているかといった具合に，複数の測度を同時に使用してその類似度をみる手法です。もう一方の**予測的妥当性**（predictive validity）は，目的の測度を測定した後に別の測度との類似をみる手法です。たとえば，入試問題の妥当性を検証したいときに，入学後の成績をみて，入試成績が高い人ほど入学後の成績も良い場合には，妥当性の高い問題であったといえます。

　最後に，構成概念妥当性とは測度が測定しようとしている構成概念から予測されることが，実際のデータから確かめられるかどうかによって示される妥当性です。この一文だけだと何のことだかわからないかもしれませんので，用語を噛み砕いてみていきましょう。

　まず**構成概念**（construct）とは，行動などの実際に観測可能な事象を説明したり予測したりするために，その行動から推論して構成する概念を指します。前項の例で取り上げた「性格」というものは，実体がなく，直接観察ができないものであって，観測された行動傾向を説明するために作られた概念です。このような概念を構成概念といいます。皆さんの中には，それなら「心」を含む心理学の研究対象はすべて構成概念ではないかとお気づきの方もいることでしょう。その気づきはとても大切で，皆さんが日頃「記憶」「感情」と呼んでいる心の機能は，すべて皆さんが観測した行動から作り上げた構成概念ということになります。そしてその構成概念の妥当性とは，行動を変化させるであろう環境として研究者が用意した手続きが，「記憶」などの心的な構成概念をどれくらいよく表しているかという問題となります。

　構成概念妥当性を確かめるには，類似した構成概念を測っている（と他の研究で示されている）別の測度と類似した結果になるかどうか，または反対に別の構成概念を測っている測度とは異なる結果になるかどうかなどを確かめる方法がとられます。前者の方法で測られる場合には**収束的妥当性**（convergent validity），後者の場合には**弁別的妥当性**（discriminant validity）と区別されて検討されます（Loevinger, 1957）。

2.3.3 信 頼 性

　研究手続きが測りたいものをうまく測れているかどうかを評価するときに，妥当性が「手続きがちゃんと目的の概念を表せているか」についての問題であるのに対して，「同じ手続きをすれば同じ結果が得られるか」の問題も取り沙汰され，**信頼性**（reliability）と呼ばれます。妥当性と信頼性はよくダーツの的にたとえて説明されますので，本書でもそれを踏襲して説明します（図2.2）。

　繰返しになりますが，妥当性とは狙った概念がしっかり表せているかという問題です。この図では，的の中心が研究で測りたい心的概念で，中心から離れるほどその概念とは似ていない概念を表すものと考えてください。研究手続きが妥当なものであるとは，つまり中心付近を狙って投げたダーツの矢がちゃんと中心付近に当たることを意味します。このとき，ダーツの矢が1カ所にまとまっていようが，中心を取り囲むようにして刺さっていようが，どちらも妥当性は同程度として考えられます。

　両者の違いが表現するのは，信頼性という問題です。ある投げ方でダーツの矢を投げたときに，当たるところが中心ではなくても，何度同じ人が投げようが，別の人がその投げ方で投げようが，決まって1カ所に集中して当たるのであれば，それは信頼性が高いことを意味します。つまり，信頼性は測定結果の

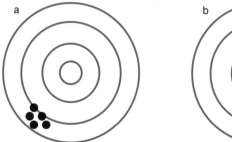
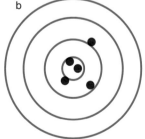

図2.2　測定の妥当性は低いが信頼性は高い場合（a）と測定の信頼性は低いが妥当性が高い場合（b）の概念図

安定性（stability）と**一貫性**（または**等質性**；consistency）によって成り立ち，研究者が意図していない偶然要因によって結果がばらつく度合いを指します。

　安定性とは，同じ対象（概念）に対して複数回の測定を行ったときに結果が同じになるかどうかを指します。一方の一貫性とは，同じ対象に対して類似した測定を行ったときに，それらの結果が類似するかどうかという問題になります。研究手続きの信頼性が損なうことにつながる環境の要因は，研究者が意図して制御できなかった偶然的な要因ということになりますが，その中でも代表的な例が以下になります。

　まず，たとえ測定方法が妥当なものであっても，測定する時間によって結果がばらつくのであれば，それは時間的な要因が信頼性に影響する手続きだということになります。たとえば，研究参加者自身の気分に関する同じ質問紙調査を，早朝と夕方にそれぞれ行ったとすると，寝起きの寝ぼけた頭で回答するのと，学業や仕事で疲れた頭で回答するのとでは，結果に差が出てくるかもしれません。また，朝に強い人もいれば弱い人もいるなどの，**個人差**（individual difference）による影響も考えられます。

　次に，同じ人が同じ質問紙調査を複数回受けたとき，2回目の回答時には1回目に受けたときのことを覚えていることが少なくないので，1回目の回答が2回目の回答に影響を及ぼしているかもしれません。このようにある測定が他の測定に影響を与えてしまうことを，測定の**独立性**（independence）の欠如と呼びます。

　今度は調査に用いる質問紙調査の中身について考えてみましょう。通常，質問紙は複数の測度で構成されています。たとえば，「性格の陽気さ」を測るために，「誰とでも仲良くできる」「嫌なことがあってもすぐに忘れる」などの，陽気な性格に関連しそうな複数の項目を使うとします。このように，ある構成概念を表していそうな質問項目をたくさん並べていったときに，そのうちの「誰とでも仲良くできる」が高い値であっても，「嫌なことがあってもすぐに忘れる」への回答は低い数値であることがあるかもしれません。このように，ある構成概念を測るための測度の中で，結果が食い違うことがある場合には，測度の**内的整合性**または**内的一貫性**（internal consistency）が低くなり，測定結

果が不安定になります（Green et al., 1977）。

2.4 相関と因果

　ここまでの説明の中では，心理学の研究対象である「環境と行動の関係」や，複数の測度同士の類似度や一致度など，「変数間の関係」についてふれてきました。心理学ひいては科学は，変数で表される事象と事象の関係を突き止める学問です。したがって，科学的な問いの基本として，変数間の関係というのがどのようなものであるかを考えたときに，真っ先に思い浮かぶのは「これが起こるのはこれが原因だ」という**因果関係**（causal relationship）です。何も科学の場面に限定しなくとも，皆さんが周りで起こったことに疑問をもち，それを理解しようとするとき，「なぜそれが起きたか」を考えますよね。もし皆さんがそれを少し突き詰めて考えたとして，ある原因に目星をつけたならば，皆さんの頭には「A が起きたのは B が原因だ」という仮説が生まれています。そして，科学の目的そして役割とは，皆さんが思い浮かべた事象同士の因果に関する仮説が，現実のこの世界に存在するかどうかを確かめること，すなわち**実証**（demonstration）することに他なりません。

　では，単なる仮説を超えて，因果関係が存在することを突き止めるにはどうすればよいでしょうか。その第一歩として，まずは原因と考えられるある変数があるときとないときで，結果の変数が変化するかをみればよいでしょう。たとえば，「風が吹けば桶屋が儲かる」という仮説は，文字通りの意味をとらえれば「風がある」ときに「桶屋の儲けが増える」という関係を指しています。

　しかし，両者の因果関係，つまり「風が吹くこと」が「桶屋の儲け」を左右していることを示すには，あと一歩が必要です。すなわち，「風がない」ときに「桶屋が儲からない」ことを示す必要があります。このように，ある原因があるかないかによって結果を比較し因果関係の有無をみる方法は，おそらく皆さんも直感的に妥当だと思われることでしょう。そして，特に実験的な科学研究ではおそらく最も基本的かつオーソドックスな仮説の実証方法であると考えられます。

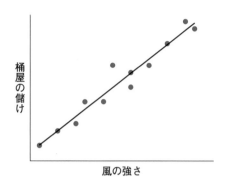

図 2.3　風の強さと桶屋の儲けの相関を示すグラフ

　前述の例は最も単純な変数間の関係を表したものですが，変数間の関係は因果関係だけではありません。話を単純化するために，原因である「風が吹く」をあえて「有無」という質的変数として扱いましたが，物理的観点に照らせば，「風が吹く」は風速などで表される量的変数として扱うのがより妥当でしょう。

　では量的変数としてみる場合，つまり原因と結果が連続的に変化するとき，「風が吹けば桶屋が儲かる」はどのように表現できるでしょうか。それはつまり，「風が強いほど桶屋が儲かる」となり，風速と桶屋の儲けを図 2.3 のような規則的な関係として表すことができます。このように 2 つの変数間に規則的な関係が立ち現れるとき，この関係を相関関係，多くの場合は縮めて相関（correlation）と呼びます。量的変数の数値上，変数 A が増加したときに変数 B も増加するときは正の相関（positive correlation），変数 A が増加したときに変数 B が減少する場合は負の相関（negative correlation）と呼びます。

　相関とは「2 変数間の規則的な関係」を指す概念であり，どちらが原因でどちらが結果かという因果の方向はわかりません。つまり，相関は変数 A から変数 B への因果関係と同時に B から A の可能性も含んでいるため，変数間に相関があるからといって，必ずしもそこに一意の因果関係があるとは限りません。さらに言えば，相関の中には「変数間に互いに因果関係がある」「変数

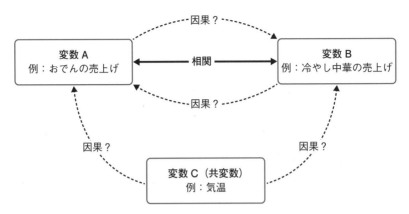

図 2.4 2変数間に相関がみられるときに別の変数との因果関係が考えられる場合
おでんと冷やし中華の売上げは負の相関があるようにみえますが，両変数とも季節変動に伴う気温の変化が原因であると考えられます。

A・Bとも，別の変数Cを原因とする変化（結果）にすぎない」などの可能性も含まれています（図2.4）。変数間に因果関係があれば必ず相関がありますが，相関があっても因果関係があるとは限らないのです。

　相関と因果の違いは，皆さんが普段生活している中で意識することは少ないかもしれません。というのも，ある事象とある事象の間に何らかの関係性を見出したときに，それが必ずしも因果ではなく相関にすぎないと考えるためには，「逆の因果関係」「相互的な因果関係」「別の原因」という可能性にまで考えをめぐらせなければなりません。そのため，皆さんが自分で研究を立案したり，他の人の研究発表を聞いたりする際にも，相関を示したグラフなどを見るとすぐに因果関係があるととらえがちになるかもしれません。しかしながら，実証的な研究の場に携わる上では，相関と因果を区別し，絶えず「別の原因があるかもしれない」などと考えることは，真実をとらえる上で非常に重要なことです。

2.5 実験的研究と観察的研究

2.5.1 実験的研究

　変数間の相関の中に因果関係に関する複数の可能性があり，その中からある1つの因果関係に関する仮説を実証したいとき，科学的な心理学は具体的にどのような方法で実証すればよいでしょうか。

　おそらく多くの人は，「実証したい仮説以外の可能性を排除する」ことを考えつくでしょう。たとえば，「本をたくさん読むと学力が上がる」という仮説を実証したいとします。この場合，「学力が高いから本をたくさん読む」可能性や，読書量と学力に同時に影響を与える別の原因の可能性をつぶせばよいわけです。そして，そのためには極力「読書量」だけが変化する状況を作って，その上で学力の変化をみればよいということになります。つまり，研究実施以前の個人個人の読書量ではなく，実験的な操作（operation）として本をたくさん読ませるとその後学力が上がるかどうかを調べるということです。そのため，積極的に本を読ませる実験参加者と読書について何も指示しない参加者に分け，両者の間で学力の変化に差があるかどうかを調べることが重要です。このように，調べたい変数だけを操作して，目的でない変数ができるだけ変化しないように（または完全にランダムにあらゆる値をとるように）**統制**（control）して，変数間の関係を確かめる方法のことを，**実験**（experiment）と呼びます。また，この例でいうところの本を読ませる操作のことを**実験条件**（experimental condition），手を加えない条件のことを**統制条件**（control condition）と呼びます（図2.5）。

　それでは，実験によりどのようにして「別の可能性の排除」が行われるのか，一つずつ紐解いてみましょう。まず「学力が高いから本をたくさん読む」可能性は，操作する変数を「読書量」ではなく「学力」にして調べてみます。具体的には，学力テストの成績を上げるために勉強させる参加者グループ（**実験群**（experimental group））と，何も介入しないグループ（**統制群**（control group））に参加者を割り当てます。ただしこのとき，実験群が本を読んで勉強するのでは本末転倒なので，インターネット配信の講義動画など他の方法で学力を向上

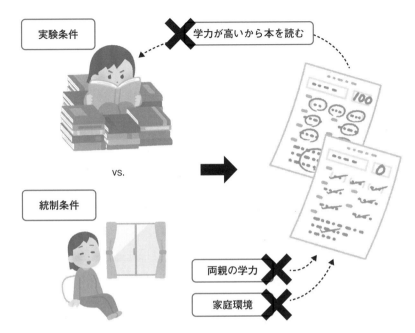

図 2.5　実験条件と統制条件の比較による実験の例
「×」印は「読書量が学力に影響する」という仮説を実証するために排除すべき可能性の例。

させる必要があるでしょう。そして，もし実験群のその後の読書量が統制群と
比べて変わらないのであれば，「学力」という構成概念自体が読書量に影響す
る可能性は排除できることになります。またこのことにより，「互いに因果関
係がある」可能性もなくなります。

　次に，「別の原因」の可能性を考えてみます。読書量と学力，この両方に影
響を与えているかもしれない環境とは何が考えられるでしょうか。たとえば，
生まれ育った環境，両親の学力などの遺伝的要因，収入などの勉強に費やすこ
とのできたリソース量などが挙げられるでしょう。これらの可能性を排除する
ためには，これらの環境が同程度な人のみ参加させる，もしくは大規模に参加

者を募り，あらゆる環境で生まれ育った参加者を対象とすることでこれらの要因をランダム化させることが必要になるでしょう（ただし，実験参加者の数（サンプルサイズ（sample size））は統計的分析を行う上で重要な問題で，多ければ多いほど良いというものでもありません。詳しくは第 10 章で解説します）。

　このように，実験的研究とは，結果に影響を与えそうな環境中の原因を特定し，変数として操作することで，環境と行動の因果関係をできるだけ確実なものとして推察することを目的とした研究法です。実験的研究では，因果関係の推定のために関係しそうな独立変数を多く操作することが必要になります。

　しかしながら，実際には参加者一人ひとりの環境を完璧に操作することは不可能です。たとえば，前述の読書量と学力の例の場合，本を用いた学習法と同じくらい学力を上げる動画を作ることは非常に難しいかもしれません。また，特にヒトを対象とした心理学研究の場合，実験参加者のそれまでの生育環境に研究者が介入することはできません。これまでの人生でどれくらい本を読んできたかを操作することはできませんし，またそれを把握しようとしても参加者の自己申告になりますから，確実に統制されているともいえません。

　では，このような変数を実際に操作しようと試みるにはどうすればよいでしょうか。そのためには，人が生まれてから発達する過程を厳密な統制のもとで管理し，人為的に「全く本を読まない人」を作り上げなければなりません。もちろん，これは人道的に許されるものではありません。心理学のみならず，今日の科学研究は大学や研究所で研究倫理（research ethics）の審査を受けることが求められており，倫理上問題ないとされた研究だけが実施されています（第 11 章）。前述の例は極端ですが，たとえば実験に要する時間や，過激な画像などを見せるかどうか，それから実験の真の目的を実験参加者にあらかじめ教えないこと（ディセプション（deception））の是非など，実験参加者の拘束によって発生するさまざまな影響については多くの制約が課されることが常です。このように，実験的な心理学研究を実施する上では，多くの現実的な制約があり，因果関係の推定にとって「理想的な」実験の実施が困難な事態は少なくありません。

　では，さまざまな制約により，目的とする変数の統制が困難で，理想的な実

験が行えないときには，どうすればよいのでしょうか。まずは，操作可能な変数については最大限統制し，研究の妥当性をできるだけ高めることを考えてみましょう。たとえば，医学的な研究で患者を対象としてある治療の効果を実験によって確かめたいとします。このとき，理想的な実験では同じ病気に罹患している患者を実験群と統制群に分け，実験群には治療を行い，統制群には行わないという計画になるでしょう。

　しかしこの実験計画は，同じ病気を患っている患者に対して，一部の人には故意に必要な治療を行わず，病気を悪化させてしまう懸念があります。そのため，全患者に対して一律に治療を実施して，治療の前後で結果の測定を行うことになります。この場合，もし病気の改善がみられたとしても，統制群を設けていないため，治療以外の変数を原因として改善されたという可能性を排除できません。このように，理想的な実験に比べると因果関係の実証は確実でないものの，なるべく妥当な結論を導き出せるよう工夫を凝らした研究方法を，**準実験**（quasi-experiment）と呼びます。準実験のさまざまな方法については，第4章で解説します。

2.5.2　相関的研究

　このような工夫をしても，まだ一定の妥当性を保てないこともあるでしょう。実験的研究法の例に挙げた「読書量と学力の関係」は，実際には実験参加者の読書量を等しく管理することは困難です。あるいは，日常生活の中にある心理的現象をとらえたくとも，実験室という日常場面とはかけ離れた環境では，かえって現象の再現が困難で妥当性を欠いた研究になってしまう恐れもあります。たとえば，海外のある少数民族の社会的行動を検討したいとき，彼らを日本の実験室へ連れてきてさまざまな課題をさせたとして，果たして彼らが生活の中で行っている行動をとらえているといえるでしょうか。このような場合には，統制条件を用いた「厳密な」実験よりも，文化人類学的な**フィールドワーク**（field work）によって現地での行動をありのままに記述する方法のほうが妥当性の高い研究といえるでしょう。

　このように，変数間の因果関係を明らかにするために変数を操作する実験的

研究に対して，変数の操作を行わない研究法は**観察的研究**（observational study）と呼ばれ，**調査法**（survey method），**観察法**（observational method），**面接法**（interview method），**検査法**（test method）という種類があります。観察的研究は，実験的研究のように厳密な因果関係の推察を求めず，変数間の相関に基づく研究法であるため，**相関的研究**（correlational study）とも呼ばれます。ただし，実験的研究法のように変数を操作しないということは，変数の統制をしないという意味ではありません。実験的研究法が変数の統制を実験手続きにより行うのに対して，観察的研究ではしばしば統計的分析を用いた変数の統制を行います（第 10 章）。このことによって，観察的方法でも変数間の因果関係を確かめることが可能になります。

　前節では，相関と因果を区別し，科学の役割を「因果に関する仮説を実証すること」と述べました。それでは，相関に基づく研究法である観察的方法は，因果関係の実証を積極的に求める実験的方法に比べ，科学としての価値がないものでしょうか？　ここで，極限まで変数を統制した「理想的な」実験について考えてみましょう。

　たとえば，視覚のメカニズムを明らかにするために，図 2.6 のような視覚刺激を用いるとします。これは皆さんには馴染みがないかもしれませんが，ガボールパッチ（Gabor-patch）と呼ばれ，視覚の基礎的なメカニズムを明らかにするためによく用いられるものです。特に，視覚における傾きの情報や空間周波数といった情報がどのように処理されるかを調べるためによく使われます。これらの情報以外による視覚的要素（たとえば色など）の影響を排除するために，とても簡素な図形になっているのがおわかりになるかと思います。

　このように「よく統制された」刺激を使った実験は，基礎的な知覚メカニズムを明らかにする上で有用ですが，一方で「**一般化可能性**（generalizability）」に関して批判を受けることがあります。つまり，このような画像は日常の中でほとんど目にするものではなく，日常における知覚を反映しているとは言い切れない，といった批判です。このように実験に用いる刺激や手続きが現実の場面と乖離していることは「**生態学的妥当性**（ecological validity）が低い」と表現されます。この例は，内容的妥当性や構成概念妥当性がきわめて高い研究が，

図 2.6 ガボールパッチの例

しばしば生態学的妥当性を欠いたものになる危険性を示しています。一方，観察的研究は研究者が環境に介入せず，測定された変数だけを対象に研究を行うので，このような危険性は低いものと考えられます。加えて，インターネットを介した大規模調査などの方法を用いれば，実験室での実験を行うよりも素早くさまざまな変数を測定することができ，変数間の因果関係について示唆的な結果を得ることができる場合もあるでしょう。

　さらに，実験的研究では観察的研究に比べ参加者が少ないケースが多く，同じ研究室や大学の学生が実験に参加することが多くあります。たとえば，同じ大学内で何度繰り返しても同じ結果が得られる，信頼性が高い実験的研究があったとしましょう。しかし，同じ実験を今度は高齢者を対象に行ったときに，大学生が参加したときの結果と食い違うものであれば，その研究は大学生という集団への依存性が高く，一般化可能性が高いとはいえない研究であるということになります。このことはサンプリング・バイアス（sampling bias）と呼ばれ，心理学研究ではとても重要な問題です。なぜなら，世界中の多くの心理学の研究室は大学にあり，実験参加者を募る場合には，手間や研究資金などの問題から，身近にいる研究室の学生に声をかけることが増えてしまうからです。特に，多くの大学の心理学研究室では自身の研究プロジェクトを進めるのは大

学3年生以上ですから，研究への参加依頼は心理学を学び始めて間もない2年生に集中することが多くなります。このことを揶揄して，心理学の知見は大学2年生の心理を表している，といわれることもあります。このような問題を回避するには，測定しようとしている構成概念が参加者の特性に影響を受けるものかよく吟味し，影響を受けそうな場合には参加者の特性が偏らないようにするランダム・サンプリング（random sampling）という手法をとる必要があるでしょう（第10章）。

　このように，実験的研究と観察的研究には互いに得手不得手があり，それぞれを補完し合います。特に，実験的研究が現実の制約により困難なために準実験を行う場合には，観察的研究により得られる知見と組み合わせることによって，より妥当性が高く価値のある研究が可能になるといえるでしょう。

2.6 まとめ

　本章では，実証的な学問として心理学研究がどのように実施されるかについて，その基本的な概念を解説しました。これらの概念は，何も心理学に限定されたものではなく，科学的な研究を行う上でとても大切なものです。特に，「心」とは観察可能な行動から推測される「構成概念」であるという考え方は，心理学が科学であるために必要不可欠な考え方であるといえるでしょう。このように考えたとき，心理学が空をつかむような難しいお話ではなく，皆さんも地に足をつけて取り組むことのできる，身近なものに思えてくるのではないでしょうか。

　心理学は，私たちの行動に関する学問です。ということは，心理学のテーマや疑問は，皆さんの周りにいつでも転がっているということです。ぜひ，自身や他人の行動に注意を向け，それがどのような環境と関連しているか，「観察」してみましょう。そして何かの関連性を見つけたら，すぐに「因果関係」があると考えるのではなく，「他の原因」がないかについても考えてみるとよいでしょう。もしそのような考え方ができたら，皆さんはすでに心理学研究の世界に一歩足を踏み入れていることでしょう。

復習問題

1. 間隔尺度にあてはまるデータとして正しいものを1つ選んでください。
   ①試験勉強に費やした時間
   ②試験結果の学年順位
   ③試験の問題番号
   ④試験の点数
   ⑤試験期間の日数
2. 実験的研究の特徴として正しいものを1つ選んでください。
   ①研究参加者が自身の主観的な体験を分析し報告する。
   ②できるだけ日常的な環境の中で，ありのままの行動を記述する。
   ③必ずしも変数間の因果関係を求めず，変数間の相関に基づき検討する。
   ④独立変数以外に従属変数に影響を与えそうな変数を手続きによって統制する。
   ⑤研究者と研究対象者が対面し，会話をすることで検討する。
3. 内容的妥当性の検証方法として正しいものを1つ選んでください。
   ①測定方法が測定したい対象をどれだけ適切に表しているか，専門家の判断により検証する。
   ②測定方法がその測定以後の変化をどれだけ予測しているか，後に実施する測定結果との相関により検証する。
   ③測定方法が同時に測定する他の測度と類似しているか，測度同士の相関により検証する。
   ④測定方法が時間的な要因などに影響されやすいか，同じ測定を同一の参加者に対して実施することにより検証する。
   ⑤測定方法が算出する結果が一貫しているか，他の類似した方法との比較により検証する。

参考図書

高野 陽太郎・岡 隆（編）（2017）．心理学研究法――心を見つめる科学のまなざし
　　―― 補訂版　有斐閣
　心理学が実証科学であるために大切な方法論という観点から，各研究法が体系的に解説されています。初学者はもちろん，自身の研究を進め始めた大学院生も必読の一冊です。
南風原 朝和・市川 伸一・下山 晴彦（編）（2001）．心理学研究法入門――調査・実験から実践まで―― 東京大学出版会
　基礎的な研究法にとどまらず，教育や臨床といった現場における実践的な研究法

についても解説されています。ごく簡単な数式を用いた解説も多く，「変数の統制」
といった概念をより深く具体的に理解できるでしょう。

実験法（1）
——変数の統制による実証的研究

3

　実験的研究として変数間の因果関係を明らかにするためには，行動変化の原因の候補である独立変数が狙った通りに変化するよう操作することに加えて，目的外の変数である剰余変数の影響を最小限にとどめるよう統制することが重要です。本章では，心理学実験で問題となるさまざまな剰余変数とその統制方法を紹介し，実験がさまざまな現実的制約の中でどのようにして因果関係の解明を果たしているかについて解説します。

3.1　はじめに

　ヒトを含む動物の行動は，その個体を取り巻くさまざまな環境に影響を受けるものです。そのため，自然な環境中のどのような変数が原因となって行動を変化させているかを明らかにするためには，研究者が特定の変数だけが変化する特殊な環境を作り出し，その中で行動の変化をみる必要があります。このような方法が実験と呼ばれる研究法です。本章では，実験法が目的とする因果関係の解明をより確からしくするために留意すべき基本的な概念について解説し，さらに実際に心理学実験パラダイムとして用いられている方法論の中から，初歩的かつ基本となるものを紹介します。

3.2　独立変数，従属変数，交互作用

　私たちの行動に影響を与え得る環境中のさまざまな要素を研究者が計画的に変数として操作し，別の変数として実験参加者（participant）または被験者

（subject）の行動の変化を調べることで，変数間の因果関係を明らかにしよう とするのが実験的研究です。

　変数の操作というのですから，環境中の変数は研究者が介入できるものでな ければなりませんし，行動の変数は何らかの方法で反応として測定できるもの でなければなりません。ほとんどの実験は刺激の提示や課題（task）に対する 反応を測定する試行（trial）を何度も繰り返すことで構成されており，さまざ まに条件（condition）を変えた試行を実施し，条件間で結果を比べることで 仮説を検証しようとします。

　変数として操作される環境には，刺激として提示される光や音などの個体外 の事象もあれば，参加者の経験や特徴などの個体内の事象も含みます。反応は 質問への回答や，その回答にどのくらいの時間がかかったか（反応時間（reac-tion time）），またはラットが何回レバーを押したかなど，さまざまな測度によ って測定されます。広くとらえれば，視線の動きを示す眼球運動や，筋肉の動 きを示す筋電，さらには脳活動なども，環境変化に対する観察可能な応答とし ての行動ととらえることもできるでしょう。このとき，行動を変化させる原因 の候補として，実験者が操作する変数のことを独立変数（dependent variable） と呼び，観測の対象となり，独立変数によって値が変わることが期待される変 数のことを従属変数（independent variable）と呼びます（図 3.1）。両変数は 共に量的な変数であることも，名義尺度で表されるような質的な変数であるこ ともあります（第 2 章）。

　独立変数の操作はさまざまな方法で行われます。感覚刺激の強度や特徴を操 作することもあれば，実験の流れや参加方法などの情報を与える教示（instruc-tion）の有無や内容を独立変数とする場合，実験参加者の年齢などを独立変数 とする場合も考えられます。独立変数は，行動を変化させる主要な原因である ため要因（factor）とも呼ばれ，さらに要因に含まれる質的な独立変数の値は 水準（level）と呼ばれます。たとえば，3 つの勉強法で大学合格率に差がある かどうかを調べたいときには，「勉強法の違い」が要因で，勉強法 A，B，C の 3 水準の間で合格率の差を確かめるということになります。また，非の打ち どころのない実験方法を計画しても，参加者の教示の理解が不十分であれば元

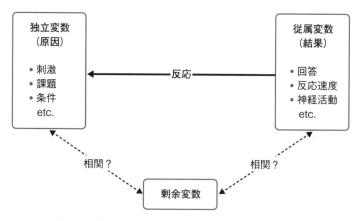

図 3.1　**独立変数，従属変数および剰余変数の概念図**

も子もないので，本実験とは別の方法で理解度を確認しておく必要があります。このように，実験者による独立変数の操作が本当に意図した通りになっていることを確かめる方法のことを**操作チェック**（manipulation check）といいます。

　操作される独立変数は1つとは限りません。2つ以上の独立変数を操作し，それぞれが独自に従属変数へ及ぼす影響を調べることもあります。さらに，複数の独立変数があるときには，それらが共に変化する場合にのみ従属変数が変化することもあり得ます。各要因が単独で従属変数を変動させる効果は**主効果**（main effect），複数の要因による効果は**交互作用**（interaction）と呼びます。

　図 3.2 の6つのグラフは，2つの要因と1つの従属変数を測定した場合に，主効果がみられる場合や交互作用がみられる場合をそれぞれ単純化したものです。ここでは例として，高校在学時の部活動が運動系であったか文化系であったか，さらに進学コースが文系であったか理系であったかによって，大学合格率に差があるかどうかをみてみるとしましょう。

　まず（a）は，部活要因と進学コース要因のどちらも合格率に影響しない場合です。次に（b）は，進学コース要因の主効果はないものの，運動部よりも

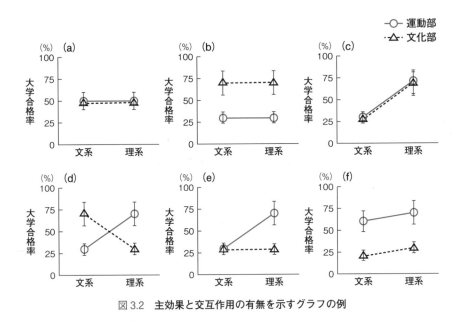

図3.2　**主効果と交互作用の有無を示すグラフの例**

文化部のほうが高い合格率となっており，「部活要因の主効果がみられる」といえる場合です。（c）は逆に部活による違いはないものの，理系コースで合格率が高く，進学コース要因の主効果がみられる場合です。

　次の3つは少し複雑なのでよく見てください。（d）は，文系コースでは運動部よりも文化部の生徒のほうが合格率が高いが，理系コースでは逆に運動部のほうが高い場合です。このとき，文系コースにおける運動部と文化部の平均と，理系コースにおける運動部と文化部の平均は同程度の値となっていることから，部活要因の主効果はなく，交互作用だけが認められるということです。次に（e）は，両要因の主効果と交互作用のすべてが認められる場合です。文系よりも理系の平均値が高く，また文化部よりも運動部の平均値が高いですが，この違いは理系コースのみにおける部活間の差，すなわち交互作用に引っ張ら

れているので，データの解釈の際には主効果よりも交互作用を優先して論じる
ことになります。最後に（f）は交互作用がなく，両要因の主効果だけが認め
られる場合です。一見すると運動部では文系と理系の差があるようですが，こ
れは文化部についても同じ傾向にあることから，両要因の複合的な効果ではな
く各要因の主効果だけが存在するといえます。

　さて，この例では部活要因，進学コース要因という2つの独立変数を取り上
げました。このように複数の要因による実験を組み立てるときには，要因同士
の間に相関がない，つまり要因が「独立」していなければなりません。たとえ
ば，（e）のように理系コースでのみ運動部の合格率が高いという結果が得られ
たとしても，もし仮に「理系コースには運動部を選ぶ生徒が多い傾向」がある，
もしくは「優秀な理系の生徒が運動部を選ぶ傾向」があるとしたらどうでしょ
うか。「理系コースで運動系の部活をする」効果なのか，「そもそも優秀な生徒
が運動部と理系コースを選ぶ傾向にある」効果なのかがわかりません。

　このように，複数の独立変数を扱うとき，それらが相関をもたないよう操作
する実験計画を**要因計画**（factorial design）と呼びます。ある独立変数を操作
するとき，他の独立変数の値が変化しないように（つまり，相関しないよう
に）操作することではじめて，要因の主効果や交互作用を調べることができる
のです。

3.3　剰余変数とその統制

　実験をして，「ある独立変数Aが従属変数Bに影響を与えている」ことを示
唆する結果が得られたとしましょう。そのとき，本当にAがBに影響してい
ると言い切るためには，同時に「Aと連動する別の変数Cが従属変数Bに影
響している可能性」を排除して考えなくてはなりません。なぜなら，もしA
を操作し変化させると同時にCも連動して変化しているなら，どちらがBを
変化させているのかわからなくなってしまうからです。

　このことは因果関係を追究する科学全般に共通する大事な概念ですので，あ
えて心理学とは離れた例を挙げますが，「うがい薬を使うことで，ある感染症

の重症度が下がる」という仮説を検証するとしましょう。このとき，独立変数はうがい薬の使用の有無，従属変数は感染症の重症度ですので，操作するのは「うがい薬を使うか否か」だけでなくてはなりません。すなわち，うがい薬を使用するために必要な「うがい」という行動が，仮にうがい薬を使用する条件でのみ行われていたら，感染症の重症度が下がる結果が得られたとしても，それがうがい薬によるものなのか，水でも薬でも何でもよくうがいをすること自体によるものなのかがわかりません。したがって，本当に独立変数が従属変数に影響していると言い切るためには，独立変数だけが変化しよけいな変数Cが変化しないよう統制した実験環境を設定する必要があります。

　このように従属変数に影響する独立変数が複数考えられ，それらが連動して変化する（すなわち，変数同士が「独立」していない）状況を「変数の**交絡（confounding）**」と呼び，独立変数として想定していない変数（変数C）のことを**交絡変数（confounding variable）**と呼びます。交絡変数は，独立変数と従属変数との因果関係に干渉するため**干渉変数（interference variable）**とも呼ばれます。さらには，従属変数に影響を与え得る数多くの変数の中で，実験計画の中で独立変数として操作または統制できなかった変数という意味で**剰余変数（extraneous variable）**と呼ばれることもあります（図3.1）。

　多くの心理学実験では，ある独立変数が特定の値をとる条件を実験条件と呼びますが，それに対して，その独立変数の値だけが異なり，剰余変数をできるだけ実験条件と等しくさせた条件を統制条件と呼びます。もし実験条件と統制条件で従属変数の値が異なるのであれば，両条件の違いは独立変数の値だけですから，行動を変化させているのはその特定の環境の違いである，というわけです。言い換えれば，本当に独立変数が原因で従属変数が変化しているのかを明らかにするためには，「本当は剰余変数が効いている可能性」を排除しなければならず，そうでなければ環境と行動の関係は明らかにできないのです。

　前節で例に挙げた部活動や進学コースといった独立変数では，参加者はそれぞれの要因内でどちらか一方の水準に属することがほとんどでしょう。このように，参加者を各条件に割り当てて，各参加者が要因内の1つの水準だけを経験する実験計画を，**参加者間計画（被験者間計画（between-subject design））**

と呼びます。

　参加者間計画は単に参加者を各条件に割り当てればよいので簡便な計画法であるといえますが，一方で優秀な生徒が理系に偏ってしまうというような個人差の統制が困難になります。つまり，個人差に由来する剰余変数と独立変数との交絡が避け難い計画法です。この問題を解決するには，各参加者を要因内のすべての水準に参加させる**参加者内計画**（**被験者内計画**（within-subject design））が有効なのですが，参加者内計画にも方法論的な問題があります。それは，異なる条件を連続して行うことで，先に行った条件での経験が後に行う条件に影響を及ぼしてしまう**順序効果**（order effect）という問題です。この場合は，条件の実施順序を適切に配置するなどの工夫をして剰余変数の統制を行います。

　ある行動に影響を与える「可能性がある」変数は無数に存在するため，1つの独立変数以外のあらゆる変数の影響を完全にゼロにすることは不可能に近いといえるでしょう。その中で，いかに剰余変数を統制した実験計画を練ることができるかが心理学実験の要点であり，研究者の腕の見せどころです。

3.3.1　恒常化と除去による統制

1.　物理的変数の統制

　ここでは，心理学実験においてよく採用される剰余変数の統制方法，そしてそれらによって統制可能な変数の例をいくつか紹介します。

　はじめに，実験におけるどの条件においてもどの参加者に対しても，剰余変数を変化させることなく**恒常化**（constancy of condition）することによって統制が可能な変数を考えてみましょう。まず極端な例として，聴覚に関する実験を行う場所として駅のホームやパチンコ店が適当でないのは明らかでしょう。なぜなら，これらの場所には実験者が提示する音刺激以外に，騒音という剰余変数があふれ返っており，さらにその騒音の強度や特徴も刻一刻と変化する環境であるからです。したがって，聴覚に関する実験を行うためには，このようなよけいな刺激が**除去**（elimination）され，音に関する物理的環境が一定に保たれた防音室等を使用することが望ましいといえます。同様に視覚に関する実

験は，刺激提示用のディスプレイや LED などの光源以外が除去された暗室で行われるのが望ましいといえます。このような物理的な剰余変数は直感的に把握しやすく，統制の方法もわかりやすいと思われる方が多いと思います。

　では，におい物質を用いて嗅覚に関する実験を行う場合には，どのような工夫が必要でしょうか。多くの人は，においが滞留しないように換気が必要なことはすぐに思いつくことでしょう。その他には，におい物質は空気の温度や湿度によって拡散される程度が異なることや，嗅覚が視覚や聴覚に比べて順応（adaptation）しやすいこと（Dalton, 2000），つまり同じにおいを短時間で連続して提示すると感度が下がりやすいことにまで気を回す必要があります。

　話を視覚や聴覚刺激の提示に戻しても，コンピュータでのプログラム上は同じ刺激の強度や特徴を設定していても，それを再生するディスプレイやスピーカーなどは機器によって特性が異なるので，できるだけ同じ装置を使い続ける必要があります。このことは大学などの実験室で実験を行う場合には問題になることは少ないですが，近年実施されることの多いオンライン実験では刺激の再生装置や外的な物理環境が実験参加者によって異なるため，特に留意すべき問題です。このように，物理的変数の統制は一見簡単そうに思えるかもしれませんが，厳密な統制には専門的な知識が必要になる場合も少なくなく，細部まで入念に確認することが求められます。

2. 心的変数の統制

　恒常化や除去が必要な剰余変数は物理刺激に限らず，言語的な情報や心的変数もしばしば取り沙汰されます。その中でも，観察反応（observing response）または反応性（reactivity）は，心理学実験の多くが実験者と参加者という人間同士で行われることに由来する問題です。観察反応とは，実験参加者が自らの行動を観察されていることを自覚することで普段とは異なる行動をとってしまう現象です（図 3.3）。

　心理学実験は変数を操作した特殊な環境であるとはいえ，その目的は日常にある環境を単純化して変数間の因果関係をみることにあります。しかし，よけいな物理刺激が除去された無機質な実験室で，実験者と実験参加者という役割を与えられ，特殊な課題をさせられるという状況は，すでに非日常的です。し

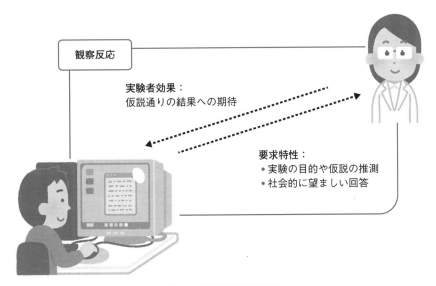

図 3.3　観察反応の概略図

たがって，実験室の外でも意味のある実験結果を導き出すには，観察反応という現象がどのような特性をもっているかに着目し統制することが必要になります。

　心理学実験に参加する多くの人は，たとえ参加によって謝礼が発生する場合であっても，幾分でも心理学の研究に興味をもち，自発的に参加しています。このような人々は，より「良い」参加者であろうとします。すなわち，参加者は実験者から観察されていることによって，日常生活に比べてより社会的に望ましい行動や，またはその実験者が期待するような行動を多くとるようになります。このように，実験参加者に対しある特定の行動を促すような圧力や手がかりのことを**要求特性**（demand characteristic）と呼びます（Orne, 1962）。

　前者の社会的に望ましい行動を惹起することは**評価懸念**（evaluation apprehension）と呼ばれるものであり，参加者は自らのパーソナリティや能力などが

よく評価されるように反応を変容させてしまうことがあります。たとえば，犯罪行為の映像を見て，それに対する印象について回答するような実験に参加したとき，実験者が赤の他人ではなく友人や知人のときには，犯罪行為に否定的な印象を強めに表明するかもしれません。このような特性を統制するためには，知人以外の参加者を募集する，参加者の匿名性を確保する，回答の尺度について直接的な表現を避けるなどの工夫が必要となるでしょう。

　社会的望ましさ以外にも，参加者が実験者の意図や目的を読みとることで反応が変容してしまうことがあります。ごく身近な例として，大学の心理学研究室では，専攻や研究室の学生が実験参加者となることがよくあります。すでに心理学の初歩的な知見をもち，実験の仮説や目的について推測が可能な参加者です。このような参加者が，卒論の締切りを目前に控えた先輩の実験に参加し，仮説を推測できてしまったとしたら，心理学の知見を全くもたない参加者に比べて仮説に沿った反応が増えてしまうことは想像に難くありません。

　では，このような要求特性を統制するためには，どのような工夫をすればよいのでしょうか。一つには，実験の教示に際し実際とは異なる目的や仮説を教えるディセプションという手法を用いて参加者の心的状態の恒常化を試みることがあります。ディセプションは参加者をだまして実験に参加させるわけですから，研究倫理に問題があります。そのため，実験が終了した後には本当の目的を教える**ディブリーフィング**（debriefing）をセットで行うことが求められます。その際は，実験の途中でその目的に気づいたかどうかについて確認しておくことも有用でしょう。

　ディセプションは要求特性の統制に際して実験参加者側のバイアスを除去する方法ですが，逆に実験者側のバイアスの除去についても考える必要があります。すなわち，第1章で紹介された「賢いハンス」の例のように，たとえ無自覚的であれ仮説通りの結果となるような行動を期待し，それが教示や実験参加者への態度の中に現れてしまう**実験者効果**（experimenter effect）を避けなければなりません。その方法として，**二重盲検法**（double blind test）が挙げられます。

　盲検法（blind test）は医学や薬理学の研究でよく用いられている手法で，そ

の中の**単盲検法**（single blind test）は，本当は効果のある薬を投与されていないのに，患者の期待が作用して薬だと信じ込むことで見せかけの効果が出てしまう**プラセボ**（placebo；偽薬）効果を統制する手法として知られています。二重盲検法とは，患者ではなく投与する医師も薬の内容を知らずに薬の効果を検証する方法です。

　これを心理学実験にも適用すると，単盲検法は実験参加者に研究の仮説を教えない手続きですから，先述の参加者側のバイアスを統制する手法そのものです。一方で二重盲検法を適用する場合は，実験参加者に加えて実験者も実験の仮説を知らずに実験を行う手続きです。すなわち研究者が実験の遂行だけを実施する別の実験者を雇い，実験の仮説については教えないことで，実験の教示や言語化されない行動に仮説についての手がかりが含まれる可能性を排除します。さらに慎重を期すならば，同じ実験者が何度も実験を実施することで仮説を推測してしまうことを避けるため，複数の実験者を雇う，実験の条件によって異なる実験者を担当させるなどの工夫も有効です。ただしこのような場合，雇った実験者や実施した日によって教示の仕方が微妙に異なる恐れがあるので，教示の文面を統一するなど恒常化の手続きが必要となるでしょう。

3.3.2　カウンターバランスによる統制

　次に，恒常化や除去では統制が困難な変数を考えてみましょう。先述の例では感覚刺激への順応，つまり同じ刺激であってもあるときの提示に対する知覚感度よりもその後の提示では感度が下がってしまう現象について取り上げました。同じ刺激でなくとも，たとえば非常に怖い映像を見た後では，中程度の怖さの映像がそれほど怖く感じなくなるといった経験をしたことがある人もいるかもしれません。このように，実験の目的上は一回一回の反応測定が他の測定とは独立であるべきであるにもかかわらず，先に行われる試行が後の試行に影響を与えてしまうことを順序効果と呼びます。

　順序効果を統制し，各試行をできるだけ独立にするためには，**カウンターバランス**（counterbalance；相殺）という手法をとります。たとえば，刺激A，B，Cの3種類を各試行で提示したいときには，表3.1のように考えられる順

表3.1　**個体内変動を統制するためのカウンターバランス実践例**

	試行ブロック					
	i	ii	iii	iv	v	vi
第1試行	刺激A	刺激A	刺激B	刺激B	刺激C	刺激C
第2試行	刺激B	刺激C	刺激A	刺激C	刺激A	刺激B
第3試行	刺激C	刺激B	刺激C	刺激A	刺激B	刺激A

序のパターンをすべて実施します。こうすることで3種類の試行のうちある試行の後に他のある試行が行われる機会を等しくすることができるので，これらの平均をとることによって，順序効果は理論上相殺されます。勘の良い方はお気づきでしょうが，このようなカウンターバランスのとり方は相殺したい水準の数の階乗となります。したがって，刺激や課題の種類，条件の数が増えるほど，または同じ刺激を何度も繰返し提示したい場合など，カウンターバランスをとるために必要な試行数は増加し，実験に要する時間も増えることになります。

　先ほどの例は，1人の実験参加者が試行を繰り返すことに伴う剰余変数，すなわち**個体内変動**（intra-subject variation）についての問題です。一方でカウンターバランスは，**個体間変動**（inter-subject variation）を統制する上でも非常に大切な手法です。先ほどの3種類の刺激提示を行う実験について，複数の実験参加者が参加する場合を考えてみましょう。

　まず1人目の参加者は，先ほどと同じパターンを用いて，試行ブロックをiからviまで順番に実施すればよいでしょう。しかし，2人目以降の参加者については全く同じパターンを繰り返すわけにはいきません。そうすると，全参加者の実験で刺激Aが最初に提示される，すなわち刺激Aだけが他の刺激による影響を受けないことになります。さらに，刺激や課題の系列による問題である順序効果だけでなく，実験は時間をかけて進めていくものですから，実験のはじめと終わりにおける疲労の程度や課題遂行に対する慣れの効果などの時間

的な剰余変数についても考慮することが求められます。したがって複数の実験参加者を募る実験では，刺激や課題の系列が固定され，時間的な変数と相関をもつことがないように，参加者間でカウンターバランスをとった実験を実施しなくてはなりません。

たとえば，表3.1の試行パターンを発展させて参加者間でカウンターバランスをとることを考えてみます。完全なカウンターバランスをとるには，先ほどと同じように水準数の階乗の数だけの順序パターンの数，すなわち参加者の数が必要です。ここで，表3.1で用いた試行ブロックを水準として完全なカウンターバランスをとると，6の階乗，すなわち720人もの参加者が求められます。もしかするとオンライン実験で広く参加者を募る場合には不可能ではないかもしれませんが，実験室で行われる一般的な研究としては1回の実験にかけるコストを勘案して現実的な数ではありません。そのため，相殺したい剰余変数が多い実験の場合には，ラテン方格（Latin square）などの配列表現を用いた簡易的なカウンターバランスを試みる研究が多く行われています（表3.2）。

その他にも，複数の条件に参加者を割り当てる場合に，性別などの参加者の特徴を均等に割り当てることもカウンターバランスの一例といえるでしょう。たとえば3つの条件からなる実験に男性6人，女性18人の計24人の参加者が

表3.2　6×6のラテン方格を用いた試行ブロックのカウンターバランス実践例

参加者	試行ブロックの実施順序					
	1	2	3	4	5	6
A	i	ii	iii	iv	v	vi
B	ii	iii	iv	v	vi	i
C	iii	iv	v	vi	i	ii
D	iv	v	vi	i	ii	iii
E	v	vi	i	ii	iii	iv
F	vi	i	ii	iii	iv	v

ローマ数字は表3.1の試行ブロックを指す。

集まったならば，各条件につき男性2人，女性6人を割り当てることで性別という剰余変数を相殺します。ただし，実際に実験を実施するときには，必ずしも条件の数と男女比がぴったり対応させられるとは限りません。また，性別の他にもさらに従属変数に影響を与えそうな特徴が考えられる場合（たとえば，空間認識に対して右利きと左利きの違いなど）には，考慮すべき剰余変数に優先順位をつけて割り当てることも必要となるでしょう。

3.3.3　無作為化による統制

　剰余変数として考慮すべき参加者の特性が，性別や利き手など，質的でわかりやすい場合には相殺による統制はとても有効です。しかし，時には実験参加者の刺激に対する感度などの心的変数や量的変数を揃える必要があるなど，相殺を適用するのが難しいことがあります。また，実験計画の側面においても，ラテン方格を用いた簡易的なカウンターバランスでは，参加者によって最初と最後の試行が異なるだけで，系列効果が十分に統制できるとみなされないと考えることもできます。さらに，実際の心理学実験の現場では，研究者が思いもよらない剰余変数が影響を与えていることがしばしばあり，除去や相殺を試みようにも困難な状況に遭遇することもあります。

　このように，恒常化や除去，相殺による統制が困難な状況では，積極的統制をあえて実施せず，剰余変数を偶然に任せることがあります。すなわち，参加者の割り当てについても，試行順序についても，ランダムに決定するということです。

　ここまで読んでこられた方は，ちゃぶ台をひっくり返されたような気持ちになるかもしれません。しかし，これは**無作為化**（randomize）と呼ばれるれっきとした統制の手法です。多くの実験的研究では，実験に参加した人だけでなく全人類にあてはまる心的過程を明らかにすることを目的としています。そのためには，人類という**母集団**（population）から，ある特性をもつ参加者が偏って抽出されることがないように，ありとあらゆる特性をもつ参加者を無作為に**標本抽出**（サンプリング；sampling）することが必要です。そして，抽出された参加者をさまざまな実験条件へ無作為に割り当てることで，多くの剰余変

数を統制する方法がとられます。

　しかし，実際には世界中からありとあらゆる参加者を募ることは不可能であ
り，サンプリングがうまくいかなければ，さまざまな剰余変数の交絡があり得
ることになってしまいます。そのため，本項で解説した実験的統制をできる限
り実施しながら，統制しきれない剰余変数を誤差（error）とみなし，従属変
数の変動が誤差によるものなのか（つまり，偶然なのか），それとも独立変数
や交互作用の変動によるものなのかを統計的分析（第10章）を使って判断す
るのです。

　ただし，統計的分析を行う上でも，実験の条件設定や参加者の数（サンプル
サイズ）など，適用する手法によって数々の制約があります。そのため，剰余
変数が適切に統制され，因果関係の解明に確かに貢献する研究を遂行するため
には，分析に用いる統計手法の制約に合致し，かつ実験的統制によってできる
限りの剰余変数を統制することが可能な実験を計画しなければなりません。

3.4　代表的な実験法①——精神物理学的測定法

　ここからは，数多くの心理学実験法の中から，実験演習のテーマとして採用
されることの多い基礎的な研究法を少し紹介します。はじめは，**精神物理学**ま
たは**心理物理学**（psychophysics）と呼ばれる研究パラダイムです（1.2.1項参
照）。精神物理学とは，環境中の物理的な刺激の変化量に対して，知覚された
刺激の変化量，つまり心理量との関数的な関係を求める実験法を指します。

　精神物理学的測定法（psychophysical method）は，ドイツの哲学者・物理
学者フェヒナー（Fechner, G. T.）が19世紀に考案した実験法の総称であり，
特に感覚知覚や認知に関する研究法として今日でもよく用いられています。

　精神物理学的測定法では，主に**刺激閾**（stimulus threshold），**弁別閾**（differ-
ence threshold）などの**閾値**（threshold）や**主観的等価点**（Point of Subjective
Equality; PSE）といった値を求めます。刺激閾は**絶対閾**（absolute threshold）
とも呼ばれ，知覚が生じるために必要な最小の刺激物理量を指します。

　これに対して，知覚が生じる最大の刺激量は**刺激頂**（terminal threshold）

と呼ばれます。刺激閾や刺激頂は音量や照度など刺激強度を独立変数として測定される場合が多いですが，刺激頂は感覚器官に著しく負荷をかける物理量であることが多いため，倫理的な問題からあまり検討されることはありません。

　次に，刺激閾よりも高い物理量の刺激を提示したときに，ある刺激量から「変化したことがわかる」ための最小の変化量を弁別閾と呼びます。弁別閾は**丁度可知差異**（Just Noticeable Difference; JND）とも呼ばれます。

　19世紀のドイツの生理学者ウェーバー（Weber, E. H.）は，重さの異なる2つのおもりを手に持ったときに，どのくらい重さに差があると重さの違いに気づけるかについて実験を行いました（Wolfe et al., 2012）。その結果，一方のおもりを**標準刺激**（standard stimulus），もう一方を**比較刺激**（comparison stimulus）としたとき，標準刺激が軽いときには比較刺激がそれより少し重い程度でも変化に気づくが，重い標準刺激に対しては比較刺激をより重くしないと気づかない，すなわち弁別閾が大きな値をとることを発見しました。ウェーバーの弟子であったフェヒナーはこの発見を数学的にまとめ，「標準刺激の強度と弁別閾の比が一定の値をとる」という**ウェーバーの法則**（Weber's law）を導き出しました。フェヒナーはさらにこの法則を数学的に発展させた**ウェーバー-フェヒナーの法則**（Weber-Fechner law）を提唱し，精神物理学という学問が作られることとなりました。最後に主観的等価点とは，2つの刺激を比較した際に両者を等しいと感じるときの刺激量を意味します。

　図3.4のような2つの線分を例に考えてみましょう。これらの矢羽のついた線分はミューラー・リヤー錯視と呼ばれる有名な錯視現象を確かめるために用いられるもので，矢羽の向きや角度によって水平の線分の長さが違って見えることが知られています（北岡，2010）。左右の線分は実際には同じ長さなのですが，多くの方は右の線分のほうが長く見えることでしょう。たとえば，左右のいずれかの線分を標準刺激，矢羽のない線分を比較刺激として提示し，比較刺激の長さが標準刺激と同じ長さに見えるように調整するとします。このときの比較刺激の長さが主観的等価点であり，矢羽のついた線分刺激に対する心理量を反映した物理量ということになります。

　次に，これらの閾値や主観的等価点を測定するための基礎的な測定法につい

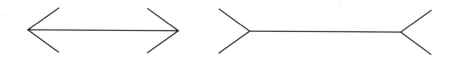

図 3.4 ミューラー・リヤー錯視の刺激例

てみていきます。先ほどのミューラー・リヤー錯視のように，標準刺激に合わせて比較刺激の強度を実験参加者自身が変化させる手法は**調整法**（method of adjustment）と呼ばれ，主に主観的等価点や刺激閾の測定に用いられています。調整法は簡便で時間がかからない測定法ですが，参加者自身が調整を行うため，調整を終える基準（たとえば，どの程度の感覚量の違いを「同じ」とみなすか）などを統制できず，厳密な測定には適しているとはいえません。一方で，本実験の前に行う**予備実験**（pilot study）として，主観的等価点の値にあたりをつけたい場合には有用な方法です。

　参加者ではなく実験者が刺激量を系列的に操作し，参加者の反応の変化によって操作を打ち切る手法は**極限法**（method of limit）と呼ばれています。系列的な操作とは，刺激量を上昇させる**上昇系列**（ascending series）と下降させる**下降系列**（descending series）という2つのパターンで操作するという意味です。たとえば極限法で刺激閾を測定する場合には，参加者は刺激が提示されたか否かを Yes か No の2件法で反応します（**Yes/No 課題**）。

　上昇系列では十分に低い刺激強度から提示を始め，反応が「No」から「Yes」に切り替わるまで強度を段階的に上昇させながら都度反応を測定します。反対に下降系列では，「Yes」から「No」に変わるまで強度を下げていきます。上昇系列では「No」反応が得られた最大の刺激量と「Yes」反応に変わった刺激量の中間値を，下降系列では「Yes」反応の最小の刺激量と「No」反

表 3.3　極限法による音圧の刺激閾の測定例

音圧 (dB SPL)	系列 上昇系列	系列 下降系列
40		Yes
35		Yes
30	Yes	Yes
25	No	Yes
20	No	No
15	No	
10	No	
刺激閾の推定値	27.5	22.5
刺激閾	25	

応に変わった刺激量の中間値をそれぞれ刺激閾の推定値とし，系列を交互に複数回繰り返して平均を求めることで刺激閾とします（表 3.3）。

　極限法では実験者が刺激を操作するため，調整法にある参加者の判断基準の問題には対処できますが，参加者の期待や慣れといったバイアスの影響が入る可能性があります。期待による影響とは，刺激の変化が系列的であることから次の試行の刺激量を予測できてしまい，閾値に達していないにもかかわらず反応を変えてしまうことです。反対に慣れの影響としては，本当は閾値に達しているのに前の試行と同じ反応を繰り返してしまうといったことが考えられます。

　刺激の操作を実験者が行い，かつ期待や慣れが生じやすい系列的な操作を避けた手法が，**恒常法**（method of constant stimuli）と呼ばれる方法です。刺激量を連続して変化させるのではなく，毎試行ランダムに変化させて都度反応を求めます。恒常法では刺激量を等間隔に変化させた刺激セットを用意し，各刺激量を繰返し提示して反応を測定します。たとえば音圧の刺激閾を測る場合，ほぼ確実に「No」反応が得られる刺激量として「0 dB」の刺激からほぼ確実に「Yes」反応が得られる「80 dB」まで，10 dB 刻み程度で等間隔に刺激量を

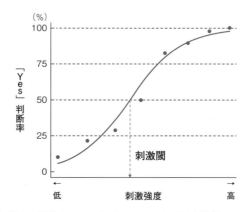

図 3.5　**恒常法で測定された反応データへの心理測定関数のあてはめの例**

設定し，各刺激量について20回程度繰返し反応を測定します。そして，刺激量を独立変数，「Yes」反応率を従属変数とした関数を考えます。このような関数は**心理測定関数**（psychometric function）と呼ばれ，図3.5のようにプロットされたデータに対して関数をあてはめることで推定されます。

　このとき，あてはめた心理測定関数で「Yes」判断が50％点となる刺激強度が刺激閾として算出されます。PSEを測定する場合も同様で，比較刺激の刺激量を独立変数とし，比較刺激の刺激量が標準刺激に対して「大きい」か「小さい」かの反応を求め，「大きい」判断が50％となる比較刺激の強度をPSEとします。このとき弁別閾は，判断率25％点および75％点の独立変数の値とPSEとの差分を計算することで，それぞれ下弁別閾と上弁別閾として算出されます。

　恒常法は調整法や極限法にあった剰余変数を統制可能で精度も高い測定法ですが，複数の刺激量を設定して繰返し提示するために時間を要します。したがって，参加者の疲労などの影響を最小限にするために，刺激量の種類や提示回数，1試行あたりの時間などを工夫する必要があります。また，刺激の最小値

と最大値がそれぞれ判断率0％と100％に近い値となるように，予備実験によって刺激量の範囲についてあらかじめ見当をつけておくことが肝要です。

　これら3つの測定法は古典的精神物理学的測定法とも呼ばれ，今日でも重用されている手法ですが，それぞれ実践の簡便さと測定の精度は一長一短で，効率という点においては優れているとはいえません。そのため現在では，測定の精度をなるべく犠牲にすることなく，少ない試行数で閾値や主観的等価点の測定ができるよう，発展的な測定法も考案されています。

　特に極限法を改良した**階段法**（staircase method）または**上下法**（up-down method）など参加者の反応に応じて刺激量を決定する方法は**適応的測定法**（adaptive method）と呼ばれ，さまざまな方法が考案されています（原澤，2003）。精神物理学的測定法の採用にあたっては，古典的測定法も含め，測定の精度と試行数などの制約を天秤にかけ，実験の目的に合った測定法を見極めることが大切です。

3.5　代表的な実験法②──単一事例実験

　精神物理学的測定法は，ヒトを対象として感覚知覚を測定する上で基本となる方法論です。一方で，ヒト以外の動物の知覚について明らかにしたくても，この方法論を用いるのは困難です。たとえば調整法を使おうとしても，言葉の通じない動物に「刺激Aの長さをBに合わせて」のような教示は通じません。さらにはヒトにおいても，知覚された「心理量」を測るという考え方は，ともすれば（心理学は「環境」と「行動」の学問であるにもかかわらず）物理的世界の他に「心の世界」が存在するかのような発想（**精神主義**（mentalism））につながりかねません。そのため，実験心理学では，より直接的かつ厳格に「環境と行動の関係」に焦点をあててその関係を記述し，環境による行動の変容（**学習**（learning））を予測し制御することを目指す**行動分析学**（behavior analysis）というアプローチが確立されています。行動分析学では，単一または少数の参加者や被験体に対して環境の操作を繰り返し，環境変化と行動変化の関係を縦断的にとらえる**単一事例実験法**（single-subject design）がよく用いられ

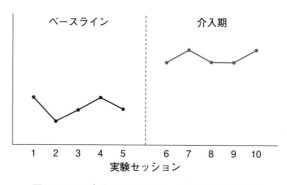

図3.6 **AB デザインによる単一事例実験結果の例**

ています。

　単一事例実験法では，対象とする従属変数（行動）を継続的に測定し，独立
変数（環境）の操作を行う前後で従属変数の変化をみることで，独立変数の効
果を検討します。このとき，操作を行う前の期間を**ベースライン**（baseline），
操作を行った，もしくは行っている期間を**介入期**（intervention）と呼びます。
ベースラインと介入期を比較する上で最も単純な方法として，ベースラインを
一定期間行ったあと，一度だけ介入期を置く**AB デザイン**が考えられます（図
3.6；A がベースライン，B が介入期を指します）。この方法はシンプルですが，
介入前後にたまたま他の環境変化が影響を及ぼすことも考えられるので，単純
な時間経過によって行動が変わる可能性を排除できません。そのため，このよ
うな剰余変数を統制するため，**反転法**（reversal design）や**多層ベースライン
法**（multiple baseline design）などの方法論が考案されています。

　反転法では，主に **ABA デザイン**と **ABAB デザイン**の２つがよく採用されて
います。名前からおわかりの通り，前者は介入期に再度ベースラインを繰り返
す方法，後者はベースラインと介入期をそれぞれ２度繰り返す方法です。とも
に，行動に影響を及ぼし得る独立変数の操作を複数回繰り返す（反転する）こ

とで，偶然他の環境が同時に変わった可能性や，単純な時間経過で変わった可能性を排除しようとします。反転の回数に絶対的な決まりはなく，実験の目的によってはさらに反転回数を増やす（ABABABなど）こともあります。

　反転法は実験の妥当性を高めますが，測定したい行動によっては実施が困難な場合があります。1つ目は，1度目の介入によって行動が確立してしまい，介入期からベースラインへの反転が困難な場合です。自転車の乗り方や泳ぎ方など，一度覚えたら忘れないという実感をおもちの方も多いことでしょう。このように，たとえば自転車の訓練法などの効果は，一度介入してしまうと再度もとに戻すことができません。2つ目は，行動をベースラインに戻すことで倫理的な問題が発生する場合です。発達や教育に関する研究では，介入によって変容した状態の行動は参加者自身や周囲の人々にとって望ましいものであることが多くあります。たとえば社会的に問題のある行動を従属変数とし，その頻度が下がるような介入の効果をみたい場合，介入によって減った問題行動の頻度をもう一度ベースラインに戻すことには問題があるでしょう。

　このような課題を解決する方法として，多層ベースライン法が考案されています。そのうち**参加者間多層ベースライン法**（multiple baseline across subject design）は，ABデザインを基本としつつ，介入のタイミングを参加者間でずらす方法です。たとえばベースラインと介入期を合計で10日間行うとして，1人の参加者では4日目に介入，他の参加者では7日目に介入といったようにタイミングをずらします（図3.7）。こうすることで，単純な時間経過による影響を排除でき，また複数の参加者で効果を確認することで，独立変数の操作の妥当性を高めることができます。

　単一事例実験の方法論は，主に動物を対象とした実験的行動分析や人を対象とした**応用行動分析**（applied behavior analysis）を通して発展してきました。単一事例実験を用いて環境と行動の関係を確かめるためには，行動分析学における環境操作の方法論や，**条件づけ**（conditioning）などの行動変容に関する実験パラダイムについての理解が必要です。そのため，学習心理学や行動分析学の専門書を参考にして理解を深めるようにしてください。

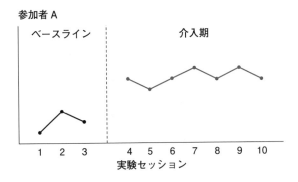

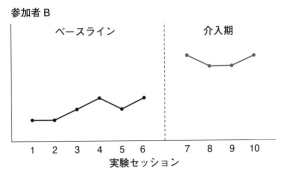

図 3.7 参加者間多層ベースライン法による単一事例実験結果の例

3.6 ま と め

　本章では，独立変数や従属変数といったあらゆる実験に共通する概念から，実験における剰余変数の統制方法，代表的な実験法までを紹介しました。本章の軸に据えているのは，独立変数と従属変数の関係を確かめるためにいかに剰余変数の統制が重要であるか，そしてそれが実験の目的や現実的制約の中でいかに果たし得るかということです。剰余変数の中には順序効果のように比較的気がつきやすいものもあれば，要求特性などのように気づいても統制が容易で

ないものもあります。一度の実験で考え得るすべての剰余変数を統制することは困難であることから，多くの実際の研究プロジェクトでは，メインとなる独立変数の効果や交互作用を検証する実験に加えて，統制しきれない剰余変数の効果を複数の実験に分けて確かめることがほとんどです。

　一方で，剰余変数を統制しきれないことは何も悪いことばかりではありません。もちろん，本章で挙げた剰余変数の例はいずれも統制されるべきものですが，その上でまだ他の変数の影響が残されているなら，それは思ってもみなかったことが行動に影響を与えている可能性があるということでもあり，また新たな知見への手がかりとなるかもしれません。科学的研究の歴史は，そうして先行研究に残された疑問を一つずつ解決しながら発展してきたのです。

　本章は実験法のすべてを網羅したものではありません。心理学はヒトを含む動物の行動に関する学問ですから，行動に関連する数多の分野は心理学の隣接分野となり，またその数だけ数多の研究アプローチが生まれています。ぜひ，興味をおもちのテーマの研究発表にふれてみて，その研究がどのように妥当性の高い実験法をとっているのか，さらにどのようなところが足りていないのか，批判的な視点をもつように心がけてみましょう。

復習問題

1.「実験者が実験参加者に対して期待している行動を示すような，実験者の態度や研究手続きなどに含まれる手がかり」を示す語として正しいものを1つ選んでください。
　　①要求特性
　　②プラセボ
　　③実験者効果
　　④順序効果
　　⑤観察反応
2.　剰余変数の恒常化の説明として正しいものを1つ選んでください。
　　①さまざまな特性をもつ実験参加者をランダムに募集し，ランダムに条件に割り
　　　当てる方法。
　　②実験者も実験参加者も仮説を知らない状態で実験を行う方法。

　③独立変数となる刺激以外の感覚刺激をできるだけ減らす方法。

　④各実験参加者がすべての条件を行う際に，参加者によって条件の順番を変える
　　方法。

　⑤すべての実験参加者およびすべての条件の間で，剰余変数の値を一定にする方
　　法。

3.　弁別閾の説明として正しいものを 1 つ選んでください。

　①極限法において，反応が切り替わった刺激量とその直前の刺激量の中間値を算
　　出し，複数回の系列を実施して平均した値。

　②調整法において，参加者が標準刺激と同程度の刺激量と判断した比較刺激の刺
　　激量。

　③恒常法において，比較刺激の刺激量が標準刺激の刺激量より「大きい」判断率
　　50％の刺激量と 75％の刺激量の差。

　④恒常法において，比較刺激の刺激量が標準刺激の刺激量より「小さい」判断率
　　50％の刺激量。

　⑤恒常法において，刺激が知覚できたか否かの Yes/No 課題のときに，Yes 判断率
　　が 50％となる刺激量。

参 考 図 書

日本基礎心理学会（監修）坂上 貴之・河原 純一郎・木村 英司・三浦 佳世・行場 次
**　　朗・石金 浩史（責任編集）（2018）．基礎心理学実験法ハンドブック　朝倉書店**
　　剰余変数の統制など実験の基本となる概念から始まり，感覚や知覚，認知，学習
や行動，神経科学や生理学によるアプローチまで，実験心理学の代表的な方法論が
一望できる手引書です。参考文献も充実しており，各分野のマイルストーンとなっ
た先行研究も知ることができます。

三浦 麻子（監修）佐藤 暢哉・小川 洋和（2017）．なるほど！心理学実験法　北大
**　　路書房**
　　心理学実験の実習科目でよく採用される著名な実験について，簡単な背景から手
続き，考察のヒントまで，実験論文の流れに沿ってやさしい文章で解説されていま
す。フリーウェアを使った実験プログラム作成についても書かれており，いざ実験
を始める際に良い手がかりとなる一冊です。

実験法（2）
——さまざまな実験

　心理学では，因果関係を科学的に見定めるために実験的な手法を用いて研究を行うことが必要です。第3章では，実験でどのように状況をコントロールし，客観的で妥当性の高いデータを得るかを学びました。では，実験にはどのような種類があるのでしょうか。またそれぞれの方法は，どのような特徴をもっているのでしょうか。この章では，さまざまな実験の実施方法やメリット・デメリットを紹介し，実験法の実践的な理解を深めます。

4.1　はじめに

　心理学では，因果関係を科学的に見定めるために実験的な手法を用いて研究することが必要ですが，一口に実験といっても，実はさまざまな種類があります。それは，実験を実施するにあたっては，多様なニーズや制約があるためです。ある人は，独立変数以外の条件をすべて統制できる大学の実験室を自由に使っていつでも実験ができるかもしれません。一方，ある人は数多くのデータが必要な社会的問題を扱うので，参加者一人ひとりを実験室に呼ぶのではなく，よく考え抜かれた質問紙を使って実験をする必要があるかもしれません。またさらに他の人は，もっと現実に即したデータを求めて，想定している対象者の日常場面に足を運んで実験を行おうとするかもしれません。このように，それぞれの研究のニーズと状況を踏まえ，なおかつ客観的なデータの取得を実現するために，心理学ではさまざまな形態の実験が生まれました。

4.2 実験室実験

心理学で「実験」といった場合にまず念頭に浮かぶのは，**実験室実験**（labo-ratory experiment）です。実験室（**図4.1**）の中には，知覚実験に適した明るさの管理，場合によっては温度や湿度を管理できるものもあります。比較的狭い実験室もあれば，数人が一度に入って実験ができるような実験室もあります。形は大小さまざまですが，いずれの場合も実験者が統制したい要因以外を排除することができ，普段私たちが生活している日常場面とは隔絶され，無駄なものを削ぎ落とすよう整備された空間です。また，参加者を募ることや研究室内でのスケジュール調整ができれば，こうした実験室を使って統制された実験を安定して繰返し行うことができます。そういった意味で実験室実験は，準備までの道のりはかかりますが，繰返し計測が可能な比較的利用がしやすい実験であるということができます。そして，さまざまな条件の統制を行き届かせることができる環境ですから，研究の主目的である**因果関係**（causal relationship）の存在を，他のどの実験よりも厳密に調べることができます。

図4.1　実験室実験の様子（東北大学心理学研究室）
ディスプレイに表示された刺激についてキー押し反応を行っています。顔が動かないように顎台に参加者を固定し，視覚的に邪魔になるものを周辺から排除して実施しています。

　しかし，こうした利点の裏側にはデメリットもあります。まず第1に挙げられるのが，**現実との乖離**（deviation from reality）です。実験室実験の環境は，私たちが普段生活している日常場面とは違い，実験で調べたい要因以外のものを排除した特殊な空間です。そうした環境は現実にはほとんど存在しません。普段経験したことのない殺風景な場所で行動の計測が行われるわけですから，得られた結果に参加者の「真のあり方」がどの程度反映されているかは，はっきりとはわかりません。また，実験室では，その特殊な環境のため，参加者側に緊張や不安などの心理的負荷が生じ，結果に影響を与える可能性があります。加えて実験室実験では多くの場合，データの精度を上げるため，同じ課題を繰返し実施することが求められます。そのため，参加者の心理・肉体的疲労によって反応が歪められる恐れもあります。このような影響を防ぐため，実験者は実験の説明を丁寧に行い，十分な休憩を参加者にとらせ，参加者の心身の状態に気を配る必要があります。もし参加者の疲労や意欲低下によって反応の精度が落ちることが懸念されるのであれば，独立変数の影響を直接受けることのない別の課題を紛れ込ませて（**キャッチ試行**（catch trial）または**ブランク試行**（blank trial）），参加者の実験への意欲や疲労度を確認することができます。

　実験室実験の第2の問題は，サンプルの**無作為抽出性**（random sampling）が担保できない点です（第10章）。これは，後述する他の実験でもあてはまりますが，実験室実験では参加者数が少ないことから，より顕著な問題になります。実験室実験は，大学や研究所など実施場所が限られています。そのため，実験への参加は「実験室に来ることができる人」を対象とせざるを得ません。日本に限らず，世界中の多くの大学で行われる心理学実験には大学生が無償・有償で参加しています。このことから，心理学の実験成果は「ある一定以上の知的能力をもった18歳から29歳ぐらいまでの限られた健康な人の心理プロセスの反映にすぎない」と揶揄されることもあります。ニールセンら（Neilsen et al., 2017）は，強い影響力をもつ学術誌に掲載された論文の多くがWEIRD（Western（西洋），Educated（高学歴），Industrialized（先進国），Rich（裕福），Democratic（民主的））な集団からのデータに偏っていることを指摘し，改善の必要性を説いています。限られた属性をもつ参加者を対象としたリサー

チクエスチョン（研究の問い）を設定しているのならばよいのですが，多くの実験的研究では上記のようなサンプルの偏りがあるにもかかわらず，一般的な原理を調べたかのような形で結果の報告がなされることが少なくありません。

　大学での実験室実験には，無作為抽出性の担保を脅かす別の事情があります。同じ大学内で多様な参加者をリクルートすることは難しいので，同じ参加者が，同じ研究者が主導する複数の実験に参加している場合も少なくありません。つまり，独立した別の実験でありながら，参加者がすべての実験に参加することもあり得ます。こうなると，ある実験への参加経験が別の実験の結果に影響を及ぼしたり，実験の意図を想像して歪んだ反応をされてしまったりする可能性が生じてしまいます。これも無作為抽出性が保証されているとはいえません。

　これに加えて，実験室実験は一般にサンプルサイズが小さいことも無作為抽出性を弱める要因となります。先ほど，実験室実験では実験室を用意して実験装置を組んでしまえば，同じ実験を安定して繰返し実施できると述べました。しかし，実験室実験では，1人もしくは多くても数人ずつを対象に実験が実施され，また課題の反復回数も多いので，参加者数を増やすには多くの手間と時間がかかります。このため，後述する質問紙実験などに比べるとどうしてもサンプルサイズが小さくなり，サンプルの抽出にも偏りが生じやすくなります。理論的に個人差が小さいことがあらかじめ担保できている（もしくは担保できる可能性がある）研究テーマ（たとえば感覚知覚など）であれば上記の弊害は少なくて済むでしょうが，個人差が大きい研究テーマについてはより緻密な実験計画が求められます。

4.3　質問紙実験

　実験室実験よりも参加者をより広く募りたい，また倫理的に実験室では設定しにくい状況を仮想的にでも設定したいと考えた場合に用いられる方法に，**質問紙実験**（survey experiment）があります。

　質問紙実験では，調べたい複数の条件を反映させて作った質問紙を，多くの参加者に一度に配付して回答を求め，得られた結果を解析します。それにより，

一人ひとり実験室に呼んで実験するよりも，少ない手間で多くのデータを一度に取得することができます。質問紙は実験性を持たない調査で頻繁に用いられますが（質問紙調査），質問紙実験では理論的根拠に基づいて実験条件を統制し質問紙の作成を行うことで，実験の実施を可能にします。あくまで心理学の「実験」ですから，条件の統制は実験室実験と同様に厳密に行われます。作っている質問紙が実験で意図した内容を検討するに値する構成になっているのか，独立変数と従属変数がどのように構成されているのかを確認しながら作成します。また，実験の目的は因果関係を推定することですから，あらかじめ得られる結果の予測，つまり仮説設定と分析方法の決定も事前に行います。そして，大量に質問紙を配付するからといって，参加者に偏りが生じてはいけないので，研究目的に沿って想定した母集団から参加者を無作為に抽出します。必要であれば，関係する機関や自治体などへ協力要請を行うこともあります。

　研究倫理上の問題で実験室では再現できない実験状況も，質問紙実験では比較的再現しやすくなります。具体的には，「仮にこうした状況にあったとしたら，どのように考えますか，どのように行動しますか」といったように，ある状況のシナリオを用いて仮想的に質問紙上で再現することで，実験を行うこともできます（**シナリオ法**（scenario study），実際の研究例として，中川ら，2015; 清水・釘原，2018; 沼崎・工藤，2003（図 4.2）など）。仮想的といっても，あまりに心理的に不快な状況設定は実験室実験の場合と同様，研究倫理上問題になることもありますが，実験室実験と比較すると格段に状況設定の幅を広くすることができます。しかし，こうした広い状況設定も，あくまで仮想的に設定されたものなので，実験室実験でもデメリットに挙げていた**現実との乖離**は否めません。また，仮想的な状況設定をどこまで参加者一人ひとりが理解できているかも重要です。質問紙の作成の際には，曖昧な表現を避けて，わかりやすく明快な文章で実験の説明や各質問項目を作成する必要があります。そして，参加者には仮想的な状況であることを踏まえた上で，あくまでも真剣に実験に取り組んでもらえるように，紙面上または配付する際にも丁寧でわかりやすい教示を行います。しかし，こうした工夫を徹底しても，虚偽やおざなりな回答が入り込む可能性をゼロにはできません。そこで，実験室実験と同様に

実験２で用いたシナリオ（高揚呈示/遂行高　群）

　あなたは，心理学の実験に協力するために実験室に行きました。あらかじめ，その実験は誰かと一緒に課題を行う場合と独りで行う場合とでは，成績に差がみられるかどうかを調べる実験といわれていました。実験室に入ったところ，もうすでにもうひとりの同性の実験参加者（Ａさん）は入室していました。そこで，実験者から課題と実験の進め方に関する説明を聞きました。実験はまず最初に課題を一緒に行い，その後で，独りで行うというものでした。

　実験者から自己紹介をするように促されたので，あなたは自分の名前と所属学科を言いました。Ａさんも自分の名前を言い，国文学科の２年生であると*自己紹介し，その後で，Ａさんは，『こういう課題はわりと得意な方なので頑張ります』と付け加えて言いました*[a]。

　その後，Ａさんと一緒に課題を 10 分間ほど行いました。次に単独で課題を行うため，Ａさんは実験者に連れられて別室に行きました。

　しばらくすると実験者が戻ってきて，先ほど行った課題の採点結果を知らせてくれました。『あなたは 100 点満点で 63 点で，Ａさんは *81* [b]点でした。なお，これまでの平均点はだいたい 60 点を少し切るくらいです。』

　あなたは，単独で課題を行う前に，Ａさんの印象を聞かれました。

[a] 呈示スタイルの操作はイタリック部分を変えることにより行った。イタリックの部分を，統制群では「自己紹介した」と，卑下群では「自己紹介し，その後でＡさんは，『こういう課題は苦手なんですが頑張ります』と付け加えて言いました」とした。

[b] 遂行の操作はイタリック部分を変えることにより行った。イタリックの部分を低群では「45」とした。

図 4.2　シナリオを用いた質問紙実験の教示文の例（沼崎・工藤，2003）

本来なら間違えようのない質問をあえて紛れ込ませて事後にチェックすることで，虚偽やずさんな回答をふるいにかけることもあります。

　質問紙実験は，大学の大教室など，大多数の人が集まる場所で一斉に実施されることが多いのですが，郵送による質問紙の配付と回収，また最近ではインターネットを介したオンラインでの実施も行われるようになりました（大竹，2017）。最近は特に早くて便利なオンラインでの実施が増えていますが，不特定多数の回答者の属性について真偽を確かめにくいことや，代理回答が混在することの危険性などもあり注意が必要です（大竹，2017）。

　オンラインでの実験は，昨今の社会的状況や IT 技術の発展により，質問紙に限らず実験室実験で扱う知覚や認知の研究テーマについても実施可能性が広がっています。山形大学人文社会学部では，具体的な実験手法をホームページ

上で詳しく紹介しています（大杉・小林，2020）。また，こうした研究を実施する上での注意点への考察（黒木，2020; Kuroki, 2020），結果の妥当性についての検討もなされてきていますのでぜひ参考にしてください（Sasaki & Yamada, 2019；本書の第6章も参照）。

4.4 現場実験と自然実験

　実験室実験は統制された実験状況のため，現実と乖離した状況になります。また，質問紙実験でも仮想的な状況を想定するため，現実との乖離を完全に埋めることはできません。現実場面をそのまま実験状況に設定することによってこうしたデメリットを乗り越えようとするのが，現場実験と自然実験という2つの実験手法です。

4.4.1 現場実験

　実験に際して研究者は，独立変数を操作したり，無作為抽出を行って，剰余変数の統制を行います。**現場実験**（field experiment）では，こうした統制を日常の現実場面で実施します。たとえば，「クラシック音楽を聴いていると作業効率が高まる」という仮説を，ある工場の作業者を対象にした実験で検証しようとしたとしましょう。この工場には，同じ工程を行う作業場が複数あります（例：作業場A，B）。研究者はその作業場を無作為に選んで，クラシック音楽を流す作業場（A），音を流さない作業場（B），というように振り分けます。そしてその後，これら作業場の作業効率（作業量）をある一定期間記録するのです。つまり，特定の現実場面にいる人たちを実験参加者として，彼らを無作為に振り分けて独立変数（クラシック音楽の聴取の有無）を操作し，従属変数（作業量）を計測します。このように，現場実験では日常の現場場面への人為的な介入がなされます。

　しかし，こうした統制が倫理的な問題を引き起こすこともあります（高野・岡，2017）。上記の例ならば，作業場は作業員たちの日常の職場環境です。自身の仕事のパフォーマンスに直接的に影響を与えるような操作を，その内容を

十分に知らされることなく実施されるのは，倫理的に問題があるといえます。このような問題から現場実験の実施には困難が伴います。

4.4.2　自然実験

　現場実験に対して**自然実験**（natural experiment）では，現場実験でみられたような人為的な統制は行いません。独立変数の操作やサンプルの無作為抽出が自然にできる状況を見つけて，データ取得を行います（伊藤ら，2017; 高野・岡，2017）。

　先ほどの例の場合，工場にはクラシック音楽を流す作業場A，そうではない作業場Bがありました。そして作業者は，雇用されたときにどちらの作業場に配属されるかを抽選で決められていたとします。つまり，自然実験では，実験で操作したい独立変数がすでに存在し，偏りのないデータが得られるような実際の環境を見つけ出して，都合よく，その環境を利用して実験を行うのです。

　しかし，こうした状況を見つけるのが簡単ではないことは容易に想像できると思います。仮に独立変数が自然に存在していたとしても，サンプルの無作為抽出が担保されていなかったり，逆にサンプルはほとんど無作為に割り当てられているのに，独立変数の設定が十分でなかったりと，理想通りの自然な実験環境を見つけることは，とても難しいのです。先ほどの例をみても，通常，工場への作業員の配属は会社の人事的事情によって決まるので，完全に無作為に抽選されている状況など現実場面ではあり得ません。こうした限界があるために，適用した研究の報告はあるものの（たとえば，伊藤ら，2017），自然実験の実施には困難が伴います。

　さて，上記でみてきたように，現場実験と自然実験は，現実に即した実験状況を得られるというメリットがありますが，一方でそれが可能な機会や場所を見出し，実際に実験を行うことは難しいといえるでしょう。では，現実性を保ちながら，剰余変数の統制を捨てずに，さらに実験の実施可能性も高めるにはどのような実験を実施したらよいのでしょうか。次の節ではそれらをできる限り可能にすることを目的として計画される準実験について紹介します。

4.5 準 実 験

　現場実験や自然実験よりも実施可能性が高く，剰余変数の統制を完全には捨てずに現実に近い研究を実施する方法に**準実験**（quasi experiment）（村井・藤川，2018; 高野・岡，2017; Ray, 2011 岡田編訳 2013）があります。準実験は，実験室実験や質問紙実験のような剰余変数の統制は難しいですが，できるだけそれに近づけることで因果関係の推定を目指していきます。具体的な説明を行う前に，実験の意義をより深く理解するために大切な 2 つの概念について説明します。

4.5.1　内的妥当性と外的妥当性

　内的妥当性（internal validity）とは，研究そのものの妥当性，つまりその研究で知りたかった因果関係について，設定した独立変数と従属変数によって他の要因が入り込まずに説明することができていること，を意味する妥当性です（図 4.3）。

　前節のクラシック音楽と工場の作業量の関係の例で説明しましょう。音楽を聴きながら作業する群と聴かない群の作業員が，もし無作為に割り振られるのではなく，会社に入社した順，すなわち先に入社している人は音楽を聴く群，比較的最近入社した人は聴かない群に割り振られたとしましょう。これでは，仮に音楽聴取が作業量を増加させる結果となったとしても，それは音楽の効果だけでなく，作業経験の効果によるかもしれず，クラシック音楽聴取と作業量間の因果関係であると断定はできません。

　このように，研究者が設定した独立変数以外の要因が影響する可能性を排除できていない研究は，内的妥当性が低いと考えることができます。内的妥当性が低いにもかかわらず，その点を改善して実験し直すことなく結果を発表してしまうと，妥当性の低い研究結果を世に広めてしまいますので大変危険です。近年，心理学の研究結果の再現性の低さ，つまり同じ実験操作で実験を追試しても同じ結果が得られないことが問題になっています（Open Science Collaboration, 2015）。このことには内的妥当性の低さも関与している可能性がありま

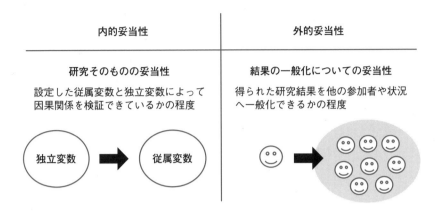

図4.3　内的妥当性と外的妥当性の違い

すので，研究者は実験を実施する前に自分の実験計画を慎重に練り上げていくことが大切です。

　しかし，実際にはさまざまな現実場面での制約（無作為にサンプルを集められないなど）があることから，内的妥当性を高めることにも限界があります。また，内的妥当性を高めることに終始するあまり，日常とかけ離れた不自然な状況で実験を行ってしまうと，得られた結果が私たちの普段の生活にあてはまるのか，また結果を一般化できるのか，疑わしいこともあります。このように，得られた結果を他の環境や他の参加者へ一般化できるかどうかに関する妥当性を**外的妥当性**（external validity）と呼びます（図4.3）。

　前節でみた現場実験や自然実験，そして以下に紹介する準実験は，内的妥当性をできる限り保持したまま（実験室実験や質問紙実験に比べると劣る），外的妥当性も高めようとする実験です。「科学的な実験」というと私たちは完璧な実験が科学者たちによって行われていると思いがちですが，実はそうではありません。実際の実験は，さまざまな制約の中，ある種トレードオフの特性をもつ内的妥当性と外的妥当性のせめぎ合いの中で，研究者の努力と工夫によって行われるのです。そして，それぞれの制約の中，世界中の研究者によって繰

返し再現された研究結果は，さらに妥当性の高い知見として認知され定着していきます。研究者一人ひとりが，こうして知的財産の創出に貢献しているのです。

4.5.2 準実験 1——横断的準実験

準実験はその手続きや特性によって，さまざまな種類があり，横断的に検討を行うもの（横断的な準実験）と，縦断的に検討を行うもの（縦断的な準実験）の 2 種類に大別することができます（高野・岡，2017）。

横断的な準実験は，横断的研究（cross-sectional study）あるいは横断法（cross-sectional method）の一種で，他の実験と同様に，独立変数に基づいて一度に複数の条件を設定し結果を比較します。一方，縦断的実験は，縦断的研究（longitudinal study）あるいは縦断法（longitudinal method）の一種で，1つの条件について，時間軸に沿った継時的な検討を行うもので，ある 1 群の参加者の行動を実験操作の前後で比較します[1]。縦断的実験は時系列計画（Ray, 2011 岡田編訳 2013）とも呼ばれます。では，横断的な準実験から以下に説明していきます。

4.4.1 項で述べた現場実験では，現場での参加者の割り当てを無作為に行います。先ほどのクラシック音楽と作業量の例では，音楽を聴く作業員と，そうでない作業員の割り当ては実験者が無作為に行います。しかし，実際の現場ではそうした割り振りが難しい場合がほとんどです。作業員の割り振りは人事的要因から，あらかじめどの作業場に配属されるか決まっているでしょうから，無作為に割り振り直すことは難しいわけです。そうなると，それぞれの作業員

---

[1] 本章では具体的な説明は行いませんでしたが，人間の発達や加齢に関する研究では，横断的方法と縦断的方法以外に，系列法という方法が使用されることがあります。たとえば，年齢の異なる参加者を比較する場合には，単純な生物学的年齢だけでなく生まれた時代や社会的背景が影響することも考えられます。そのため，今の 10 歳と 50 年前の 10 歳を単純に比較すると大切な影響を見逃してしまう恐れがあります。そこで，年齢，測定時点，時代や社会的背景を考慮した研究計画がいくつか提案されており，これらをまとめて系列法と呼びます。詳しくは長田（2002）等を確認してください。

のベースとなる作業量が以前から違っていたり，偏りがあったりする可能性が出てきます。つまり，クラシック音楽を聴取していた作業場Aは作業場Bに比べて，実はもともと作業量の多い工員が集まっている可能性があり，音楽の効果で作業量が変化したのか，もともとの作業量の違いを反映しているだけなのか，判断できなくなるわけです。

　このように，統制の不備から因果関係が特定できないような状況がある場合に，準実験では，実験前の事前テストをはじめとする追加の指標を取得することで，こうした不備をできるだけ軽減し内的妥当性を高めようとします。扱う研究対象が人間であることから，その日常生活に寄り添い外的妥当性に重きを置こうとすると，内的妥当性の精度を保てない状況が生まれ研究がストップしてしまう可能性が出てきます。そうした状況下において，準実験はさまざまな工夫によって実験の実現可能性を高め，研究の歩みを進めてくれるのです。

1. 事前テスト

　準実験の精度を高めていく具体的な方法について，先に挙げた「クラシック音楽が作業量に及ぼす例」を挙げながら，みていきましょう。作業者の無作為の割り当てができない状況では，設定した音楽聴取条件（独立変数）の違いによって作業量（従属変数）が変わったとしても，操作した音楽による影響なのか，個人の作業量のもともとの違いが反映したのかを，はっきり切り分けることができず，独立変数と従属変数の関係を因果的に説明することはできません。そこで準実験では，**事前テスト**（pretest）の導入，つまり従属変数のベースラインを計測し個人差を事前にチェックすることで，この問題に対処しています。

　この方法では，実験操作前に作業者一人ひとりの作業量をチェックします（**事前テスト**（pretest））。それをベースとすることで，操作後に計測した条件間の作業量（**事後テスト**（posttest））の差が，音楽の効果なのか，それとも個人差の効果なのかを判断することができるようになります。つまり，もし事前テストで，クラシック音楽を聴く作業者とそれ以外の作業者間で作業量に差がなかったにもかかわらず，実験後の作業量に変化がみられたとなれば，それは音楽を聴いたことによる効果ということができます。また，事前テストによって作業量に差があった場合でも，音楽聴取後にさらに差が開いていれば音楽の

効果を議論する余地が残ります。しかし，事前テストで差がなく事後テストでも差がみられない，事前テストで差がありその差が変化しない，となると音楽の効果は認められないことになります。

　上記のように，事前テストでベースラインを確認しておき，事後テストでその変化量をチェックする方法を用いれば，因果関係の議論をすることができます。独立変数として設定した各条件の参加者が同質でなく（同質性が保証できない），そのため事前と事後にテストを行おうとすることを**不等価群事前事後テスト計画**（nonequivalent before-after design；高野・岡，2017; Ray, 2011 岡田編訳 2013）もしくは**不等価2群事前事後テストデザイン**（pretest-posttest design with nonequivalent group；村井，2012；南風原ら，2001）と呼びます（図4.4）。不等価群事前事後テスト計画は，多様なクラスや学校などを比較する教育場面の研究などでよく使われます。一方で，事前テストを行わない不等価群事後テスト計画では，条件間に差が認められても，それが実験操作によるものかどうかは明瞭ではなく，因果関係の特定ができないため**偽実験**（pseudo-experiment）と呼ばれています。

　事前テストは，実施されないよりは1回でも実施されているほうが実験の精度が上がりますが，複数回実施することで，より統制された実験にすることができます。先ほどの例でいえば，各作業者の作業量は，どれだけその作業に慣れているか，すなわち作業経験の影響も受けるかもしれません。つまり作業経験が増えればクラシック音楽の聴取によらずとも作業量が増加することが想定できます。そこで，実験前や実験後に複数回の作業量をチェックすることにし

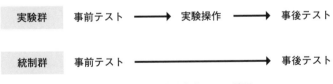

図4.4　**不等価群事前事後テスト計画**

ます。クラシック音楽を聴いた条件とそうでない条件で生じた差が，経験を積んだことで生まれる作業量の増加をはるかに超えて得られれば，音楽の効果をより積極的に議論することができます。

2. 複数の統制条件

事前事後テストを増やすこと以外に，統制条件を追加することでも実験の精度を高めることができます。作業員の作業能力は，音楽聴取や先ほど挙げた経験以外にも，さまざまな要因が影響すると考えられます。たとえば，作業の覚えの良さ（学習能力の高さ）や作業に取り組む意欲（モチベーション）も関係するかもしれません。また，以前に何の仕事をしていたか（作業経験），あるいは性別や年齢も影響するかもしれません。こうした個人差に関する要因を統制するために，統制条件を複数用意するという方法があります（高野・岡，2017）。たとえば，先ほどの作業員を年齢や性別などの個人要因で複数の群に分けるという方法です。もしこうした統制条件間の作業量や変化を比較して大きな差が認められなければ，個人差が作業量に及ぼす影響は小さいと考えられ，その上で音楽を聴いた条件で作業の大きな増加が認められるのならば，クラシック音楽の聴取と作業量の因果関係について言及しやすくなります。

横断的準実験には，他にも押さえるべきポイントがあります（高野・岡，2017）。ここでは代表的なものに絞りましたが，実際に実施する際には，参考図書や先行研究も精査し，自身の研究に合った手法で実施するようにしましょう。

4.5.3　準実験 2——縦断的準実験

前項の横断的な準実験は，複数の条件を設定して従属変数の変化を比較するものでした。一方，縦断的な準実験では複数の条件を設定せず，1つの群を時間軸に沿って比較していくことで，実験操作の影響をみていきます。

実験条件を複数設定することができる実験環境を見つけることができれば横断的準実験の実施が可能ですが，実際はそうとは限りません。先のクラシック音楽と作業量の関係について調べる実験状況を例に挙げながら，みていきましょう。横断的実験では，音楽を流す作業場 A と音楽を流さない作業場 B で作

業量が異なることを想定して実験を実施することを考えていました。しかし，作業量はそれぞれの作業員の人事評価につながってしまうために，会社から実験実施を承諾してもらえない場合も考えられます。また，クラシック音楽を流すことは，仮説として作業量を増加させる可能性があるため，「クラシック音楽を流す」条件だけの実施が会社から許可されることがあり得ます。では，この1つの条件だけで，どのように内的妥当性の高い研究を実施していけばいいのでしょうか。そこで用いられるのが縦断的な準実験です。

　基本的な縦断的実験では，実験的操作の前（事前）と後（事後）の課題成績を比較することで解析がなされます。そこでは，時間軸のある1点を対象とするのではなく，複数回の成績が計測されます。こうした実験計画は**中断時系列計画**（interrupted time series design）と呼ばれます（Ray, 2011 岡田編訳 2013）。

　図 4.5 に示したサンプルデータを見てみましょう。「クラシック音楽を聴く」という実験操作を実施した時点の他に，前後数回の時点で作業量を計測していることがわかります。この操作前後の作業量の変化を見てみると，それぞれの作業成績は時間軸に沿って若干の上昇傾向があることがわかります。一方で，操作を行った前後の作業量の変化は，事前もしくは事後でみられた変化量に比べてかなり大きくなっていることがわかります。つまり，作業経験による作業

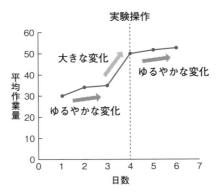

図 4.5　中断時系列計画での計測例

量の増加は一定量認められるものの，クラシック音楽の聴取によってもたらされた変化量はそれ以上に大きいものである，と解釈することができます。

　ただし，どのような課題であっても，回数を繰り返すことで成績に多少の変動が生じます（経験の効果）。このような通常存在する変動を超えて，独立変数として設定した要因の影響が認められれば，因果関係の説明が可能になります。測定するポイントを仮に事前と事後のそれぞれ1点のみにしてしまうことも操作上はできますが（1群事前事後テストデザイン（one-group pretest-posttest design）；村井，2012），それでは経験の効果による説明を排除できないため因果関係の特定ができず，これも前項で述べた**偽実験**（pseudo-experiment）の一つとみなされます。

　縦断的準実験では，上述のように作業に影響する操作を加えることがありますが，一度与えた操作を取り除くことで操作の効果を検討する場合もあります（高野・岡，2017）。たとえば，一度導入したクラシック音楽を，一定期間後に流すのをやめてしまうことで，その影響を調べるのです。作業量が経験によって高まったとしても，もし音楽を止めることで作業量の低下が認められれば，経験の効果であるという解釈の可能性を減らすことができます。科学においては，ある操作で生じた効果の存在を明確に証明しようとするならば，「操作によって効果があった」ことだけでなく，「操作がないときには効果がない」ことも示さなければなりません。また，実験を始めるときに偶然生じてしまった何らかの要因が作業量の変化に影響を与えてしまっていたとしても，操作を取り除いたと同時に一緒にその要因も消滅してしまうとは考えにくいので，このやり方によって操作の因果的効果の存在をより明確に主張することができるようになります。

　縦断的準実験も，横断的準実験と同様に，いくつかのポイントに気をつけて工夫することで内的妥当性を高めていくことが可能だと感じていただけたでしょうか。最後に，縦断的準実験と横断的準実験を組み合わせることで，さらに統制を優れたものにすることができることにも言及しておきます。これは，横断的準実験で紹介した不等価群事前事後テスト計画を派生させたものです。縦断的準実験では，単一のグループを時系列的に追っていくので，真に独立変数

として操作した要因によってのみ従属変数が変化したとは言い難い点が残ってしまいます。たとえば，クラシック音楽の聴取後に作業量の増加が認められたとしても，作業所が新しくなったとか，クーラーが新調されたなど，他の要因が影響している可能性を拭えないことがあります。そこで，時系列に沿った複数時点での作業量の縦断的な複数の計測と併せて，クラシック音楽聴取の操作を行わない統制実験も設定して横断的比較を同時に実施します。それによって，より厳密に独立変数の効果を調べることができます。

4.6　おわりに

　ここまで，さまざまな実験方法の特徴とともにメリットやデメリットを紹介してきました。

　それぞれの実験方法には違った良さや弱点がありますが，どれを使うかは，あくまで実際に研究を行う研究者の目的に大きく左右されます。日常の文脈や個人差の影響が少ないことが想定される知覚関連の仮説を調べたい場合は，何よりも剰余変数の厳密な統制を主眼とした実験室実験が選択されるでしょう。一方，社会における人間の特性を現実場面から乖離しない状況で計測したいのであれば，現場実験や準実験などが選択されるはずです。この選択にはどれが良い，悪いということがあるのではなく，それぞれのニーズに応じた実験方法を選択することが重要です。

　また，準実験では，内的妥当性と外的妥当性の両者を高めるためのさまざまな方法を紹介しました。心理学の実験場面では，1つの実験で完璧を目指すのは困難ですが，研究者の工夫によって研究の妥当性を高めることができます。現実の制約が仮にあったとしても，研究者は今回紹介したような実験法に則って実験計画を練り上げ，弱点をカバーする方法を用いて一つずつ対処していくことが大切です。卒業論文や博士論文の執筆には時間的に制約がありますから，自分がかけられる時間と労力を正しく見積もった上で，実験に取り組んでいきましょう。

復 習 問 題

1. 剰余変数の統制が十分にできる実験として，適切なものを2つ選んでください。

①質問紙実験

②準実験

③インタビュー

④実験室実験

⑤観察

2. 内的妥当性の説明について，最も適切なものを1つ選んでください。

①研究で知りたかった因果関係について，設定した独立変数と従属変数によって他の要因が入り込まずに説明することができているか。

②得られた結果を他の環境や他の参加者へ一般化できるか。

③繰返し計測した際に，どの程度再現性が保証されるか。

④2つの現象が互いに関連している程度。

⑤2つの出来事が原因と結果という関係で結びついているか。

3. 横断的な準実験で，設定した各条件の参加者が同質でなく，そのために事前と事後にテストを行おうとする実験計画として，最も適切なものを選んでください。

①多重時系列計画

②不等価群事前事後テスト計画

③中断時系列計画

④1群事前事後テストデザイン

⑤完全無作為化2要因実験計画

参 考 図 書

高野 陽太郎・岡 隆（編）(2017)．心理学研究法——心を見つめる科学のまなざし —— 補訂版　有斐閣

　それぞれの実験手法が丁寧に解説してあるのはもちろん，心理学が科学として成立するための基本的な考え方や科学哲学が書かれているため，科学としての心理学の枠組みを学ぶことができます。

南風原 朝和・市川 伸一・下山 晴彦（編）(2001)．心理学研究法入門——調査・実験から実践まで—— 東京大学出版会

　はじめて研究に取り組む初学者向けに，さまざまな研究手法について，基礎的な研究から臨床での実践方法まで，具体的・実践的に解説されています。数式を使った説明などにより，概念的な理解にとどまらない学習が可能です。

レイ, W. J. 岡田 圭二（編訳）(2013)．改訂　エンサイクロペディア心理学研究

方法論　北大路書房

　心理学の研究方法を豊富な資料とともに学生向けに詳細に解説した翻訳書です。豊富で深い内容，記述の詳しさは国内の類書にはみられないものがあります。また，心理学の根幹に関わる科学哲学や科学史に基づいた解説は必読に値します。

調査法（1）
——調査の基本

　調査法は，いわゆるアンケート調査として一般的に知られていますから，皆さんもきっと経験したことがあるでしょう。たとえば，街にある多くの店では，サービスを改善するためにお客様アンケートが，大学では授業評価アンケートなどが行われています。社会人を対象としたアンケートとしては，我が国では5年に一度，日本に居住しているすべての人と世帯を対象にした国勢調査が行われています。ちなみにアンケートという言葉は，フランス語の enquête（調査）に由来する和製語だそうです。このように調査法は現代社会で頻繁に利用されていますが，心理学においても，人間の心や行動に関する情報を収集するための代表的な研究法の一つとして位置づけられています。本章では，調査法の基本構成，調査法の特徴，調査法の手続き，調査法における留意点などについて説明します。

5.1　はじめに

　調査法（survey method；質問紙法，質問紙調査法（questionnaire method））とは，研究参加者（participant；調査対象者，回答者（respondent））に言葉や文章で質問を行い，その質問に対する意見や感想などの主観的な回答（自己報告（self-report））を，質問紙もしくはインターネットを使って組織的に集める研究方法のことです。データ収集の手段は，以前は質問紙を使った方法が主流でしたが，最近では，インターネット・サービスが普及したこともあってウェブ画面を使った方法が選ばれることも増えてきました。たとえば，調査票などを作成できる無料のツールである Google フォーム（Google Forms）は，卒業研究で利用する人が多いサービスの一つです。Google フォームを使った調

査は，スマートフォンから回答することもできますし[1]，回答結果は自動的に集
計される仕様になっているのでとても便利です。

　このように，人間の心や行動に関するデータを組織的に集めるためのツール
が身近なものになったという研究環境の変化は，心理学を学ぶ人にとっては喜
ばしいことです。しかし，調査法の基本を理解していなければ，いくら便利な
ツールがあったとしても，正確なデータを集めることはできません。したがっ
て，調査法の基礎的な知識を身につけることは，調査法に関する便利なツール
が普及した現在，これまで以上に重要になってきています。そして，調査法を
学ぶことは，あなたが調査データを誤って解釈してしまい，間違った情報を発
信してしまうリスクを減らす上でも有効です。

5.2　調査法の基本構成

5.2.1　調 査 票

　調査法は，心理学研究法の基礎（第1章）で説明した，心理学の基本的な研
究プロセスに沿って行われますが，人間の心や行動に関するデータを集めるた
めに**調査票**（questionnaire）を使うのがポイントです。調査票は，一般的には，
表紙（フェイスシート（face sheet））と**本紙**（main sheet）から構成されます。
表紙には，①タイトル，②研究の趣旨の説明と研究への協力依頼，③注意事項
の説明，④プライバシー等の倫理的な配慮に関する説明，⑤研究の責任者の氏
名と連絡先等の情報，が記載されます（図5.1）。本紙には，研究に関するデ
ータを収集するための質問項目が記載されます。

---

[1] インターネット・サービスを利用した調査では，調査参加者に回答環境が委ねら
れることが多いことから，ディスプレイの大きさや解像度などを統制することが難
しいので注意が必要です。たとえば，スマートフォンから回答を求める際は，機種
によっては質問項目や尺度が適切に表示されないなど，正確な回答を行う上で支障
が生じることがあります。また，このようなオンライン調査では，努力の最小限化
と呼ばれる，調査協力者が調査に対して応分の注意資源を割かない行動が発生する
ことも報告されています（三浦・小林，2016）。

日常生活への満足に関する調査

関西学院大学文学部総合心理科学科 3 年
研究責任者：○○○○（＊＊＊@kwansei.ac.jp）

調査の目的と協力のお願い

　この調査は，日常生活への満足感について調べることを目的としています。ふだんのあなたの感じ方や考え方について，お答えいただくものです。みなさまの回答が貴重な資料となりますので，ぜひご協力下さいますよう，よろしくお願いいたします。

　調査は無記名で，回答いただいたデータは，研究目的以外で使用することはありません。またデータは統計的に処理いたしますので，個人を特定する情報が公になることは一切ありません。

　本調査への参加は，自由意思に基づくものであり，調査に参加しないことであなたが不利益を被ることはありません。あなたが調査協力の取り止めを申し出た場合には，理由の如何にかかわらず直ちに中止します。また，回答中に答えたくない項目があったとき，気分が悪くなったときなどは，いつでも回答を中断，もしくは中止してください。

　調査内容について，ご不明な点や調査結果のお問い合わせなどがございましたら，研究責任者までお問い合わせください。

回答方法

　調査の回答には，「正しい答え」や「間違った答え」はありません。似たような内容の項目があるかもしれませんが，あまり深く考えずに，思ったとおりにお答えください。記入漏れがございますと，データとして使用できない場合がありますので，質問は飛ばさず，すべての項目に回答してください。

　上記の内容に同意していただける方は，次ページからの質問に回答してください。

（次ページ）

【質問 1】以下の各質問項目について，あなたは，どの程度当てはまりますか。
　　　　　自分に最もよく当てはまると思う番号 1 つに○をつけてください。

図 5.1　調査票の表紙の記載例（一言ら，2017）

　調査を行う際は，はじめに，調査対象者に表紙に記載された内容を確認してもらいます。そして，研究に参加してもよいと判断された方には，本紙に回答してもらいます。そのときは，表紙に「研究にご参加いただける方は次のページから記載されている質問項目に回答してください」などと明記しておき，本紙に回答したことで研究への参加に同意した，とみなすことがあります。

5.2.2 教 示 文

　調査法は，本紙に記載した質問項目への回答結果が研究データとして処理されます。したがって，正確な回答を得るために，調査対象者には「何についてどのように回答するのか」を説明した**教示文**（instruction）を提示してから，質問項目に回答してもらいます。たとえば「以下のそれぞれの項目は，あなたご自身の性格や考え方，日頃の習慣に関するものです。各項目について，「全くあてはまらない」を 0，「非常にあてはまる」を 5 としたとき，あてはまる程度の数字 1 つに〇をつけてください。」というような教示文を示した後に各質問項目への回答を求めます。

1. 教示の仕方

　教示文は，調査対象者の現在について回答するように求めるタイプが多いですが，教示の仕方には，特定の場面や状況をイメージして質問項目に回答してもらう**場面想定法**（vignette technique），過去の出来事を思い出して質問項目に回答してもらう**回顧法**（回想法（recalling technique））などバリエーションがあります（三浦・金政，2020）。調査法は，場面想定法や回顧法を使用したとしても，実験法（第 3 章，第 4 章）のように，ある状況を実際に用意して，そこで研究参加者の行動を観察するわけではないので，基本的に因果関係を明らかにすることはできません（**相関的研究法**（correlational research method））。しかし，これらの教示の方法は，因果関係を明らかにすることができる**実験的研究法**（experimental research method）と比べて，コストがかからない，倫理的な点から実施が難しい事柄にもアプローチすることができる，などのメリットがあることから使用されています。

2. 教示の仕方による回答結果へのバイアス

　場面想定法や回顧法を使用する際は，質問に対する回答への偏りや歪みがあることに注意します（**回答バイアス**（response bias））。たとえば，場面想定法では「このように回答するのが望ましい」と考えて回答する**社会的望ましさのバイアス**（social-desirability bias）が結果に影響することがあります。回顧法では，たとえば，大人に子どもの頃を思い出してもらった場合，時間の経過に伴う思い違いや「昔は良かった」というフレーズに代表される記憶の美化など

の記憶のバイアス（memory bias）が結果に反映されることがあります。そして，場面想定法や回顧法は，あくまでも仮定に基づいて回答を求めている，ということにも注意が必要です。たとえば，有名な研究の一つにミルグラム（Milgram, S.）が行った服従の心理に関する**アイヒマン実験**（Eichmann experiment）があります。この実験（Milgram, 1974 岸田訳 1995）では，良心に反する命令になぜ従ってしまうのかを議論するために，他者に過剰な電気ショックを与えるという課題を設定しましたが，研究倫理上問題があったことでも知られています。この研究では，精神科医，大学生，その他さまざまな職業の人を対象にして，場面想定法で実験結果の予測を行っています。これらの人々は，実験について説明された後，自分ならば他者に電気ショックを与えるという命令に従うと思うかを回答するように求められました。その結果，全員がある時点でそのような命令には服従しなくなるだろう，と予測しました。ところが，実際に実験を行ってみると，ある状況下では 6 割以上の人々が最後まで命令に服従することがわかりました（Milgram, 1974 岸田訳 1995）。このように，ある場面をイメージすることと実際その場面に直面することにはリアリティに大きな隔たりがあります。

5.2.3　質問項目への回答方法

　回答方法には，自由回答法，自由記述法，複数回答法，単一回答法，評定法（評定尺度法），強制選択法などのバリエーションがあります（表 5.1）。

1.　自由回答法（自由記述法）

　自由回答法（open-ended question；**自由記述法**（free text question））は，たとえば「あなたが恋人に求める条件は何ですか。ご自由にお書きください。」と質問して回答欄に自由に意見を記入してもらいます。調査対象者は自由に答えることができるので，この方法は事前調査などの場面で多様な意見を集めることを目的に使用されることがあります。自由回答法から得られた意見は自由記述と呼ばれることがあります。

　自由記述は，そのままの状態では数量的な解析を行うことができないため，テキストの内容を分類・集計して統計的分析（第 10 章）を行うことがありま

表5.1　質問項目への回答方法の例

自由回答法（自由記述法）： 　日本人の若者は海外旅行に行かなくなった，という意見があります。あなたはこの意見について，どのような考えをもたれていますか。どのようなことでも構いませんから，以下の記入欄にあなたの考えを自由に記入してください。 　記入欄：
複数回答法： 　あなたが海外旅行に行ったことがあるエリアをすべて選んで番号に○をつけてください（○はいくつでも）。 1.　ハワイ　2.　グアム・サイパン　3.　オセアニア・南太平洋　4.　ヨーロッパ 5.　アジア　6.　北米　7.　中南米　8.　アフリカ　9.　中近東
単一回答法： 　あなたが海外旅行に行ってみたいエリアを1つ選んで番号に○をつけてください（○は1つ）。 1.　ハワイ　2.　グアム・サイパン　3.　オセアニア・南太平洋　4.　ヨーロッパ 5.　アジア　6.　北米　7.　中南米　8.　アフリカ　9.　中近東
評定法（評定尺度法）： 　あなたは，現在，海外旅行にどれくらい行きたいと思っていますか。最もよくあてはまる番号に○をつけてください。 1.　全く思わない　2.　あまり思わない　3.　思う　4.　強く思う
強制選択法： 　新型コロナウイルス感染症の影響に対する経済対策として，海外旅行に行く人に補助金を支給する，という考えがあります。この考えに賛成ですか，反対ですか。あてはまるほうを1つ選んで回答してください。 1.　賛成　2.　反対

す。自由回答法は，この分析に要する手間が難点でしたが，最近では**テキストマイニング**（text mining）と呼ばれる自然言語解析の手法を用いてテキストデータから知見を探し出す技術が普及してきたことで，利用される機会が増えてきました（第8章）。ただし，テキストデータを分析するための便利なツールがあるといっても，分析対象となる自由記述の質と量が保証されていなければ，分析から得られる情報は限られてしまいます。そして，回答することが面倒な印象を与える場合は，回答協力が得られないこと（空欄での提出）もあるので

注意が必要です。

2. 複数回答法と単一回答法

　複数回答法（multiple choice（multiple answer）question）と**単一回答法**（multiple choice（single answer）question）は，複数の選択肢を研究者が用意して，調査対象者にはその選択肢の中から質問にあてはまる回答を選んでもらうという**多項選択法**（**多肢選択法**（multiple choice question））のバリエーションです。複数回答法では，あてはまる回答を無制限に選んでもらう場合もありますが（回答者が全部選択することもあります），たとえば「3つまで」と上限を設けて，回答者に特にあてはまるものだけを選んでもらう場合もあります（制限複数回答法）。単一回答法は，選択肢の中からあてはまるものを1つだけ選んでもらう回答法です。

　多肢選択法は，自由回答法とは異なり，調査対象者の回答は，研究者が用意した選択肢の中に限定されます。したがって，この回答法では，研究者がどのような選択肢を含めたのかによって研究の結果が大きく異なります。選択肢が多くなれば調査対象者にかかる負担も増えるので，選択肢が多くなりすぎないように，そして選択肢の内容が重複しないように注意します。

3. 評定法（評定尺度法）

　評定法（**評定尺度法**（rating scale method））は，研究者が設定した一定間隔の評価段階の中から，どれか1つの段階を選んで回答してもらう方法です。たとえば，「あなたは幸せですか」と質問して，回答者には「あてはまらない」から「あてはまる」までの二極の範囲の中から，最もあてはまる段階を1つ選んでもらいます（**リッカート法**（Likert scale））。

　リッカート法で設定する段階は，5段階（5件法）や7段階（7件法）が選ばれることが多いのですが，奇数の段階を設定すると，相対的に中央に位置する段階が選ばれる傾向があります（**中心化傾向**（central tendency））。これを避けるために，4段階（4件法）や6段階（6件法）が使用されることがあります。評定法では，回答結果を数値化して，そのデータについて統計的分析を行うのが一般的です。たとえば，「あてはまらない」を0，「ややあてはまらない」を1，「ややあてはまる」を2，「あてはまる」を3と設定して，もし回答

者が「あてはまる」を選択したならば，その質問項目への回答結果は「3」と
数値化して統計的分析を行います[2]。

　視覚的アナログ尺度（Visual Analog Scale; VAS）は，一定の長さがある直線
を用意して，その直線上に回答者がマークすることで主観的な感覚や感情の強
度を評価するために用いられる評定法です。たとえば，痛みの重症度を評価す
る際は「全く痛くない」を起点，「今までで一番痛い」を終点とする 10cm の
横線を用意します。そして，現在感じている痛みの程度をその線分上に印をつ
けて評価してもらいます。研究者は，起点からその印までの長さを測定して，
その距離を痛みの重症度の指標とします。

　評定法には，その他に **SD 法**（セマンティック・ディファレンシャル法，意
味微分法（Semantic Differential method, SD method））という，特定の対象に
ついての印象を測定する方法もあります。SD 法では，たとえば「良い―悪
い」や「重い―軽い」のような対立する形容詞対を複数用意し，その形容詞対
の間に 5 段階もしくは 7 段階を設けて，回答者には測定対象の印象に合致する
段階を答えてもらいます。SD 法は，商品やサービスの印象を評価する際に利
用されています（図 5.2）。

4. 強制選択法

　強制選択法（forced choice method）は，対立する 2 つの意見を提示してど
ちらかを必ず選んでもらう回答方法です。選択肢が 2 つに限定されているので
二項選択法（dichotomous question）あるいは**二肢強制選択法**（two-Alternative
Forced Choice; 2AFC）と呼ばれることもあります。たとえば「あなたは○△
内閣を支持しますか，支持しませんか」と質問して「支持する」「支持しない」
のどちらかで答えてもらいます。この回答法は，結果がわかりやすい，という

---

[2] リッカート法を使った研究では，回答結果をそのまま数値化して分析することが
一般化していますが，等間隔性が確認されていないにもかかわらず，その数値を間
隔尺度として処理することに対しては疑問が示されています（たとえば，村尾，
2012; 西里，2014）。そして，リッカート法では回答形式の構成要素（回答カテゴリ
ーの数やラベル，並べ方など）の影響を無視することができないのですが，この問
題についても議論が行われています（たとえば，増田，2019）。

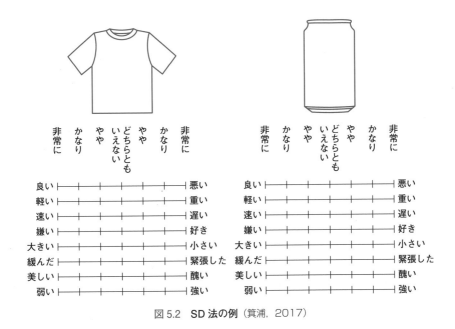

図 5.2　**SD 法の例**（箕浦，2017）

メリットがあることから世論調査等で利用されています。

　しかし，たとえば，「日本政府は新型コロナウイルス感染症を予防するために全国のすべての世帯を対象に 1 つの住所あたり 2 枚ずつ，布マスクを配布する方針を決めました。」という一文を配置した後に「あなたは安倍内閣を支持しますか，支持しませんか」という質問を行った場合と，そのような一文を配置せずに回答を求めた場合とでは結果が異なる，ということは想像がつくと思います（ちなみにアベノマスクと揶揄されたこの政策は不評でした）。ここまで露骨な**誘導的質問**（leading question）が世論調査で行われることはないと思いますが，たとえば「全国的に感染症対策が問題となっていますが，あなたはテレワーク（在宅勤務）について賛成ですか，反対ですか」といった質問のように，メディアは特定の回答を誘うような質問を行いがちです。強制選択法は，回答者の選択肢が 2 つに限定されることから，誘導的質問が行われると，

他の回答方法と比べて極端な結果になる傾向があります。このように質問項目
への回答結果が文脈による影響を大きく受ける現象のことを**文脈効果**（context effect）といいます。

5.3　調査法の特徴

　心理学研究法は，①観察によるもの，②言葉を媒介とするもの，に分けるこ
とができます（続，1978）。**調査法**は，面接法（第8章）や検査法（第9章）
とともに「言葉を媒介とした研究法」に分類されます（ちなみに実験法（第3
章，第4章）と観察法（第7章）は「観察による研究法」に分類されます）。
この節では，面接法や検査法との比較を通じて調査法の特徴について説明しま
す。

5.3.1　調査法と面接法の比較

　調査法と面接法を比べると，表5.2のようにまとめられます。面接法は，面
接者が被面接者と対面し，会話を通じてデータを収集する手法です。調査法は，
調査票を使うことで教示や回答方法などを統一できることから，面接法と比べ，
たくさんの調査対象者のデータを短時間で集めてそのデータを数値化し，スム
ーズに統計的分析を行うことができます。しかし，調査法は面接法と比べて回
答に関する詳細な情報を入手することや回答の妥当性を確かめることが難しい
というデメリットがあります。たとえば，面接法では，被面接者が質問を理解
しているかどうか，その場の様子（たとえば被面接者の表情）を確認して補足
説明を行うことや被面接者に回答に関する追加説明を求めることができますが，
調査法ではそのような臨機応変な対応を行うことができません。

　そして，面接法は，会話力がある人であれば研究協力をお願いすることがで
きますが，調査法は回答者に文章読解力や文章表現力が備わっていることが前
提となります。したがって，調査法は面接法と比べて，小さな子どもや読み書
きに支障がある方などに研究協力をお願いすることが難しい研究法です。

表 5.2 **調査法と面接法の比較**（宮下，1998）

調査法	面接法
短時間に多数の調査対象者から資料を得ることができる。	通常，1対1の状況でなされ，時間を要する。そのため，多数の資料を得ることが難しい。
教示などの条件を統制することができる。	通常，実施条件の統制は難しい。
調査対象者の言語報告を客観的に処理することが可能である。	分析にあたって，分析者側の主観が入りこみやすい。
調査対象者が誤って回答した場合，それを正すことは通常不可能である。	質問紙よりも融通がきく。ひとつの質問をして不明確な点等があれば，それらの点について，さらに詳しく尋ねることが可能である。
通常，面接法に匹敵するほどの詳しい情報を得るのは，不可能である。	その事象に関して質問紙よりも，より深く尋ねることが可能である。場合によっては，かなりプライベートな部分まで尋ね，把握することも可能である。
言語報告の妥当性を吟味することは通常難しい。	調査対象者と向き合って質問ができるため，調査対象者の感情の動きや無意識的な動作（ノンバーバル・コミュニケーションなど）を同時に把握することが可能である。それによって，言語報告の妥当性を吟味することができる。
調査対象者の言語の理解力や表現力が必要とされ，実施対象が制限される。	通常の会話力を有する者であれば，誰にでも実施可能である。

注：短所は青のアミカケ。

5.3.2 調査法と検査法の比較

　検査法は，既存の尺度（構造化され，信頼性・妥当性を確認された質問項目群）を使って個人のパーソナリティや能力を測定する手法です。一方，調査法では，その時々の研究目的にかなうように質問項目を作成して使用します。検査法と調査法を比べると強みと弱みが共通していることがわかります。たとえば，質問紙法による心理検査は，一度にたくさんの方に検査を行える，研究者に特別な技術が要求されない，という実施上のメリットがあります。しかし，その一方で，回答者が質問の意図を読みとり，社会的望ましさから自分を良く見せようとウソの回答をすることができる，というデメリットがあります。

　回答の質を保証することが難しい，ということは，検査法と調査法に共通す

る大きな問題です。残念ながら，回答者の中にはでたらめな回答をする人もい
ます。たとえば，回答時間が異様に短い人や一直線に同じ欄を選ぶような人は，
質問項目をきちんと読んで真面目に回答している可能性は低いでしょう。しか
し，そういう特徴がある回答者全員がでたらめに答えているとみなすことはで
きません（本当にたまたま同じ欄を選んだだけかもしれません）。このように，
調査法と検査法は，回答者が質問項目に誠実に答えているのかどうかを判断す
ることが難しく，回答の質が問題になる研究法です。

5.3.3　調査法の長所と短所

　調査法の長所と短所を表 5.3 にまとめます。調査法は，必ずしも実験法や観
察法のように実験室を使って個別に測定を行う必要がなく，言葉を使った質問
を行うことで，さまざまなテーマや幅広いトピックについて，たくさんのデー
タを一度に収集することができます。したがって，調査法は，現象の因果関係
を明らかにすることには適していませんが，概念間の関連性を調べる場合など，

表 5.3　**調査法の長所と短所**（三浦・金政，2020）

長所	短所
大人数のデータを一度に収集すること が可能である。	回答者が虚偽の報告やでたらめな回答を 意図的に行えてしまう。
多くの場合，大がかりな機材や実験室 などを必要としない。	用意した質問項目に対する回答しかデー タとして得られない。
個人の主観的経験や内的な特性（パー ソナリティ，動機，欲求，期待，信念 など）を測定できる。	文字や文章を理解している人にしか実施 できない。
概念間の関連についての検討が可能で ある。	本人の自覚していない事柄についてはデ ータを収集することができない。
個人の既存の人間関係や倫理的に実施 が困難な事柄に関して検討することが できる。	因果関係を明らかにすることが不可能で ある。

相関関係を検討することには向いています。

　そして，調査法は，教示や回答方法などを統一できますが，必要に応じて補足説明を行うなどの臨機応変な対応はできません。また，調査法には，一定水準以上の文章読解力や文章表現力が回答者に要求される，回答者が意図的にウソの回答やでたらめな回答を行うことができる，などの短所があります。したがって，調査法は，回答の質が問題になりやすいことから，回答者が質問を正しく理解できるのか，どのように回答する傾向があるのかなどを事前に把握してから，データ収集を開始することが重要です。事前調査の結果，想定とは全く異なるデータの傾向が示された場合は調査票の見直しが求められます。

5.4　調査法の手続き

5.4.1　調査対象者の決定方法

　調査法は，調査対象者に言葉や文章で質問を行い，質問への主観的な回答，すなわちデータを質問紙やインターネットなどの手段を使って集めます。データは，調査対象となるすべての人（母集団（population））から集めることができればよいのでしょうが（全数調査（complete survey）あるいは悉皆調査（exhaustive survey）），それは現実的ではないことが多いので，代わりに母集団から一部のサンプル（標本（sample））を抜き出して，そこからデータを集める標本抽出（sampling）という方法がよく用いられます（標本調査（sampling survey））（図 5.3）。標本抽出の方法には，研究者が母集団を代表すると考えられる調査対象者を意図的に選ぶ有意抽出法と，研究者の意図とは関係なく母集団の誰もが等確率で調査対象者に選ばれる可能性がある無作為抽出法があります。

1.　有意抽出法

　有意抽出法（purposive sampling technique）は，心理学の研究でしばしば用いられる方法です。この方法は，研究者の意思で標本を選ぶため，できるだけ母集団を代表していると考えられる標本を選ぶことが重要です。もし，研究者が標本の集めやすさを優先した場合，母集団を代表しているとはいえないこと

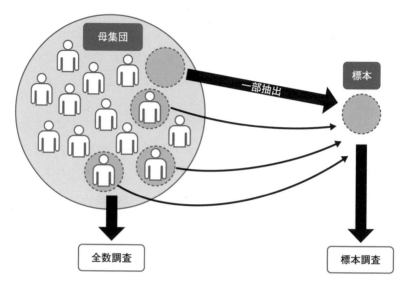

図5.3　**全数調査と標本調査の関係**

があります。たとえば，心理学の研究では，ある授業の履修者を標本にすることがありますが，調査への協力が得られやすいと考えて「ストレスの心理学」の受講者に，大学生のストレスに関する質問紙調査を行ったと仮定してください。その場合，その授業はストレスに関心がある受講生が多く履修している可能性があるので，その標本は大学生全体を代表しているとはいえない，結果の一般化には注意が必要だ，ということになります。このように，有意抽出法では，できるだけ母集団を代表する標本を選ぶことが大切で，それを満たすことができない場合は，結果の一般化には慎重になることが求められます。

2. 無作為抽出法

　無作為抽出法（random sampling technique）は，公的機関の社会調査などで使用されることが多い方法です。この方法には，単純無作為抽出法，系統抽出法，多段抽出法などのバリエーションがあります。

　単純無作為抽出法（simple random sampling technique）は，母集団に含ま

れるすべての人に番号を振って，その番号をくじとみなして，必要な標本数を
くじ引きで選び出すような方法です。最もシンプルな方法ですが，抽出回数が
多く，時間と手間がかかります。

　系統抽出法（systematic random sampling technique）は，母集団のリスト
（顧客名簿や住所録など）からランダムに最初の標本を抽出して，2番目以降
はそこから等間隔で標本を抽出していくような方法です。たとえば，100人か
ら10人を選ぶときは，はじめに100人に通し番号をつけてから，1～10番の
中からランダムに番号を選び，そこから10間隔で抽出していきます。この方
法は，抽出回数が1回だけなので，単純無作為抽出法と比べて時間と手間はか
かりませんが，リストの並び方に何らかの周期性があった場合は標本に偏りが
生じます。

　多段抽出法（multistage random sampling technique）は，母集団をいくつか
のグループに分け（たとえば都道府県），そこから無作為抽出でいくつかのグ
ループを選び（たとえば市町村），さらにその中から無作為抽出でいくつかの
グループを選ぶという操作を繰り返していき（たとえば集落），最終的に選ば
れたグループの中から標本を無作為抽出する方法です。この方法は，調査を実
施する地域を絞ることが可能なため，訪問調査などを行う際によく使われてい
ます。しかし，グループを段階的に絞るという方法の性質上，この方法は母集
団の代表性が低くなる傾向があります。

5.4.2　調査票の配付・回収法

　調査法では，調査票を配付・回収しますが，その実施方法には，集合調査，
面接調査，留置調査，郵送調査などのバリエーションがあります。

1. 集 合 調 査

　心理学において最も一般的な実施方法は**集合調査**（collective survey）です。
たとえば，大学の講義の時間の一部を使って，受講者に質問紙への回答協力を
お願いし，その場で調査票の配付，回答，回収を実施する場合は集合調査に該
当します。この方法は，調査の手続きを統一することで，データを一度に集め
ることができるというメリットがありますが，回答者が特定の日時の特定の場

所に集まることができる人に限定されるというデメリットもあります。すなわち，集合調査は，調査対象者が母集団を代表する標本としてみなすことが難しい場合があるので，結果の一般化が難しくなりがちです。

2. 個別調査

　面接調査，留置調査，郵送調査は，集合調査ではなく，個別で調査を実施する方法のバリエーションです。

　面接調査（interview survey）は，調査員が調査対象者と直接面接しながら，調査票の指示に従って，口頭で質問を行って回答を記録する方法です。たとえば，選挙に行くと**出口調査**（**exit poll**：**図 5.4**）が行われていることがありますが，これは面接調査です。面接調査は，調査員が調査対象者を直接確認するので，他の人が回答するという代理回答が起きない，記入ミスが起こりにくい，回収率が高い，というメリットがあるのですが，とてもコストがかかります。さらに，面接調査は，質問項目が多くなると，調査対象者から協力を得ることが難しくなるなどのデメリットもあります。

　留置調査（drop-off and pick-up survey）は，調査員が調査票を調査対象者に配付し，調査票への記入を依頼した後，調査対象者を再訪して記入済みの調査票を回収するという方法です。留置調査は，調査員が口頭で質問を行って回答

図 5.4　**出口調査**

を記録するプロセスを省略することができるので，面接調査よりもコストを削減できます。ただし，代理回答や記入ミスのチェックは面接調査よりも難しくなります。このようなデメリットはありますが，留置調査は回答に時間が必要な場合や人前で回答しにくい内容の調査には向いています。

郵送調査（mail survey）は，調査票の配付・回収を郵送で行う方法です。調査対象者は回答後に返信用封筒等を使って調査票を返送します。郵送調査は，調査員が必要になる面接調査や留置調査よりも人件費がかからないのでコストをさらに削減することができます。しかし，郵送調査は，代理回答や記入ミスのチェックが難しく回収率も低くなりやすい，というデメリットがあります。

5.5　調査法における留意点

5.5.1　質問項目作成に関する留意点

1.　単純明快な質問項目の作成

調査法は言葉を使ってデータを集める研究法です。したがって，質問項目作成の基本は，誰もが理解できる単純明快な質問項目を作成する，ということです。特定の集団だけが理解可能な言葉（たとえば専門用語，隠語，方言）や曖昧な表現の使用は避けます。それ以外にも，特定の年齢層をターゲットにした調査を行う際には，その人たちにとって表現の仕方が難しくないか，意図した内容が正確に伝わっているかを事前に確かめることが重要です。たとえば，幼児・児童を対象に質問紙調査を行う場合，大人と同じ言葉遣いで質問項目を作成すると，ある年齢未満の子どもにとっては，質問の意味がよくわからないかもしれません。

2.　ダブルバーレル質問

回答者が適切に答えることができる質問項目を作成することも大切です。当たり前のことかもしれませんが，たとえば，1つの質問項目で2つ，もしくはそれ以上のことを同時に聞く**ダブルバーレル質問**（double-barreled question）を行うと，回答者は質問に答えることができません。ダブルバーレルとは2連発銃のことです。この銃では弾丸が同時に2つ発射されるため，狙いを定めに

くいことに由来します。たとえば「あなたは大学を卒業して社会人になりたいですか」と尋ねて「はい」か「いいえ」で回答を求めるのはダブルバーレル質問に該当します。世の中には「大学は卒業したいけれども社会人にはなりたくない」と思っている人もいるでしょうが，そういう人はこの質問には答えることができません。

3. キャリーオーバー効果

　誘導的質問だけでなく，前に置かれた質問が後の質問の回答に影響を与えるキャリーオーバー効果（carry-over effect）にも注意が必要です。たとえば「我が国の社会保障費が不足していることをご存知ですか」と質問した後に「消費税の増税に賛成ですか，反対ですか」と尋ねた場面と，前に質問を配置せずに「消費税の増税に賛成ですか，反対ですか」と尋ねた場面をイメージしてみると，この現象のインパクトがよくわかります。キャリーオーバー効果は，後の質問になるとその効果が積み重なるといわれています。したがって，重要な質問は，調査票の前のほうに配置するなどの対応を行います。

　また，プライバシーに関する質問は，特別な理由がない限り，調査票の終わりのほうに配置したほうが無難です。いきなり職業や年収などのプライバシーに関する質問をされて躊躇なく答えることができる人は少ないからです。このように，調査法では質問項目の位置や順序にまで配慮することが肝要です。

5.5.2　回答結果に関する留意点

　回答者は相対的に中央に位置する段階を選びやすい傾向があること（中心化傾向），回答には社会的望ましさが影響すること，回答者は意図的にウソの回答やでたらめな回答が可能なことについてはすでに説明しました。次に，回答結果に関するその他の留意点について説明します。

1. 順 序 効 果

　前項で質問の順番が回答結果に影響するキャリーオーバー効果について説明しましたが，回答結果は選択肢の順番によっても影響を受けることが知られています（順序効果（response-order effect））。具体的には，選択肢のリストを作成して回答を求めると，リストの最初のほうに配置された選択肢が選ばれる

傾向があります（初頭効果（primacy effect））。逆に，リストの終わりのほう
に配置された選択肢が選ばれやすい傾向があることも報告されています。これ
は提示順が新しいものが選ばれるという意味で**新近性効果**（recency effect）
と呼ばれています（山口，2004）。これらの順序効果は，選択肢の順序を変え
た調査票を用意することでその影響を回避できます。Google フォームなどの
インターネットを使った調査では，質問項目の順序をランダムにする機能があ
るので順序効果に対応することは比較的容易ですが，質問紙調査では順番を変
えた数種類の調査票を用意することで対応する場合があります。

2. 回答傾向バイアス

　評定法では中心化傾向について説明しましたが，それ以外にも，回答を選択
する際は，内容を十分に吟味することなく項目に同意する**黙従反応傾向**（ac-
quiescence response style, yea-saying tendency）や，極端な選択肢を選ぶ**極端
反応傾向**（extreme response style）という特定の選択肢への**回答傾向バイアス**
（response style bias）があることが知られています。黙従反応傾向とは，たと
えば「はい」「いいえ」で答える質問を受けた際に，よく考えずに「はい」に
答えてしまうような反応傾向です。一方，極端反応傾向は，ある特定の性格特
性の人に認められやすいことが報告されています（辻本，2006）。また，田
崎・申（2017）によれば，日本人は一般的には「どちらともいえない」といっ
た曖昧・中間回答を選択する**中間反応傾向**（mid-point response style）が強い
特徴があります。中間反応傾向は中心化傾向と呼称されることもあります（谷
口，2017）。したがって，国際比較調査では，日本人にはこのような回答傾向
バイアスがあることを考慮に入れる必要があります。

5.6　ま と め

　調査法は，アンケートという名称で広く利用されている，一度にまとまった
データを集めることができるイメージが強いなどの理由から，初学者は心理学
研究法の中でも手軽な研究法とみなしがちです。しかし，きちんとした調査を
行おうとすると，時間と手間，コストがかかります。そして，調査法は，臨機

応変な対応を行うことが難しい研究法ですから，調査対象者をよくイメージして，調査準備やシミュレーションを行うことが大切です。小さい文字の調査票は，年配の方にとっては調査に協力しようという意欲を失わせる可能性があります。調査票を作成する際は，調査対象者にとって文字のサイズは適切か，回答しやすいレイアウトになっているかなど，調査票のデザインについても熟考するようにしましょう。

復習問題

1. 調査法の説明として，不適切なものを1つ選んでください。
　　①調査票を用いる研究法である。
　　②言葉を媒介とした心理学研究法である。
　　③観察による心理学研究法である。
　　④回答者が虚偽の報告やでたらめな回答を意図的に行えてしまう。
　　⑤大人数のデータを一度に収集することができる。
2. 評定法の説明として，正しいものを1つ選んでください。
　　①自由に回答することが可能なことから，事前調査などで多様な意見を集めることを目的に利用されることがある方法。
　　②研究者が設定した一定間隔の評価段階の中から，どれか1つの段階を選んで回答してもらう方法。
　　③複数の選択肢を研究者が用意して，その中から質問にあてはまる回答を複数選んで回答してもらう方法。
　　④複数の選択肢を研究者が用意して，その中から質問にあてはまる回答を1つ選んで回答してもらう方法。
　　⑤対立する2つの意見を提示してどちらかを必ず選んでもらう方法。
3. 有意抽出法の説明として，正しいものを2つ選んでください。
　　①単純無作為抽出法，系統抽出法，多段抽出法などのバリエーションがある。
　　②研究者の意図とは関係なく母集団の誰もが等間隔で調査対象者に選ばれる可能性がある。
　　③公的機関の社会調査などで利用されることが多い。
　　④調査対象者は研究者によって意図的に選ばれる。
　　⑤母集団を代表すると考えられる標本を選ぶことが重要である。

参 考 図 書

谷岡 一郎（2000）.「社会調査」のウソ——リサーチ・リテラシーのすすめ——　文
　　藝春秋

　世の中に蔓延している「社会調査」の過半数はゴミである，日本はいいかげんな
データが大手を振ってまかり通る国だ，と著者は喝破します。社会調査を解読する
能力（リサーチ・リテラシー）を基礎から鍛えてくれる名著です。

三浦 麻子（監修）大竹 恵子（編著）（2017）．なるほど！心理学調査法　北大路書
　　房

　調査法に関するおすすめの一冊です。調査法の基礎，心理尺度の作り方などが丁
寧に説明されています。特に，この本では，他書では言及されることが少ない応用
に関する知識（経験抽出法や翻訳法など）についても紹介されています。

佐藤 郁哉（2015）．社会調査の考え方（上・下）　東京大学出版会

　社会調査の「基本の基本」ともいうべきエッセンスを解説した社会調査論の決定
版と呼べる一冊です。社会調査をはじめて学ぶ人を対象にしていますが，入門的な
内容はその原理にまでさかのぼった丁寧な解説が行われています。

調査法（2）
——心理尺度の作成

　皆さんはこれまでに楽器を弾いたことがあると思います。しかし，素人がプロの演奏家と同じ音色を出そうと思ってもなかなかうまくいきません。言い換えると，楽器や機材の設定をどのような数値にすれば，プロの音色に対応するのかわからないので，素人はプロと同じ音色を出すことができないのです。

　これは，楽器を弾く人だけに生じる問題ではありません。何か目に見えない心の現象を明らかにしようとしたり，人に伝えたりするときには，頻繁に生じます。他にも，現在の幸福度や不安，パーソナリティ（personality），ものごとを判断するときの特徴など，心理学で取り扱うあらゆるテーマは，ほとんど直接目で見ることはできません。とはいえ，ある心の現象について，たった1人の主観的な意見から，他の人にも同じ現象が起きると一般化してもよいのでしょうか？

　1人の主観的な意見を一般化すると，誤った結論になることがあります。こういった誤りを防ぐためにも，心を測るためのできるだけ正確なモノサシ＝心理尺度を使って，心の現象を客観的に明らかにする必要があります。この章では，心理尺度の作成について主に紹介します。

6.1　はじめに

　これまで心理学では，構成概念に深く関連した行動によって構成概念を測定する試みが行われてきました。このような試みの一つが，心理尺度の作成です。たとえば，「大切な人を亡くしたときの悲しくて切なくてモヤモヤした感じ（喪失感）」を測定するとします（図6.1）。その人の伏し目がちの表情や慟哭といった行動に注目し，「元気がない」という項目を設け，「全くあてはまらな

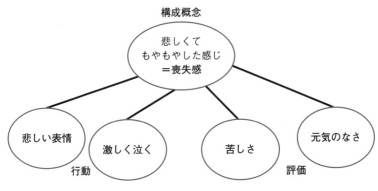

構成概念

悲しくて
もやもやした感じ
＝喪失感

悲しい表情

激しく泣く

苦しさ

元気のなさ

行動

評価

図 6.1　喪失感を構成概念としたときの概念図

い」を 0，「とてもあてはまる」を 5 として，あてはまる程度の数値を回答さ
せるリッカート法（Likert scale）（第 5 章）による評価で[1]，その人の喪失感の
程度を測定することができます。前章で紹介したように，それぞれの質問項目
には，いくつかの回答形式があります。ここでは，リッカート法を用いた心理
尺度の作成手順を具体的に紹介します。

6.2　心理尺度の作り方

6.2.1　何を測るのか

　まずは，大まかな研究のテーマを決める必要があります。興味関心のある心

---

[1] たとえば 5 件法の心理尺度において，「1：あてはまらない」「2：ややあてはまら
ない」「3：どちらでもない」「4：ややあてはまる」「5：とてもあてはまる」のよう
に数値と言語ラベルを対応させるものがあります。このとき，「どちらでもない」と
いう表現は，好きか嫌いかなどの両極性の尺度の中央に用いるものであり，あては
まりの程度を尋ねる単極尺度では不適切です。単極尺度の中央にラベルをつけるな
らば，「中程度にあてはまる」と表現すべきでしょう。単極尺度の中央に「どちらで
もない」と置くと，わからない，あるいは答えたくないというときのための選択肢
だと考える人がいるかもしれません。

の現象が決まったら，**構成概念**（construct）を設定します（第2章）。構成概念が決まったら，関連する先行研究の調査を行います。心理尺度を用いた研究には，全く新たに心理尺度を作成する場合だけでなく，既存の心理尺度を使用する場合もあります[2]。いずれの場合にも，研究テーマに関連した先行研究を十分に調べるようにしてください。

　先行研究の調査が不十分なまま研究を進めると，途中で今自分が行っているものと同じ研究があるのに気づくことがあります。そうなると，それまで研究に費やした労力が全く無駄になってしまうので，先行研究の調査は慎重に行う必要があります。

　インターネットや論文などで公開されている心理尺度は，論文を作る際にオリジナルの論文をきちんと引用すれば，著者への連絡をしなくても自分の研究に使用できます。一方で，心理尺度を使用する前に必ず著者へ連絡するように明記してあるものや，市販されている書籍に収録されている心理尺度の中には使用料の必要なものもあります。使用を予定する既存の心理尺度については事前に十分に調査し，心理尺度の著作者に迷惑をかけないように気をつけてください。

　既存の心理尺度を使用する際には，その一部の質問項目を参考にして新たな心理尺度を作成するような場合を除いて，質問項目や回答の選択肢を勝手に改変してはいけません。このような変更は，著作権上の問題も起こり得ますし（第11章），過去のデータと比較することも難しくなってしまいます。そのため，既存の心理尺度を利用する場合には，原則としてオリジナルに忠実に調査票を作成します[3]。

---

[2] 新しい構成概念を測定するために，心理尺度を新たに作成することは，心の理解や研究の発展にとって有意義であると考えられますが，構成概念の検討や心理尺度の作成をいいかげんに行ってしまうと，類似した（無意味な）構成概念や心理尺度が乱立することにもなります（仲嶺・上條，2019）。そのため，新しい構成概念を測定するために，新しい心理尺度を作成する際には十分な注意が必要です。

[3] 1度の調査で複数の心理尺度を用いる場合に，それらの心理尺度間で4件法や5件法が混在していたり，数値の表す意味が異なっていたりすると，回答者が回答に困ることがあります。たとえば，「1. とてもあてはまる」〜「4. あてはまらない」（4

6.2.2　新たに心理尺度を作成する

　研究目的に合った既存の心理尺度が先行研究に見当たらない場合は，いくつか既存の心理尺度から関連しそうな質問項目を参考に質問項目を考案し，新しく心理尺度を作成します。全く新しい質問項目によって心理尺度の作成を始める場合には，構成概念が決まったら，複数人でアイデアを出し合うブレーンストーミングなどを行って，とにかく質問項目のアイデアをたくさん出します。

　アイデアの出し合いが終わったら，関連する項目同士を構成概念に沿ってまとめます。項目同士をまとめて分けることを繰り返し，構成概念を測定できそうな1つもしくはいくつかのまとまりに収束したら，この作業は終了です。この作業を続けていると，気づいたときには設定した構成概念から外れたものになっていることもありますから，時々構成概念や研究の仮説を振り返ってください。

　ここまでが終わったら，調査票の表紙と本紙を作成し，回答者の抽出と調査票の配付を行います。この部分の詳細な手続きや注意すべきポイントは，第5章を参照してください。

6.2.3　データの下処理を行う

　回答を回収したら，それぞれの調査票について回答者ごとに番号を振ります（ナンバリング（numbering））。調査票が紙の場合には，回答者はペンなどで自分の回答を記入しますが，データの分析は IBM 社の SPSS やマイクロソフト社の Excel といった分析用のソフトウェアを用います。そのため，すべての回答は分析用のソフトウェアで入力する必要があります。

　これらはいずれも有料ですが，JASP（Love et al., 2019）や HAD（清水，2016）といったソフトウェアは無料で使用できます。分析に使用するソフトウ

件法）と，「0. あてはまらない」～「4. とてもあてはまる」（5件法）のような心理尺度が混在していると，紛らわしくて回答者が混乱するだけでなく，回答のミスを誘発してしまいます。このような場合は，回答の段階数を統一することも考えられます。ただし，心理尺度の勝手な改変は本来避けるべきであり，少なくとも理由とともに改変したことを明示する必要があります。

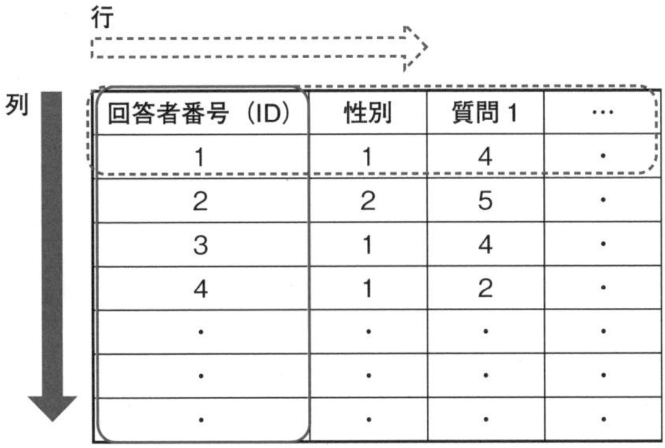

図 6.2　データ入力と行列

ェアが決まったら，すべての回答をソフトウェア上に入力しましょう。

　SPSS や Excel といったソフトウェアを用いる場合には，表の行ごとに 1 人ずつデータを入れていき，列ごとに質問項目の値を入れていくようにすると，分析するときに便利です。ここでいう行列は，数学や統計学における行列のことですから，横に並んだセルが行で，縦に並んだセルが列です。縦書きの文章では縦方向を行と呼びますが，数学や統計学では逆ですから注意が必要です（図 6.2）。

　データの中に性別のような数値ではないカテゴリーが含まれている場合には，統計ソフトで計算できるように，カテゴリーに対して数値をあてはめる作業を行います。このような作業を符号化（coding）といい，どの数値をどのカテゴリーに対応させるのかを，きちんとメモしておきます。もし，この情報をなくしてしまうと，分析の結果を誤って解釈するリスクが生じます。

6.2.4　天井効果と床効果を確認する

　空欄や，単一回答を求められているにもかかわらず，複数に回答をしている多重回答は欠損値として 999 などと入力し（図 6.3），それぞれの質問項目に

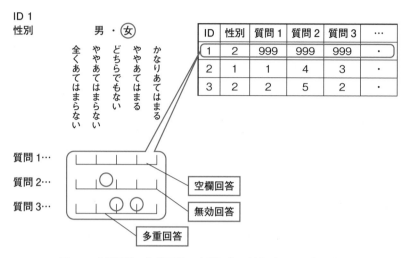

図 6.3　空欄回答，無効回答，多重回答の例とデータ入力の仕方

ついて，**天井効果**（ceiling effect）と**床効果**（floor effect）を確認します。得られたデータのほとんどがとり得る数値の最大値に偏っていることを天井効果と呼び，それらが最小値に偏っていることを床効果と呼びます。

　具体的には，平均＋1 標準偏差（Standard Deviation; SD）によって求められる数値がとり得る数値の最大値を超えるときには天井効果（0 から 5 の 6 件法であれば平均＋1SD が 5 を超える）が，平均−1SD によって求められる数値がとり得る数値の最小値よりも小さい場合には床効果（0 から 5 の 6 件法であれば平均−1SD が 0 未満）があると判断します。

　このように，データが最小値と最大値の両極に偏ってしまう場合には，実験や調査で定めた条件（**独立変数**（independent variable））によって参加者の反応（**従属変数**（dependent variable））が変化しないと予想されるので，心理尺度としては不適切な項目です。このような質問項目は，後続の分析から除外します。

6.3 心理尺度の信頼性と妥当性

6.3.1 心理尺度の信頼性

　心理尺度の信頼性は，大きく分けて，繰り返しても同じような結果が得られるかどうかを示す安定性と，すべての質問項目が同じ構成概念を測定していることを示す一貫性によって評価します。

　心理尺度の安定性は，作成した心理尺度を，同じ回答者集団に時間的な間隔を置いて 2 回実施した際に得られる心理尺度の得点を比較すること（**再検査法**（test-retest method））や，作成した心理尺度とほぼ同じ内容の別の心理尺度を作成し，それらの心理尺度得点を比較すること（**平行検査法**（parallel test method））によって評価します。

　再検査法や平行検査法によって，2 つの心理尺度得点間に高い正の相関（第 10 章）がある場合，作成した心理尺度の信頼性は高いと判断します。新しく心理尺度を開発する際には，平行検査法を行うことが難しいので，似ている既存の心理尺度があれば，それを用います。

　一方で，心理尺度の一貫性は，**折半法**（split-half method）によって求めます。折半法では，心理尺度の質問項目を 2 つのグループに分けることで，2 回の測定を行ったものとします。2 つのグループ間の心理尺度得点を比較して，高い正の相関が得られれば，その心理尺度の信頼性は高いと判断します。ここまでで，再検査法，平行検査法，折半法では，心理尺度得点間の相関係数をもってその心理尺度の信頼性を示す数値（**信頼性係数**（reliability coefficient））としていることがわかります。

　再検査法は，1 回目の記憶が 2 回目の回答に影響を及ぼしてしまう可能性があり，平行検査法には，ほぼ同じ内容の心理尺度をもう 1 つ作成するか，既存の似たような心理尺度を用意する必要がありました。折半法は，心理尺度の作成とデータ収集が 1 回で済むので，再検査法や平行検査法よりも調査者と回答者双方の負担が少ない方法といえます。心理尺度の信頼性は，折半法を用いた内的整合性によって評価するのが実際的です。

6.3.2　クロンバックのα係数

　折半法で質問項目を2つのグループに分けるとなると，いろいろな組合せが考えられます。組合せごとに心理尺度の得点が変化するので，分け方ごとに相関係数も変化してしまいます。

　そこで，すべての分け方ごとに算出される相関係数を平均した値を，その心理尺度の信頼性係数とするのが**クロンバックのα係数**（Cronbach's coefficient alpha）です。クロンバックのα係数は，0から1までの値をとり，0に近いほど信頼性が低く，1に近いほど信頼性が高くなるという特徴をもちます。

　アメリカの代表的な心理学の教科書である『ヒルガードの心理学　第16版』（Nolen-Hoeksema et al., 2014 内田監訳 2015）には，「主観的な評価を求める研究の場合，研究の目的によっては信頼性係数が.70以上であれば信頼性を満たすこともある」と記載されています。ただし，信頼性係数がいくつを下回れば信頼性なしとみなすかについて，はっきりとした基準はありません。

　他にも，全体の質問項目数が少なければ信頼性係数は低くなる傾向がある一方で，ある程度質問項目が多ければ関係のない質問項目が混ざっていたとしても信頼性係数は高くなってしまいます。信頼性係数が.70を下回るときには，やみくもに質問項目を増減させたりするのではなく，どの質問項目を除外すれば信頼性係数が高くなるかを確認し，互いに相関の高い質問項目のみを残すようにします。

6.3.3　心理尺度の妥当性

　心理尺度の妥当性は大きく分けると，内容的妥当性，基準関連妥当性，構成概念妥当性の3つで評価します。

　構成概念妥当性とは，心理尺度が測定しようとしている構成概念から予測されることが，実際のデータから確かめられるかどうかによって示される妥当性のことです（第2章）。心理尺度の作成では，新規の心理尺度の得点と他の心理尺度や心理検査の得点との相関や，異なる属性をもつ参加者グループの心理尺度得点の比較といった，仮説検証に関連する手続きによってこの妥当性を確認します。以下では，心理尺度における内容的妥当性と基準関連妥当性につい

て詳しく紹介します。

6.3.4　内容的妥当性

　内容的妥当性（content validity）は，何らかの数値によってではなく，質問項目の内容について専門家の目によって判断される心理尺度の妥当性です。質問項目の内容が，構成概念をはみ出していないこと，構成概念を表す行動をまんべんなく取り上げ，特定の観点に偏っていないこと，が判断のポイントです。

　信頼性を高めるには，質問項目同士が相関の高いものを選定する必要がありました。このことは，同じような質問項目を集める必要があるということを示唆します。一見，内容的妥当性の獲得に必要な，構成概念を表す行動をまんべんなく取り上げ，特定の観点に偏っていないこと，というポイントとやや矛盾するように感じるかもしれません。

　しかしながら，同じような質問項目を集めるというのは，決して構成概念の一側面に偏った同じ観点の質問項目ばかりを集めるという意味ではありません。たとえば，喪失感の心理尺度を作成するときに，互いに相関の高い質問項目を集めようとして，泣くことに関連する質問項目ばかりを集めてしまったとします。このようにして作成した心理尺度の信頼性は高くなるかもしれませんが，喪失感＝泣くことなのでしょうか？

　喪失感は，ボーっとしてしまうとか，落ち込みが激しいといった行動の観点からも測定できそうです。おそらく，大切な人を亡くしたときの喪失感についてこれらの質問をしてみると，泣くこと，ボーっとしてしまうこと，落ち込みが激しいことの間には，高い正の相関がみられるはずです。質問項目間の相関を高めることと，同じ観点の質問項目ばかりを選ぶことは同じものではありません。

　このように，内容的妥当性は，心理尺度を構成する質問項目が，測定したい構成概念からはみ出さずに，偏りなく多様な観点から構成されているかどうかによって判断します。内容的妥当性を満たすためには，質問項目の候補を出す段階において，先行研究を参照し，測定しようとする構成概念や仮説に沿うよう十分に理論的な検討を行います。

6.3.5　基準関連妥当性

基準関連妥当性（criterion validity）は，新規の心理尺度と，その心理尺度が測ろうとしている構成概念をすでに測定する他の外的基準（他の心理尺度や心理検査など）との相関をとることで評価します。

たとえば，ある状況における不安（**状態不安**（state anxiety））に関する心理尺度を作成しようとして，外的基準として既存の心理検査である「新版 STAI 状態–特性不安検査」（肥田野ら，2000）を使用する場合に，新規の心理尺度の得点と STAI の状態不安得点に高い相関がみられれば，新規の心理尺度は状態不安を測定する心理尺度としてかなり妥当性が高いといえます（ただし両者の相関が高すぎる場合には，そもそも新しく心理尺度を作成する意味がありません）。

外的基準には，他の心理尺度や心理検査，あるいは脈拍などの生理反応やボタン押しなどの行動反応など，さまざまな外的基準が考えられますが，設定した外的基準が本当に正しいという根拠を見つけるのは簡単ではありません。

心理尺度はそもそも抽象的な概念を扱うことが多いので，外的基準を設定できないこともあります。外的基準となり得る指標が存在しない，あるいはこれを設定しにくい場合には，構成概念妥当性を確認することで新規の心理尺度の妥当性を評価することが多いようです。

6.4　SPSS を使って因子分析をする

6.4.1　因子分析

新しく心理尺度を作成するときには，**ローゼンバーグの自尊心尺度**（Rosenberg Self-Esteem Scale）のように，その心理尺度が 1 つのまとまり（因子）（factor）で構成される場合がありますが（Rosenberg, 1965），複数の因子によって構成されることもあります。このとき，全体の心理尺度を構成する下位の因子を**下位因子**（sub factor）といいます（図 6.4）。

新しく心理尺度を作成する場合には，全く新しい質問項目を作成する場合と，いくつかの既存の心理尺度から関連しそうな質問項目を参考にして作成する場

ダイアローグ尺度

対話性

　私は，他者の感情や思考を理解するために，じっくり話を聞くことが大切だと思う

　私は，他者とお互いに意見を伝え合うことで，より有意義な会話が出来るようにしている

　私は，会話を通して，お互いの意見を確認することが大切だと思う

　私は，全員が主体的に会話出来るように心がけて会話に参加している

　私は，他者を理解するために，質問をしたり，確認したりすることを心がけている

　私は，さまざまな違いを持つ人々が認め合うことが大切だと思う

　私は，色々な人がさまざまな意見を出すことで生まれる利益があると思う

　私は，複数の異なる考えや気持ちをもつことが自分を豊かにすると思う

　私は，他者の話に注意深く耳を傾け，他者の話に関心を示すことを怠らない

　私は，どのような考え方であっても尊重する必要があると思う

　私は，自分の意見を他者に伝えることは，自分のためにも他者のためにも大切だと思う

不確実性の許容

　私は，いろいろな意見が出て方向性が決まらない状況が苦手である　●

　私は，自分の矛盾した感情に向き合うことは苦手である　●

　私は，置かれている立場が違う人からの意見を受け入れられない時がある　●

　私は，異なる意見を持つ人に対しては苦手意識を感じがちである　●

　私は，たくさんの選択肢があると混乱する　●

　私は，自分とは異なる他者の意見を取り入れることに抵抗がある　●

多声性

　私は，感情や思考の中には，矛盾する内容はないと思う　●

　私は，頑張りたい気持ちを持つ人が同時にさぼりたい気持ちも持つことはおかしいと思う　●

　私は，一人一人の考えは一つにまとめなければならないと思う　●

　私は，一人の人間のさまざまな感情や思考には，対立する内容があっても不思議ではないと思う

　私は，自分の感情や思考はいつも一つだと思う　●　　　　　　　　　●は逆転項目。

図 6.4　複数の下位因子によって構成される心理尺度の例（平泉ら，2020）

合がありました。どちらの場合においても，先行研究から理論的に予測される下位尺度に分かれるかどうかを検討する際には，**因子分析**（factor analysis）を行います（第 10 章）。

　因子分析は，心理尺度への回答パターンを，それらに共通するより少ない潜

在した因子によって説明しようとする統計手法です。そのため，すでに潜在する因子がわかっているような，既存の心理尺度をそのまま用いる研究では必ずしも因子分析を行う必要はありません。

　因子分析は，SPSS，JASP，HAD などの統計ソフトウェアを使って行います。詳細な手続きは他の書籍に譲りますが（参考図書参照），ここでは，筆者が107 人に対して，予備調査として心理尺度を作成したときのデータをもとに，SPSS を用いるときの手順と気をつけるべきポイントについて紹介します。

　この研究の目的は，地域で観光をするときの，遊びたいとか価値観を変えたいといった，観光動機を測定するための心理尺度を開発することでした。そのため，構成概念は地域観光動機で，質問項目は林・藤原（2008）の観光動機尺度を参考に新たに作成したものです。

6.4.2　1 回目の因子抽出

　まずは，SPSS 上で，「**次元分解**」から「**因子分析**」を選びます。そうすると，変数を選択する画面になります。変数を選択する画面になったら，因子分析をしたい質問項目を選びます。この段階では，データの下処理で床効果や天井効果のみられた質問項目を除外しておきます。筆者のデータでは，下処理の段階で Q7，8，12，14 の質問項目を天井効果と床効果によって除外しました。

　次に「**因子抽出**」から，最尤法，最小二乗法，主因子法のいずれかを指定します。結果を最も解釈しやすいものを選ぶとよいのですが，200 人以上と回答者が十分多いときには，最尤法を用います（Velicer & Fava, 1998）。最尤法は，データが少ないときには結果が出ないということがありますので[4]（SPSS ではエラー表示になります），このような場合には主因子法や最小二乗法を使います。今回は 107 人分の回答なので，主因子法を用います。

　「**抽出の基準**」で「**固有値に基づく**」をチェックし，「**固有値の下限**」は 1 とします。「**表示**」の「**スクリープロット**」にもチェックをし，1 回目の因子分

---

[4] 最尤法では，データ数が少ないと，推定される値に偏りが生じることが知られています。

析は回転なしで分析してみましょう。OK を押してみると，いろいろな表やグラフが出てきます。

　図 6.5 の「**共通性**」という表をご覧ください。共通性は，それぞれの質問項目の回答が，共通する因子によってどの程度説明されるかを表しています。1回目の因子分析では，共通性という表の**初期**の列で，共通性が低い質問項目があれば，次の分析から除外します（目安として .16 未満）。共通性が低いということは，質問項目全体からみて仲間外れであることを意味するので，共通性が .16 より低い質問項目は次の分析から除外します。

　図 6.5 の「**説明された分散の合計**」という表の「**初期の固有値**」を見てください。ここには，第 1 因子から順にその因子と分析に用いた回答との関係の強さを表す固有値が記されています。それから「**因子のスクリープロット**」というグラフを見て，固有値が 1 以上で大きく落ち込むところまでを因子数とします。固有値が大きいほど影響の大きい因子ということになり，1 以下は影響が小さいと評価しますから，そのような因子は削除して因子数を決定します。

　因子数を決定する際の基準として，先行研究や仮説から予測される数にする，「**累積寄与率（抽出後の負荷量平方和の累積%）**」が 50％を超えるあたりまでを採用するといった考え方もあります。

　すべての基準を満たすこともありますが，部分的に満たさない場合などは，最も解釈しやすい因子数とします。図 6.5 では，固有値が 1 以上でスクリープロットが大きく落ち込むのは 2 のときで，累積寄与率も第 2 因子までで 60％を超えますから，因子数を 2 とします。

6.4.3　2 回目の因子抽出

　因子数が決まったら，2 回目の因子分析を行います。2 回目は，固有値と同様に，因子と分析に用いた項目との関係の強さを表す「**因子負荷量**」をもとにして，質問項目をそれぞれの因子に分けることを目指します。このようなグループ分けを行うためには，それぞれの因子を軸として因子負荷量を用いて項目をプロットし，近いもの同士をまとめればよいのですが，単に描画しただけだとグループ分けしにくいことが多くあります。

共通性

	初期	因子抽出後
Q2	.659	.683
Q1	.611	.642
Q3	.728	.737
Q4	.643	.676
Q5	.471	.457
Q6	.430	.380
Q9	.472	.465
Q10	.601	.647
Q11	.619	.850
Q13	.459	.465
Q15	.633	.660

因子抽出法：主因子法

説明された分散の合計

因子	初期の固有値			抽出後の負荷量平方和		
	合計	分散の%	累積%	合計	分散の%	累積%
1	6.310	57.364	57.364	5.933	53.933	53.933
2	1.028	9.344	66.709	.730	6.638	60.571
3	.726	6.598	73.306			
4	.560	5.088	78.394			
5	.546	4.960	83.354			
6	.416	3.783	87.137			
7	.376	3.420	90.557			
8	.342	3.105	93.662			
9	.272	2.476	96.138			
10	.223	2.028	98.166			
11	.202	1.834	100.000			

因子抽出法：主因子法

.16 未満の質問項目は除外

固有値をグラフにしたものがスクリープロット

累積%が 50% を超えるか

スクリープロット

図 6.5 1 回目の因子分析の結果

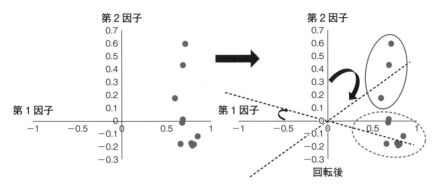

図 6.6　因子軸の回転に関するイメージ

　そこで因子軸に回転をかけ，項目がどちらかの因子軸に近くなるよう因子負荷量にメリハリをつけます。これによって，どの質問項目がどの因子にあてはまるかといった解釈が容易になります（図 6.6）。

　SPSS ではいろいろな因子軸の回転方法が用意されていますが，まずは斜交回転であるプロマックス法を試して，因子間の相関が .30 を下回るようならば，直交回転のバリマックス法を試してみましょう。

　なぜこのような順番かというと，因子間に相関が仮定できるときには，プロマックス回転を用いると結果の解釈がしやすくなるからです。ある 1 つの構成概念を構成する因子間に相関がない（相互に独立である）ということは考えにくいので，まずはプロマックス回転を先に行います。

　「**因子抽出**」から「**因子の固定数**」をチェックし，1 回目の因子分析で決めた因子数を入力します。1 回目の因子分析の結果から，因子数が 2 となったので該当欄に 2 と入力し，「**回転**」から「**プロマックス**」と指定してください。「**オプション**」から「**係数の表示書式**」で「**サイズによる並び替え**」にチェックを入れて OK を押すと，先ほどと同じような図表が出てきます。

　図 6.7 の「**因子行列**」の表を見ると，1 回目の因子分析とは異なって因子負

図 6.7　2回目の因子分析の結果

荷量が大きい順に並んでいるはずです。しかし，回転前は両方の因子に因子負荷量が高くなっている項目もあり，各項目をいったいどの因子に割り当てたらよいかわかりません。

　図 6.7 の「パターン行列」という表をご覧ください。ここに並んでいる数値は，回転後の因子負荷量で，回転前の因子行列にある因子負荷量と比較すると，Q1，2，3，4，5，9，13，15 は第1因子で因子負荷量の絶対値が高くなって

おり，第2因子では小さくなっています。

　反対に，Q6，10，11 では逆の傾向がみてとれます。ただし，Q6 はいずれの因子にも因子負荷量が .40 に満たないようです。どの因子にも高い負荷が認められない項目は，除外して分析し直します。ここでは，Q6 を削除して，3回目の因子分析を行います。

6.4.4　因子分析を終える

　3回目以降は，回転後の因子負荷量をみながら，質問項目を抜いたり戻したりして，最も解釈しやすくなるまで因子分析を繰り返します。その結果，ある因子には1つの質問項目しか残らないこともあり得ます。そもそも因子というのは，複数の項目に共通した性質や能力を反映するものと仮定されているので，負荷量の高い項目が1つだけの因子は，因子として認められません。

　2項目の場合には，その因子が他の因子と比べて特殊性があるとか，研究の目的から残す必要があるというのであれば，1つの因子として残すことを検討することもありますが，通常は3項目以上を目安にします。

　2回目の因子分析（図6.7）では2因子間の相関が高く，また Q6 が除外される可能性がありました。仮に Q6 を除外すると，第2因子に残る質問項目は2つとなってしまいます。因子間相関が高い場合には，むしろ1因子構造として分析してみたほうが良い結果が得られることがあります。

　このデータでも，実際に，因子抽出で1因子として因子分析を行ってみると（1因子では回転なし），除外した Q6 を含めて，ほとんどの項目に十分な因子負荷量がみられました（図6.8）。それゆえ，今回の心理尺度は1因子で解釈するのがよいようです。

　因子分析が終わったら，「**分析**」の「**尺度**」から「**信頼性分析**」を行います。この分析では，指定した質問項目についてクロンバックの α 係数を求めるものです。下位尺度ごとに質問項目を指定し，それぞれのクロンバックの α 係数を求めましょう。

　今回は，1因子の心理尺度と解釈するのがよいようですから，すべての質問項目を指定します。図6.8の「**信頼性統計量**」を見ると，クロンバックの α 係

共通性

	初期	因子抽出後
Q2	.659	.652
Q1	.611	.613
Q3	.728	.730
Q4	.643	.646
Q5	.471	.463
Q6	.430	.349
Q9	.472	.471
Q10	.601	.440
Q11	.619	.444
Q13	.459	.435
Q15	.633	.625

因子抽出法：主因子法

共通性が .16 未満の質問項目なし

説明された分散の合計

因子	初期の固有値			抽出後の負荷量平方和		
	合計	分散の%	累積%	合計	分散の%	累積%
1	6.310	57.364	57.364	5.866	53.331	53.331
2	1.028	9.344	66.709			
3	.726	6.598	73.306			
4	.560	5.088	78.394			
5	.546	4.960	83.354			
6	.416	3.783	87.137			
7	.376	3.420	90.557			
8	.342	3.105	93.662			
9	.272	2.476	96.138			
10	.223	2.028	98.166			
11	.202	1.834	100.000			

因子抽出法：主因子法

1 因子でも 50% を超える

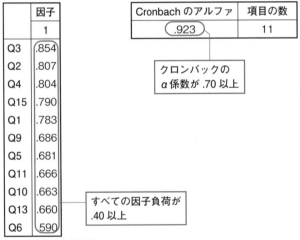

因子行列

	因子
	1
Q3	.854
Q2	.807
Q4	.804
Q15	.790
Q1	.783
Q9	.686
Q5	.681
Q11	.666
Q10	.663
Q13	.660
Q6	.590

因子抽出法：主因子法

すべての因子負荷が .40 以上

信頼性統計量

Cronbach のアルファ	項目の数
.923	11

クロンバックの α 係数が .70 以上

図 6.8　1 因子とした場合の因子分析の結果

数は.92 となっていますので，この心理尺度は十分な信頼性を有していること
がわかります。

　この段階で，因子負荷量がマイナスになってしまう項目があれば，その質問
項目は**逆転項目**（invert scale）です。逆転項目は他の質問項目と逆の内容につ
いて評価を求めていることを表すので，分析の際には逆転項目の得点を逆転さ
せて計算し直します。たとえば，リッカート法による6件法の場合，0は5，1
は4，2は3，4は2，5は1といった具合です。

　妥当性については，仮説から予測される結果について（構成概念妥当性），
心理尺度の合計得点や平均値をいくつかの参加者グループで比較したり，**回帰**
分析（regression analysis）（第10章）やパス解析によって因子間の因果関係
を推定したり，**共分散構造分析**（structural equation modeling）によって因子
構造が実際のデータと合致しているかどうかを確認したら，心理尺度の完成で
す。

6.5　ウェブツールを使った調査

　近年，Google フォームや SurveyMonky といったウェブツールを使い，イン
ターネット上に電子調査票を掲載し，回答を得るという手法が発展しています。
クラウドソーシングの普及によって，不特定多数の人々に回答を募る際のコス
トが低下し，ウェブツールを使った心理尺度の作成は，今後ますます増えると
予測できます。

　ウェブツールを使用して心理尺度を作成する際には，いくつか注意すべき点
があります。たとえば，調査票の場合には，回答者によけいな推測を生じさせ
ないために，同意と説明が記載されている表紙と質問項目が記載されている本
紙を別ページに分けて印刷しました。このことをウェブツールで行うには，セ
クション分けなどの機能使って表紙部と本紙部を別にします。

　また，ウェブツールによる調査の場合には，動機の低い回答者に対する懸念
も知られています（三浦・小林，2015）。このような回答者を排除するために
は，**ミネソタ多面人格目録**（Minnesota Multiphasic Personality Inventory;

MMPI）から受検態度を測定する虚言尺度，頻度尺度，修正尺度を使用したり（第9章），よく読まないと正しく回答することが難しい**教示操作チェック**（instructional manipulation check）を導入したりすることで対策をしてください（眞嶋，2019）。

　ウェブツールでは質問項目を掲載できる欄が狭かったり，選択肢が多いとスマートフォンの画面ではすべての選択肢が画面に納まらなかったり，データが数値ではなくテキストで収集されてしまったり，端末によっては一部の機能がうまく働かなかったりすることもあります。いずれも調査票を配信する前に，複数人でできるだけ多くの端末で確認することによって対策ができますので，ウェブツールを使って心理尺度を作成する際にはこれらの点に注意して作成してください。

6.6　まとめ

　この章では，あたかも1回の調査で心理尺度の作成を行っているかのような手順になっています。1回目の調査が終わって，因子分析，信頼性分析，妥当性の検討を行っても，その心理尺度の信頼性や妥当性を向上させることはできません。そのため，心理尺度の作成は，予備調査と本調査に分け，予備調査において信頼性と妥当性を確認し，それらが向上するのであれば心理尺度の修正を行ってから，本調査を行うとより良い心理尺度を作成することができます。

復習問題

1. 因子分析で算出される因子負荷量の説明として，正しいものを1つ選んでください。
　①観測変数と因子得点との相関係数のことである。
　②観測変数の信頼性係数のことである。
　③因子得点の信頼性係数のことである。
　④観測変数間の共分散のことである。
　⑤独立変数が従属変数のどれくらいを説明できるかを表す値のことである。

2. 再検査法，平行検査法，折半法などにおいて，心理尺度得点間の相関係数によって示される数値として，正しいものを1つ選んでください。
　　①妥当性係数
　　②相関係数
　　③信頼性係数
　　④因子負荷量
　　⑤決定係数

3. 構成概念妥当性の説明として，正しいものを1つ選んでください。
　　①尺度の概念を反映する他の外的基準との相関によって評価される妥当性
　　②仮説と結果が一致することによって評価される妥当性
　　③質問項目の内容が測定したい内容を反映していることによって評価される妥当性
　　④同じ予測が別の標本集団で成り立つことによって評価される妥当性
　　⑤刺激や実験状況が，その生物が通常生活する環境に照らし合わせたときに意味のあるものであることによって評価される妥当性

参 考 図 書

酒井 麻衣子（2016）．SPSS 完全活用法――データの入力と加工――　第4版　東京図書

　SPSS の操作法を初学者が学ぶときに最も多い質問は，「先生，データが入力できません」というものです。実は，統計ソフトウェアを使ってデータを分析するには，統計ソフトウェアのもつ規則に従って，データを入力する必要があります。この書籍は，SPSS で分析をする際のデータ入力についてわかりやすく詳細に解説している，おすすめの一冊です。

小塩 真司（2018）．SPSS と Amos による心理・調査データ解析――因子分析・共分散構造分析まで――　第3版　東京図書

　この書籍では，SPSS を用いた相関分析，t検定，分散分析，因子分析，重回帰分析，共分散構造分析といった，量的データに対する主な分析手続きだけでなく，質的データにおける多変量解析の手順まで，実際のデータをもとに詳しく紹介しています。

観察法

心理学で観察法と聞くと，何か特別な方法を用いると思う人がいるかもしれません。心理学における観察（observation）とは，自然な状況や実験的な状況において，対象となる特定の行動をできるだけありのままに記録することを指します。これだけだと特別な感じはしないかもしれませんが，人の行動をありのままに記録するのは「言うは易く行うは難し」です。そこで，観察法ではできるだけ正確な測定を行うための方法が発展しています。この章では，その中でも観察の形態によって分類されるいくつかの方法を紹介します。

7.1 はじめに

あなたの目の前で，子どもたちがYouTubeのチャンネルを争ってけんかを始めました。兄は6歳，妹は2歳です。兄が好きな番組を見ていると，妹が「これ嫌だ！」と言って，無理矢理違う番組にしようとしました。すると兄は，「僕がまだ見てるから待っててね」と言って譲りません。

あなたはここまでの観察で，兄は，「YouTubeを見たいという妹の気持ちを理解して自己主張している」と，「妹の気持ちは理解しないで自己主張している」という2つの仮説をもちました。もし，兄が妹の気持ちを理解していれば，兄は妹にYouTubeを譲るはずです。

観察を続けると，妹は，今すぐ自分の好きな番組を見たいのか，「嫌だ！」と言って大声で泣き始めました。すると，兄は「そんなに見たいなら，いいよ」と言って，妹に順番を譲りました。そのためあなたは，兄は「妹にも好きなYouTubeの番組があって，今すぐそれを見たい」という妹の気持ちを理解

図7.1　YouTube をめぐる兄妹げんか

していると結論づけました（図7.1）。

　観察法（observation method）は，人の行動を観察して情報を収集し，その行動を説明する方法として発達してきました。観察法には，観察場面の人為的な設定の程度，観察者と非観察者の交流の有無，記録法などによって区別されたいくつかの方法があります。これらの分類に従って，本章では，自然観察法，実験的観察法，タイム・サンプリング法，イベント・サンプリング法といった代表的な観察手法を紹介しながら，観察法の特徴について説明します。

7.2　自然観察法

7.2.1　偶発的観察と組織的観察

　自然観察法（natural observation）は，できるだけ観察者が被観察者に影響を与えないようにして，被観察者に制限をかけずに，その行動をありのままに記述します。この方法を用いる場合，Aという行動とBという行動が同時，あるいは連続的に生起することが多い場合，両者が対応している可能性が考えられます。

　自然観察法は，あらかじめ設定した目的の具体性と観察場面の選択性に応じ

て，**偶発的観察**（incidental observation）と**組織的観察**（systematic observation）という 2 つの方法に分けられます。

　偶発的観察では，あらかじめ具体的な目的の設定や観察場面の選択は行わずに，偶然生じる被観察者のさまざまな行動を観察します。たまたま居合わせて観察した記録をもとにして，ある人や集団に対するイメージや，その集団の対人関係を理解したりするのに使われます。冒頭の例は，家の中で偶然に始まった兄妹げんかを観察することにしたので，偶発的観察といえます。

　組織的観察では，事前に明確な目的を定め，その目的に沿って場面を選んで被観察者の行動を観察します。たとえば，あらかじめ 3 歳児のけんかにおける特徴を明らかにするという目的を設定し，保育園の園庭や幼児の集まる公園などを選んで観察を行う場合は，組織的観察といえます。

7.2.2　自然観察法の利点と欠点

　自然観察法は，大まかな目的を設定し，観察場面ができるだけ日常の状態にあるように心がけるだけで，場所や時間を問わずに観察ができるという利点があります。また，異なる場面で被観察者の行動を観察したり，時間経過に伴った被観察者の行動変化を記録したりすれば，思いもよらない発見をすることがありますから，新しい仮説を作り出すタイプの研究に向いています。

　一方で，なかなか生じにくい行動を対象とした場合には，その行動が生じるまでかなりの時間待つ必要がありますし，得られたデータで因果関係を述べることができないといった欠点もあるので注意が必要です。

7.3　実験的観察法

7.3.1　ストレンジ・シチュエーション法

　実験的観察法（experimental observation）は，自然観察法とは異なり，観察者は具体的な目的の設定や観察場面の選択だけでなく，対象となる行動が生じやすくなるように環境を構築します。あらかじめ観察者が環境を設定することで，対象となる行動を比較的短い間にたくさん観察し，その行動に影響を与え

る要因を明らかにします。

　具体的には，実験室などで，観察者が用意した条件以外はすべて一定にするといった条件の統制を行い，観察者の用意した条件を少しずつ変えながら，それに伴う行動の変化を記録していきます。心理学の研究では，独立変数と従属変数を設定します。原則として観察者が用意した条件以外はすべて同じですから，条件に合わせて行動も変化する場合には，条件によってその行動が生じたという因果関係が成り立ちます。

　実験的観察法を用いて，母子間の愛着（attachment）の安定性を明らかにしようとした研究があります[1]。アメリカの発達心理学者であるエインズワース（Ainsworth, M. D. S.）は，1歳の子どもが一時的に母親と分離され，見知らぬ人と一緒になったときにどのような行動を示すのかを観察することで，母子間の愛着の安定性について研究しました（Ainsworth & Bell, 1970）。

　エインズワースは，この目的を実験的観察法によって明らかにするため，オフィス家具や大人用と子ども用のいす，それにいくつかのおもちゃが置かれた，常に一定の環境であるプレイルーム（play room）を用意しました（図7.2）。実はこの部屋の壁には記録のためのビデオカメラと，ワンウェイ・ミラー[2]が設置されていました。プレイルームの中からはワンウェイ・ミラーの奥を見ることはできませんが，ワンウェイ・ミラーの奥からはプレイルームが見渡せるようになっていました。このような仕組みがあると，観察者は母子のやりとりに干渉することなく観察できます。

7.3.2　ストレンジ・シチュエーション法の手順と結果

　実験が始まると，①母子がプレイルームにやってきて，観察者が母子に実験の説明をします。②その後母子がプレイルームで過ごしていると，③プレイルームに母子にとって見知らぬ人がやってきます。この見知らぬ人は観察者の協

---

[1] 現在は，安定した愛着が，母子のような血縁関係にある人物だけでなく，子どもの養育に主として関わる人（保育士など）との間にも形成できるとされています。
[2] ワンウェイ・ミラーというのは，いわゆるマジック・ミラーのことです。マジック・ミラーは和製英語で，英語では one way mirror といいます。

図7.2 ストレンジ・シチュエーション法の観察環境イメージ

力者（サクラ）です。しばらく3人でいると，④母親は，2人を残して退出します。⑤母親がプレイルームに戻ると，サクラが退出します。サクラが退出して一定の時間が経つと，⑥今度は母親も退出し，プレイルームには完全に子ども1人となります。次の段階では，⑦まずサクラが戻ってきて，⑧最後に母親が戻ってきます。これらの各段階はおよそ3分ずつの時間が設けられていて，エインズワースは各段階における子どもの行動を記録しました。

　観察の結果，エインズワースは，母親との分離で泣き，再会すると母親に身体的接触を強く求め，安心すると活動を再開した群（B群，安定型）と，分離では泣かず，再会でも母親を避けるなどの行動を見せる群（A群，回避型）と，分離で激しく泣き，再会すると身体的接触を求めるものの，同時に叩くなど怒りの感情を表出する群（C群，葛藤型）を見出しました。

　このような実験方法は実験的観察法をベースとしていますが，特別にストレンジ・シチュエーション法（strange situation procedure）とも呼ばれます。

7.3.3　実験的観察法の利点と欠点

　実験的観察法は，仮説に従って独立変数と従属変数の因果関係を明らかにできるので，仮説検証型の研究に向いています。一方で，実験室などでの環境の操作は非日常的であることが多く，このような非日常性が実験参加者の行動に影響を及ぼす可能性があります。このような欠点を克服するには，できる限り日常に近く，人が生活する環境に照らし合わせたときに意味のある環境になっている，**生態学的妥当性**（ecological validity）の高い実験環境の設定を行う必要があります。

7.4　参与観察法と非参与観察法

7.4.1　参与観察法

　ここまで，観察法における目的の具体性や人為的な場面設定の程度によって，自然観察法と実験的観察法があることを紹介しました。エインズワースのストレンジ・シチュエーション法では，実験的観察法を用いながら，観察者はプレイルームの外にいて，被観察者とは存在する場所を異にしていた，という特徴もありました。ここでは，観察者と被観察者の交流の程度や，両者の存在する場所の違いによって観察法を分類します。

　観察者と被観察者は同じ場所に存在し，両者の間に何らかの交流がありながら観察するやり方を**参与観察法**（participant observation）といいます。参与観察法は，**フィールドワーク**（filed work）ともいい，フィールドワークによって得られた記録（調査の場所で見聞きした内容やメモ）をフィールドノート（filed note）といいます。

　参与観察法では，観察者は被観察者と同じ場所に存在するので，互いの存在が意識された状態で観察します。参与観察を行うときは，観察者のことを特別に**参与観察者**（participant observer）といいます。参与観察者は，被観察者と行動を共にしてありのままの行動を観察するために，主客分離の科学的観察の原則をとらない，かなり特殊な方法といえます。できるだけこの原則に沿うためには，参与観察者は被観察者に何らかの変化を与えてしまう行為や，データ

に偏りを生じさせるような目立った行為は避けるようにします。

　参与観察法は，観察者と被観察者の交流の程度によって，**交流的観察**（inter-active observation），**非交流的観察**（non-interactive observation），**面接観察**（interview observation）という 3 つの方法に分類できます。交流的観察では，参与観察者と被観察者とが積極的に会話するなど，何らかのやりとりをしながら観察を行います。一方，非交流的観察では，被観察者と観察者は，同じ空間に存在しますが，参与観察者は被観察者に認識してもらう程度で，両者の接点は最小限に抑えられ，積極的な交流は行いません。面接観察とは，交流的観察と非交流的観察の中間にあたる方法で，面接場面での観察を指します。

7.4.2　非参与観察法

　観察者と被観察者が存在する場所を異にし，両者の間に交流のない状態で観察を行うやり方を**非参与観察法**（non-participant observation method）といいます。この方法では，参与観察法よりも，被観察者に観察者の存在を意識させないので，被観察者のより自然な行動を観察できます。非参与観察法には，ワンウェイ・ミラーなどを用いて，観察者がリアルタイムに被観察者の行動を別の場所から観察する**直接観察**（direct observation）と，ビデオなどで記録し，行動を観察する**間接観察**（indirect observation）があります。

　エインズワースのストレンジ・シチュエーション法では，実験的観察法を用いながら，観察者は他の部屋にいました。観察者と被観察者の相互作用の観点から，ストレンジ・シチュエーション法は，非参与観察法でもあります。実験的観察法に非参与観察法を取り入れることで，自然観察法よりも，実験室の非日常性が被観察者の行動にネガティブな影響を及ぼしやすい実験的観察法の欠点を克服し，被観察者により自然な行動を促すことができます。

　ストレンジ・シチュエーション法では，プレイルームにビデオカメラとワンウェイ・ミラーが設置されていました。このように直接観察と間接観察を併用することで，観察者は被観察者の行動をリアルタイムに観察しながらも，後でビデオの記録を確認することを可能にしています。これにより，直接観察で取得したデータの正確さを確認することができ，直接観察時に予測しなかった点

を検討することもできます。

7.5　記録法による分類

7.5.1　質的な記録方法

　観察法は，観察の形態による分類だけでなく，収集したデータをどのように記録するかによっても分類できます。被観察者の行動を文章で記述する質的な記録方法には，日誌法や逸話記録法などがあります。

1. 日 誌 法

　日誌法（diary method）とは，被観察者が日常的な生活の流れの中で示す新しいエピソード（episode）について，毎日その都度観察し記述する方法です。エピソードというのは，その人に関連する出来事のことです。この方法は，観察者と被観察者が，親子関係などのように，日常生活を共にするような高い関係性にある場合に用いられます。たとえば，毎日子どもが示すエピソードを，母親や保育士が母子手帳や保育日誌などに記述するといったものです。

2. 逸話記録法

　逸話記録法（anecdotal recording）とは，被観察者の行動や関連するイベントについて，それらの特徴をよく表していると判断される典型を，日常的に観察し記述していく方法です。日誌法と似ていますが，逸話記録法では，観察者が直接ないし間接観察して収集したデータだけでなく，被観察者に関する日記や事例なども分析の対象となる記録として用います。

3. 質的な記録方法の利点と欠点

　これらの記録方法は，被観察者の行動の変化や特徴について，毎日のエピソードや典型的な実例で表すことが特徴で，自然観察法においてよく用いられます。被観察者の特定の行動が何回生じて，観察の条件を変えるとその行動が増減するといったような，行動の量的変化を明らかにするのには向いていませんが，被観察者の多様な行動が，時間と共にどのように質的変化を遂げるのかといった過程を明らかにできます。

　たとえば，スイスの心理学者ピアジェ（Piaget, J.）は，このような記録方法

を用いて，自分の子どもたちの知的発達について観察を行いました。これらの観察をベースとして，ピアジェは，0〜2歳児は積極的に身体を動かし肌で触れて外の世界を知ろうとし（**感覚運動期**（sensory-motor period）），2〜7歳児では言葉を使うようになり（**前操作期**（pre-operational period）），7〜12歳児では具体的な目の前の問題について論理的な思考ができるようになって（**具体的操作**（concrete operational period）），12歳児以上になると，目の前にない抽象的な問題についても論理的に思考できるようになる（**形式的操作期**（formal operational period））という，**認知発達の段階説**（cognitive developmental theory）を提案しました。

　一方で，質的な記録方法は，事前の決まりごとに従って体系的にデータを記録するわけではなく，観察者と被観察者との関係性が高いので，データの客観性は低くなります。これらのことは，このような記録方法が，仮説の検証や結果の一般化を目指した研究にはあまり向いていないことを示します。

7.5.2　量的な記録方法

　被観察者の行動を数値で量的に記録する方法としては，タイム・サンプリング法があります。

1. タイム・サンプリング法

　タイム・サンプリング法（time sampling method）では，一定の時間や頻度で，被観察者の特定の行動がどのくらい生じるかを記録します。特に，タイム・サンプリング法の中でも**インターバル記録法**（interval recording）では，全体の観察時間は 60 分などと決めて，全体の観察時間よりも短い一定の時間，たとえば 60 秒ずつに細分化します。

　この短い一定の時間間隔を**インターバル**（interval）と呼び，インターバルを 1 つの単位としたとき，1 単位あたりに特定の行動が生じたか否かを 1 か 0 で記録します。あるインターバル中に特定の行動が生じたら 1 と記録し，生じなかった場合には 0 と記録するような具合です。ここでいう 1 か 0 という数字自体には意味がなく，特定の行動が生じた場合に 1 とあてはめ，そのような行動が生じなかったことに対して 0 とあてはめているだけです。もちろん，これ

を逆にしても何ら影響はありません。1 や 0 の代わりに Y や N と書く，目当ての行動が生じたときにだけ✓マークをつけるといった方法もあります。

　このように記録していくと，全体のインターバル数において，特定の行動が生じたインターバル数（A）と，そのような行動が生じなかったインターバル数（B）がわかります。そのため，A/(A＋B)×100 を求めることで，ある条件でどのくらい特定の行動が生じたのかという割合が求められます。独立変数としていくつかの異なる条件を用意すれば，特定の行動が生じる割合を条件間で統計的に比較することも可能です。

(1) 部分インターバル記録法

　インターバル記録法では，被観察者の特定の行動が生じたインターバルをどのように定義するかによって，部分インターバル記録法と，全体インターバル記録法に分けることができます。**部分インターバル記録法**（partial-interval recording）では，インターバル中に一度でも特定の行動が生じればその行動が生じたインターバルとみなします。

　もし，60 分を全体の観察時間として，60 秒のインターバルを設定した場合には，全部で 60 のインターバルになります。もう少し具体的にイメージしてみましょう。あなたは，ある授業の 60 分を観察時間とし，インターバルを 60 秒と設定しました。観察を始めると，あなたは各インターバルで被観察者があくびをしたかどうかについて記録を始めました。すると，10 回目のインターバルまでは被観察者のあくびは観察されませんでしたが，11 回目であくびが観察されました。普通あくびは 1 分も続きませんから，このような場合には部分インターバル記録法が適しています。

(2) 全体インターバル記録法

　インターバルよりも長い行動を観察する場合には，全体インターバル記録法が適しています。**全体インターバル記録法**（whole interval recording）では，特定の行動がインターバルのはじめから終わりまでずっと生じているときにだけ，その行動が生じたインターバルとみなします。

　比較しやすいように，あくびの例と同様に，観察時間は 60 分でインターバルは 60 秒とします。今度は，観察時間中に友だちと会話をしている回数を記

表7.1　部分インターバル記録法と全体インターバル記録法の違い

インターバル	1	2	3	4	5	6	7	8	…
部分インターバル記録法	1	1	1	1	1	1	0	0	…
全体インターバル記録法	1	⟶				0	⟶		…

録するような実験をイメージします。何の指示もなしに会話を1分ちょうどに終える人はいません。5分連続で会話が観察され，6分目のインターバルの途中で会話が途切れたとします。部分インターバル法では，特定の行動が生じたインターバルを1回目から6回目と記録しますが，全体インターバル記録法では，特定の行動が生じたインターバルを1回目から5回目と記録し，6回目はカウントしません（表7.1）。

2.　イベント・サンプリング法

　質的な記録法と量的な記録法の良いところを併せもつ方法として，イベント・サンプリング法があります[3]。

　イベント・サンプリング法（event sampling method）では，被観察者の見せるさまざまな行動から，特定の行動とそれに関連した出来事を同時に観察し記録します。この方法では，特定の行動やイベントの文脈を詳細にとらえるために，あらかじめ決まっている項目によって構成されるチェックリストを作成します。観察中は，そのチェックリストに従って，連続して文章で記述していきます。

　たとえば，「クラスの子どもたちが指示を聞かなくて困っている」という小学校の先生の訴えに基づいて，クラス内で子どもたちの行動を観察することに

---

[3]　タイム・サンプリング法を時間見本法，イベント・サンプリング法を事象見本法とする和訳が定着しています。しかし，この場合のsamplingは「見本」ではなく「データ抽出する」というニュアンスだと思われます。よって本章では，カタカナ表記で統一しましたが，定訳になっている，時間見本法，事象見本法も覚えておいてください。

なったとします。イベント・サンプリング法を用いると，子どもたちが先生の指示を聞かないという事象の始まりから終わりまでを観察します。

　観察の際には，クラスの子どもたちが先生の指示を達成するまでの時間（持続時間），そのイベントが発生した時間と場所，そのイベントに関係した子ども，イベントのあらまし，なぜ先生の指示が達成できなかったのか，といったあらかじめ設定された項目に従って，チェックリストに記述します。

　イベント・サンプリング法で取得したデータを分析すると，雨の日に外遊びがなかったときにだけ，一部の子どもたちが先生の指示を聞かなくなることがわかりました。子どもたちは，理由もなく先生の指示を聞かなかったわけではなく，また，そのような子どもはクラス全員ではなく一部であることもわかり

表7.2　事象見本法のイメージ

観察者名 △△○○			観察日時 20XX年 6月○日	観察場所 クラスルーム	観察開始 10:00	観察終了 15:00	天候 雨
番号	時刻	持続時間	関係した人物	イベントのあらまし	なぜ先生の言う事を聞かなかったか	先生の指示を無視した頻度	イベントの強さ（10点中）
1	10:10	10min	A, B, C	雨が降り出し，先生が「雨が降ったので，今日の体育は中になります」と言ったら，A，B，Cが騒ぎ出した。先生が騒ぎの中心となっているAのそばに行き，外で体育したかったのね，と声をかけたらAはおとなしくなった。	雨が降ってしまい，体育の時間にサッカーをする予定が，中で縄跳びをすることになったため。	10回	9
2	⋮	⋮		⋮	⋮	⋮	⋮
3							

ました（表7.2）。

3. 量的な記録方法の利点と欠点

タイム・サンプリング法は，被観察者の特定の行動がインターバル中，あるいは全体にわたって観察されたときにチェックするだけなので，観察が比較的容易です。一定の複数インターバルごとに被観察者をずらすことで，一度の観察でたくさんの被観察者の行動を観察することもできます。また，テレビの解像度を細かくすればより鮮明な画像になるように，インターバルをできるだけ短くすることで，特定の行動をより精密に測定できます。

しかしながら，被観察者の特定の行動が生じたかどうかを1か0かで記録していくだけですから，その行動がどのような文脈で発生したのか，あるいはそれぞれのインターバルで生じた特定の行動の質の違いなどを記録することはできません。また，インターバルの時間範囲を短くすれば，比較的観察が容易であったはずの観察者の労力は増大します。タイム・サンプリング法による観察を始める前には，対象の行動をよく吟味し，その行動がどのくらい持続するかなどを予備的に観察しておくとよいでしょう。

イベント・サンプリング法を用いて被観察者の特定の行動について多角的に記録することで，その行動がどのようにして生じたのかという文脈をとらえることができます。タイム・サンプリング法のように，特定の行動が生じる頻度や，イベントの程度の強さなどを数値で記録しておけば，その行動が生じた文脈といった質的なデータだけでなく，量的なデータも取得することができます。こうして得られた量的なデータについて統計的検定を行えば，質的なデータを量的なデータによって裏づけることも可能です。

一方で，イベント・サンプリング法では，特定の行動が一度に数カ所で生じると，そのすべてを記録することが難しくなりますし，特定行動が生起する前の文脈を記録することが難しいといった欠点もあります。このような欠点を克服するためには，特定行動の生起しやすい条件を事前に調査しておくとよいでしょう。

7.6 観察法に関係するバイアス

7.6.1 観察者バイアス

　観察によってデータを正確に記録するためには，できるだけ偏った見方や手続き（バイアス）が入らないようにする必要があります。観察法では，人が他者の行動を観察して記録をするので，観察結果にバイアスが入り込む可能性があります。ここでは，観察法に関係するバイアスについて紹介します。

　観察者バイアス（observer bias）は，観察者に期待する結果（目的や仮説など）や信念があるとき，これらと異なる結果を無視したり，取得したデータを，無理に期待する結果や信念に沿うように解釈したりすることで，真の値とずれが生じてしまう現象のことです。たとえば，観察者が，女性は男性より複雑な文法で話す，という仮説を知っている場合を考えます。このような仮説は，実際には真実でなかったとしても，観察中に女性がそのように話すのを聞くと，仮説を支持する結果として過度に取り上げ，安易に仮説を支持する結果として報告する可能性があります。

　特に仮説を検証することが目的の観察研究では，この条件ではこのような観察結果になるはずだ，という明確な仮説をもって観察を始めますから，注意が必要です。

7.6.2 観察者ドリフト

　観察者の態度に関係するバイアスとして，もう一つ，**観察者ドリフト**（observer drift）があります。drift は「漂い移る」という意味です。観察者ドリフトは，観察中に観察者の観察の仕方が徐々に変わっていくことで生じる観察基準の偏りのことです。このようなバイアスは，観察しようとしている特定の行動が曖昧に設定されているときに起きやすいとされます。

　たとえば，食事中にみられる人の優しさに関連する行動を観察するとします。ある被観察者が他の人の食器を並べ始めたので，あなたは優しさ行動が生じたと記録します。ところが観察を続けていると，他の人も食器を並べ始めたので，もはや食器を並べるという行動は，特別優しい行動を表しているのではないよ

うな気がしてきました。そこで次からは，食器を並べる行動を，優しさ行動が
生じたとはみなしませんでした。

　この例では，事前に食事中の優しさ行動をはっきりと特定していなかったた
めに，他の人の食器を並べるという行動が，あるときは優しさ行動として記録
していたのが，観察が進むにつれて優しさ行動の基準が変わってしまい，記録
されなくなってしまったことを表しています。このようにして得られたデータ
は，正確ではありません。

7.6.3　観察者反応性

　被観察者に関するバイアスとして，**観察者反応性**（observer reactivity）が
あります。これは，被観察者の反応が，観察者の存在や観察者への評価懸念に
よって歪んでしまうバイアスです。たとえば，突然やってきてカメラを回し始
めたテレビのクルーから，これからインタビューをします，と言われた経験は
ないでしょうか。よく知っている友人や家族からのインタビューだったり，普
段からよく考えているテーマだったりすれば，それほど緊張せずに答えられる
かもしれません。しかし，突然よく知らない内容についてカメラの前で流暢に
応答できる人はなかなかいないことでしょう。

　このような特殊な場合でなくとも，先生と生徒のように，いつもは観察者が
被観察者を評価するような関係で，観察者がその存在を明らかにして観察を始
めると，被観察者は緊張します。観察者の存在が被観察者に過度に緊張を与え
ると，普段の行動と全くかけ離れた行動が現れてしまうので，気をつける必要
があります。

7.7　観察の信頼性と妥当性

7.7.1　観察の信頼性

　観察法は，人間の手によって記録されるので，コンピュータを用いて自動的
にデータを収集できる方法よりも，エラーが生じやすい可能性があります。こ
のようなエラーをできるだけ防ぐために，ここでは，観察法における信頼性と

妥当性の考え方について説明します。

　信頼性とは，同じ手続きで複数回測定した場合に，同じ結果が得られる程度のことでした（第2章）。観察法における信頼性は，複数人で行動を観察した場合に，得られた結果の一貫性の程度によって評価します。もし，同じ人が被観察者の行動を観察するとしたら，見かけの信頼性は高くなりますが，収集したデータには観察者バイアスが大きく影響する可能性があります。

　また，1人で観察すると，観察者バイアスの問題だけでなく，観察者の負担が増えてしまい，正確な測定が難しくなります。そこで観察法では，ある場面や条件における被観察者の行動を2人以上で観察して，異なる観察者によって収集されたデータの一致率を確かめるという手続きをとります。

　この一致率を**観察者間一致**（Inter Observer Agreement; IOA）といい，IOAは観察研究における信頼性の目印として活用されています。一般的にIOAは90％以上になることが望ましく，少なくとも80％以上になることが推奨されています。IOAの他にも，複数観察者のデータから**カッパ係数**（Cohen's Kappa coefficient）を算出することもあります。カッパ係数が .75 以上であれば信頼性があるとみなします。

7.7.2　観察の妥当性

　一般に，その研究の妥当性を評価する目印として，内容的妥当性，基準関連妥当性，構成概念妥当性を確認する必要がありました（第2章）。観察法を用いた研究でもこれらの妥当性を確認する必要があります。

　観察法における内容的妥当性とは，観察の手続きや観察対象となる行動が，目的をどの程度よく測定し得るかを表します。たとえば，幼児の言語発達を調べるためには，内容的妥当性の高い行動として，喃語による発話の頻度や，自分の名前が呼ばれたときに反応した回数などが考えられます。

　観察法における基準関連妥当性は，観察結果が研究で設定した条件だけでなく，他の条件にも一般化できる程度のことです。たとえば，ガンのヒナは生後間もなく動くものに対して後追い行動を始めますが（刷り込み（imprinting）），このような観察結果は，他の鳥類においても観察されます。そのため，「鳥類

は生まれると，動くものの後を追うようになる」と一般化できるので，ガンの観察結果は基準関連妥当性が高いといえます。

　観察法の構成概念妥当性とは，研究の仮説が，実際の観察結果から確かめられるかどうかによって示されます。幼児の言語発達を明らかにする研究の例では，喃語による発話や，自分の名前が呼ばれたときに反応した回数などをカウントすることを計画しました。このような手続きを用いれば，発達に伴って，発話や名前への反応といった行動は，頻度が上昇するという仮説が成り立ちます。観察の結果，この仮説が支持されれば，この研究は，構成概念妥当性の高い研究といえます。

　この他に，観察環境の生態学的妥当性（7.3.3項）や，観察の手続きや結果が観察者と被観察者を含む社会にとってどの程度受容されるかを示す，**社会的妥当性**（social validity）についても確認が求められます。特に，被観察者の行動変容が期待される研究では，そのような変容が果たして社会で受け入れられるものであるかどうかを十分に検討する必要があり，海外では，観察後に，社会的妥当性を確認するための質問紙を用いて，その妥当性を示すこともあります（Strain et al., 2012）。

7.8　ま と め

　この章では，心理学の観察法について，さまざまな手法の違いを紹介しました。観察法は，日常生活の自然な行動を対象とする場合には，実験法や質問紙法よりも参加者（被観察者）の時間的な拘束や身体への負担が少なくて済みます。また，質問紙法や面接法と違って言語報告が不要ですから，言語発達の未熟な子どもや日本語を母語としない人も被観察者にできます。

　一方，観察を行う際には，さまざまなバイアスを退ける努力が求められます。特に実験的観察法や組織的観察では具体的な目的や仮説のもとに観察を始めるので，観察者バイアスに配慮しなければなりません。そのため，観察法では，目的や仮説を知らない人（**ナイーブな観察者**（naive observer））に観察を依頼する，あらかじめ観察する行動と観察手続きを吟味し観察者間で共有する，被

観察者が観察されることに十分慣れてから実際の観察を行う，観察中は観察者同士が会話をしない，といった工夫を行う必要があります。

復習問題

1. 観察者が被観察者にできるだけ影響を与えないように配慮し，被観察者に制限をかけずにその行動をありのままに記述するタイプの観察を何というでしょうか。正しいものを1つ選んでください。
　①実験的観察法
　②自然観察法
　③ストレンジ・シチュエーション法
　④トランスクリプト
　⑤組織的観察

2. あらかじめ決められた一定の長さの時間や頻度で，被観察者の特定の行動がどのくらい生じるかを記録するタイプの観察法を何というでしょうか。正しいものを1つ選んでください。
　①全体インターバル法
　②日誌法
　③逸話記録法
　④イベント・サンプリング法（事象見本法）
　⑤タイム・サンプリング法（時間見本法）

3. 観察中に観察者の観察の仕方や基準が徐々に変わって行くことで生じるバイアスを何というでしょうか。正しいものを1つ選んでください。
　①観察者バイアス
　②観察者ドリフト
　③観察者反応性
　④実験者効果
　⑤観察者間一致

参考図書

三浦 麻子（監修）佐藤 寛（編著）(2018)．なるほど！心理学観察法　北大路書房
　心理学における観察法について，はじめて学ぶ方にとてもおすすめしたい一冊です。専門用語の丁寧な解説だけでなく，観察法を使ったデータの収集，分析，報告

にいたる手順までを，わかりやすく紹介しています。

中澤 潤・大野木 裕明・南 博文（編著）（1997）．心理学マニュアル 観察法　北大路書房

　観察法を用いて卒業論文を執筆しようとしている方におすすめの一冊です。観察法を用いた研究を行う際に，実際に注意すべき点が事例と共に紹介されています。

面　接　法

　心理学ではなぜ，面接法を使って研究を行う必要があるのでしょうか。この問いに答えるには，どのようなときに面接法を使えば，自分の知りたいこと（目的）を効率よく明らかにできるのかを考える必要があります。自分の知りたいことをすでに知っている人がいて，相手に質問をすることで目的を明らかできる場合には，面接法を用いることが有効です。本章では，面接法のいくつかの形式について触れながら，その特徴を紹介します。

8.1　はじめに

　大学1年生のあなたはサッカー部に入りたいと思い，サッカー部の先輩に会いにいきました。そのとき，あなたはきっと「いつ活動していますか」「入部するにはどこに行けばよいですか」などという質問をすることでしょう。

　あなたの目的は，「サッカー部に入部するために必要な条件を明らかにする」ことです。このように，自分の知りたいことをすでに知っている人がいて，相手に質問をすることで目的を明らかできる場合には，面接法（interview）を用いることが有効です。こちらの知りたいことを知っている人がいればよいので，非常に特殊な研究テーマである場合にも，研究対象として取り扱うことができます。

　また，目的に合った既存の質問紙がない場合にも，研究がすぐに開始できます。条件に合う相手がいれば，質問をするだけなので，質問紙を作成したり，実験装置を構築してから研究したりする手間もかかりません。

　面接法には，調査面接法と臨床面接法があります。本章では臨床面接法につ

いては基本事項にふれるにとどめ，調査面接法を中心に解説することにします。

8.2　調査面接法

　面接法の中でも，調査研究のために用いられるものは**調査面接法**（survey interview）と呼ばれています。調査面接法は，ある目的や仮説に従って，個人や集団と会い，面接を通して情報を収集し，分析することで新たな仮説を生み出したり，仮説を検証したりするための技法です。具体的には，**インタビュアー**（面接者（interviewer））から**インタビュイー**（被面接者（interviewee））への質問を通して，その回答から主に質的データを，場合によっては量的データを収集します。

　調査面接法は，**社会調査**（social survey），フィールドワーク（field work），**エスノグラフィー**（ethnography），**事例研究**（case study）において，参加者の語りに基づいた，数値で表すことのできない質的データの収集に関係する最も重要なデータ収集法です。調査面接法は，実験法（第3章，第4章）や調査法（第5章，第6章）を用いて主に量的データを収集する研究を行う際に，本実験のために参加者の条件を絞ったり，実験の手続きが正しいことを確認したりするための予備調査としても使用します。

8.2.1　実施方法による分類

　調査面接法は，面接の実施方法や，収集する情報の内容，インタビュイーの人数などの観点から，いくつかの種類に分類できます。

　調査面接法を実施の仕方によって分類すると，訪問面接，会場面接，街頭面接，電子面接の4つになります。これらの面接では，一度に1人をインタビュイーとする個人面接や，一度に複数のインタビュイーを面接する集団面接の形式をとることができます。

1.　訪問面接

　心理学に限らず，最も一般的な面接法である**訪問面接**（visit interview）では，インタビュアーが直接インタビュイーの自宅，職場や学校といった場所に

出向き，面接を行います。そのため，訪問面接はインタビュイーの時間や空間的な負担が比較的少ない面接技法といえます。

　一方，多くのインタビュイーを必要とする研究で訪問面接をする場合には，1人でインタビュアーをこなすことが難しいので，自分以外にもインタビュアーを用意する必要があります。人件費や謝礼などの予算を確保し，複数のインタビュアーを募集したら，インタビュアー間のずれを防ぐために，時間をかけてトレーニングします。この方法は，多くの予算と時間，訓練されたインタビュアーが必要になることから，実際には難しいこともあります。

2. 会 場 面 接

　インタビュイーがインタビュアーの設定する場所を訪れる面接のことを**会場面接**（venue interview）といいます。会場面接であれば，インタビュイーがインタビュアーを訪ねるので，訪問面接に比べ多くの面接者をトレーニングする必要がなく，人件費や謝礼のコストも相対的に少なくできます。

　一方で，会場面接には，いつでも呼び出しに応じられ，住居が会場に近いといった属性をもつ人がインタビュイーになりやすいことから，サンプルに偏りが生じやすいといえます。時間や空間上の制限があることから，会場までの交通が不便な地域や外国に居住する人をインタビュイーにした研究には適しません。

3. 街 頭 面 接

　訪問面接や会場面接は事前の約束が前提になっているのに対して，面接者が路上でインタビュイーを選定して，面接を行うものを**街頭面接**（street interview）と呼びます。この方法が優れている点は，短い時間で対象を選定し面接が行えることです。

　しかしながら，対象者の協力が得にくく，天候の影響を受けること，長時間の質問が難しいことが欠点です。たとえば，新しいお菓子の味やパッケージデザインの印象に関する街頭面接を行うとします。あなたが街頭面接をしていると，突然大雨が降りだしました。このような場合には，インタビュイーが予定の人数に達していなくとも，これ以上の調査を断念せざるを得ません。

4. 電 子 面 接

図 8.1　**オンライン面接のイメージ**

　訪問面接，会場面接，街頭面接は，インタビュアーとインタビュイーが直接
対面して面接を行うものでした。一方，**電子面接**（electronic interview）では，
電話やインターネット等の情報技術を使って，インタビュイーと面接者が間接
的に対面して面接を行います。主に，電話面接，オンライン面接といった 2 つ
の形式が用いられ，オンライン面接では，インターネットワーク上で，リアル
タイムに互いに文字を入力して面接を行う形式や，互いの音声と映像をビデオ
カメラとインターネットを通じて配信し合う形式を用います（図 8.1）。

　これらの面接技法では，Skype のようなインターネット電話や Zoom，Mic-
rosoft Teams，WebEx などのインターネットビデオ会議サービスを用いること
で，面接調査にかかる時間や予算を節約することができます。また，日本全国
ないし世界中どこでも調査が可能となりますので，これまでの面接法よりもサ
ンプルの偏りを防ぐことができます。

　Skype や Zoom などのアプリケーションには録画機能もありますから，面接
場面を音声つきの映像データとして保存することができます。LINE や Face
book といったソーシャル・ネットワーキング・サービスのメッセージ機能を
用いてオンライン面接を行えば，テキストデータをオンライン面接と同時に収
集できます。

　電話面接やオンライン面接の欠点は，他の調査面接法よりも非言語情報が乏しくなる傾向があり，他の面接技法よりもミスコミュニケーションが起きやすいことです。また，オンライン面接では，インタビュアーとインタビュイー双方の通信回線や機器の仕様によっては通信が安定しないこともあります。

　このような事態を防ぐために，アメリカ心理学会では，前もってオンライン面接で生じるリスクと対処法をインタビュイーに十分に説明し，調査概要とともに同意を得ておくことを推奨しています（American Psychological Association, 2013）。

8.2.2　調査面接法の信頼性と妥当性

　調査面接法によって得られるデータは，主に，研究対象となるインタビュイーの語りといった質的データです。そのため，他の研究法のように量的な研究で用いられる信頼性や妥当性を確認するための基準を適用することは困難です。取得したデータの信頼性と妥当性を向上させるために，調査面接法を用いた研究では，トライアンギュレーションや厚い記述といった方法論が提案されています。

1.　トライアンギュレーション

　トライアンギュレーション（triangulation）は，日本語では三角測量と訳されます。一般的には，航海において，船員が自分の位置と針路を知るための技法として，発展してきました。三角測量という名称が示すように，3地点の情報をもとに自分の正確な位置を計測します。

　あることを知るために，3つ以上の情報を使用することで，より確かな情報を明らかにできるという発想は，航海法だけでなく，測量や天文学といった学問においてもよく使用されています。たとえば，三角測量は，グローバル・ポジショニング・システム（Global Positioning System; GPS）の基礎的な技術としても使用されています。

　アメリカの社会学者であるデンジン（Denzin, N. K.）は，このトライアンギュレーションの考え方を質的研究の調査に応用し，①1つの調査で複数のデータを使用すること（データの多元化），②特定の現象について複数の調査者を

使用すること（調査者の複数化），③調査結果を分析する際に，複数の理論を用いること（理論の多元化），④調査の際に，複数の方法論を用いること（方法論の多元化）で，データの信頼性と妥当性の向上を図ること，を提案しています（杉原，2013）。

2. 厚 い 記 述

　厚い記述（thick description）は，イギリスの哲学者ライル（Ryle, G.）によって提案され，アメリカの文化人類学者ギアーツ（Geertz, C.）によって広められた方法論です。面接や観察の状況を全く知らない人でも，対象の行動がよく理解できるよう，行動そのものだけでなく文脈も含めて丁寧に記述することで，データの信頼性と妥当性の向上を図るものです。

　たとえば，3人の子どもが目の前にいて，次々に口笛を吹き始めたとします。あなたは，子どもたちがみせる口笛に興味をもち，以下のように記述しました。

　　　ある子どもが，鳥の鳴き声をまねて口笛を始めた（1人目の子ども）。その子どもを発見した別の子どもは，「面白いことが見つかった」ことを仲間に知らせるため，もう1人の仲間に短く口笛を吹いて知らせた（2人目の子ども）。仲間の口笛によって，鳥の鳴き声をまねて口笛をする子どもの存在を知った別の子どもは，「僕のほうがうまい」と言わんばかりに，鳥の鳴き声をまねて口笛を始めた（3人目の子ども）。

　この例では，それぞれの口笛が，鳥の鳴き声のまね，そのことを他者に知らせるための合図，自分のほうが鳥の鳴き声のまねがうまいことのアピールといったように，口笛の生じた文脈も併せて記述しています。このように，対象行動の背景に隠された意味構造を抽出するように記述することを，厚い記述といいます。

　一方で，全く同じ場面を，「2人の少年が口笛を吹いている」と記述したとします。本来3人の相互作用によって生じている場面ですし，それぞれの口笛の意味の違いについて記述されていません。このような記述は，先の厚い記述と比べて薄い記述であるといえます（Geertz, 1973）。

8.3 臨床面接法

臨床面接法（clinical interview）は，セラピスト（therapist）またはカウンセラー（counselor）と呼ばれる面接者が，クライエント（client）の抱える問題や症状などに関する心理治療（psychological therapy）や心理援助（psychological support）を提供する面接です。調査面接法はインタビュアー側の設定した目的などの動機に従って面接が始まるのに対して，臨床面接法は自身の抱える問題を解決したい，といったクライエント側の動機によって面接が始まります。

8.3.1 インテーク面接

インテーク面接（intake interview）とは，相談に来た人にとってはじめての面接です。受理面接や初回面接とも呼ばれます。この面接では，クライエントの来談理由，すなわち相談者の抱える問題やニーズ，こうなりたいという願いなど（主訴（main claim））を把握するために，さまざまな視点から情報収集を行います。実際の場面では，クライエントの来談動機（motivation of counseling）の低さから，面接がうまく進まないこともあります。たとえば，薬物依存の症状は出ているものの，本人には問題意識がなく，周囲の人が無理やり連れてきたような場合です。そして，来談動機が高くても主訴をなかなか言葉にできないクライエントもいます。

8.3.2 査定面接

インテーク面接後，クライエントの主訴やその背景にある要因を包括的に把握するために，査定面接（assessment interview）を行います。この面接では，症状だけでなく，クライエントの全体像を把握するために，主訴，問題の経過，家族構成，生育歴，現在の生活状況，学歴，職歴，相談歴，治療歴や面接時のクライエントの様子など，さまざまな情報の取得を試みます。さらに，面接に加えて，クライエントの精神的健康度，抑うつや不安の度合いといった種々の症状を把握するために，投影法や質問紙法を用いた心理検査が併せて行われま

す（第 9 章）。

8.3.3 継 続 面 接

　インテーク面接と査定面接が終わると，**継続面接**（continuation interview）が始まります。この面接では，クライエントの主訴や査定の結果に基づいて目的を設定して臨床面接を繰り返します。継続面接の終了は**終結**（case closing）と呼ばれ，セラピストとクライエントの双方の話し合いによって決定します。継続面接は，数回で終結することもあれば，何百回とかかることもあります。

　クライエントの問題がセラピストの能力の限界を超えている場合や医学的な診断が求められる場合には，他機関への**リファー**（紹介；refer）が必要です。このような状況に柔軟に対応するためには，同業者のベテランから**スーパービジョン**（supervision）を受けたり，異業者の専門家から，**コンサルテーション**（consultation）を受けたりすることが重要です。

8.4　面接法実施におけるポイント

　ここでは，調査面接法と臨床面接法の共通点を整理します。はじめに，2 つの面接法に共通する技法として，面接時の基本的なテクニックとラポールの形成について説明します。そして，構造化面接，半構造化面接，非構造化面接の 3 つの面接技法を紹介し（図 8.2），最後に面接ガイドについて説明します。

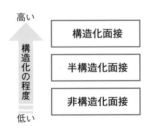

図 8.2　面接法における構造化の程度

8.4.1 基本的なテクニック

面接法を実施するにあたって，具体的に有用なテクニックとして，①閉じられた質問や開かれた質問をすること，インタビュイーの発話に対して，②はげまし，③言い換え，④要約をすること，などがあります（Ivey et al., 2019）。

①閉じられた質問とは，「はい」か「いいえ」で回答できる質問で，「今日は車でいらっしゃいましたか？」といった質問があてはまります。開かれた質問とは，「はい」か「いいえ」で回答できない質問のことで，「今日はどんな交通手段でいらっしゃいましたか？」のように，「どのように」や「どんな」から始まるような質問です。

閉じられた質問は，回答の負担は少ないですが，多用しすぎると，尋問を受けているようでストレスを感じさせます。開かれた質問は，相手からさまざまな情報が得られますが，回答を考えるための負担が大きいので，2つの質問をバランスよく用いることが肝要です。

②はげましとは，相槌を打ったり，笑顔を見せたり，インタビュイーの使ったキーワードを全くそのままに伝えたりすることで発話を促し[1]，会話の継続をはげますことです。

③言い換えは，インタビュイーの発話の重要な部分を短縮したり，より明確にしたりするなどして，インタビュアー自身の言葉でインタビュイーに伝えることです。これにより，インタビュアーの聞きとった内容が正確であることを確認し，インタビュイーが新しい話題に移ることを助けます。

④要約は，面接中に語られたいくつかの重要な内容をまとめ，インタビュイーに伝えることです。要約を通して，③の言い換えと同様に，インタビュアーの聞きとり内容が正確であることを確認でき，もし聞きとり内容がインタビュイーの意図と一致しない場合には，そのずれを修正することに役立ちます。

ここまで主に，言語を用いた応答技術について紹介してきましたが，インタビュイーの声のトーン，話すスピード，身振り手振りといった非言語的情報に

---

[1] インタビュイーの言葉をそのまま返すことを，バック・トラッキング，またはリステイトメント，オウム返しなどともいいます。

も，重要な情報が含まれていることがあります。このような非言語的情報に対
しても注意する必要があります。

8.4.2 ラポールの形成

　面接法では，日常会話と比べて，あまり親しくない他者から，特殊性の高い
話題について情報を得たり，来談理由や症状といった個別性の高い情報を聞き
出したりする必要があります。それほど親しくない相手から，こういった情報
を聞き出すのはとても難しいため，このような情報を相手から聞き出すには，
面接の初期段階に短い時間で相手からの信頼を得る必要があります。

　面接で相手から信頼を得るという状態は，インタビュアーとインタビュイー
の間で相互に理解や受容をし，共感的に両立し合うリラックスした関係です。
このような関係をラポール（rapport）と呼び[2]，相互にラポールが形成される
と，インタビュイーは自分のことについて安心して隠さずに話すこと（**自己開
示**（self-disclosure））ができるようになります。

　ラポールの形成においては，8.4.1 項で紹介した基本的なテクニックの他に，
臨床面接法では，セラピストに必要な態度としてロジャーズ（Rogers, C. R.）
の提唱した受容，共感，一致が知られています。

　ロジャーズの**受容**（acceptance）とは，セラピストはクライエントの発話内
容について善悪の評価はせず，無条件にクライエントを肯定的にみようとし，
ありのままを受け入れようとすることです。**共感**（empathy）は，クライエン
トが今ここで生じている考えや感情を，セラピストが敏感かつ正確に理解しよ
うとすることで，**一致**（congruence）とは，セラピストの思考や感情と，言
語や行動が一致していて，自分自身に誠実であることを指します。これらの態
度をもってクライエントの話を聴くことは，**傾聴**（listening）と呼ばれ，ロジ
ャーズの開発した**来談者中心療法**（person-centered therapy）の中核を担い，
調査面接法においても有効であると考えられます。

---

[2] rapport はフランス語なので，最後の t は発音せずに，日本語ではラポールと発音
します。

8.4.3 構造化の程度

構造化面接（structured interview）では，インタビュアーが，事前に仮説に沿った評価のポイントや質問の順番などを決め，主に選択肢式の回答を求めます。構造化面接は，仮説に従って事前に面接の内容を詳細に設定しておくことで，すべてのインタビュイーに同じように面接を進めるというやり方です。原則として，インタビュアーは事前に決めた質問の順番や内容を逸脱したり，インタビュイーの回答を超えて調査したりすることはありません。

構造化面接では，あらかじめ質問の順番や内容が固定されます。このようなリストを複製すれば，複数のインタビュアーが同時に面接を進行でき，比較的短い面接時間で，短期間にたくさんのデータを集めることができます。すべてのインタビュイーに同じ質問を行うので，回答の比較ができ，リッカート法による質問を行えば（第5章），定量的な分析も可能となります。面接法の中では，仮説検証に向いている技法といえます。

一方で，インタビュイーにとって回答の自由度が低く，事前に作成した質問とこちらが想定した回答の選択肢を超えた情報を得ることができません。このようにして得られた回答は，画一的で表面的になってしまう可能性があります。調査票作成のように（第6章），事前に先行研究を十分に調査した上で予備調査を行い，入念に時間をかけて質問を準備する必要があります。

非構造化面接（unstructured interview）では，質問の仕方や順序はあらかじめ設定せず，あるテーマに従って，インタビュイーの反応を見ながら自由に面接を進めます。構造化面接の場合には，あらかじめ目的に沿った仮説があるのですが，仮説といえるほど具体的ではないテーマに従って，インタビュイーに自由に語ってもらいます。

構造化面接では，インタビュイーの考えに関係なく質問を行いますが，非構造化面接では，インタビュイーの語り（**ナラティブ**（narrative））を尊重しながら面接を行います。このことは，あるテーマに関する研究者の思い込みを確認することにも役立ちますし，研究者が当該のテーマについてより広く情報を集め，より探索的で新たな仮説を生成することに向いています。

非構造化面接を実施するには，構造化面接に比べて多くの訓練が必要です。

質問をして，回答者の話に耳を傾け，いつそのことについての詳細を尋ね次に進むのか，といった進行をスムーズに行うには，熟練したインタビュアーである必要があります。そのため，一度にたくさんのデータを収集する必要がある研究には向いていません。また，面接ごとに質問が異なる可能性があるので，インタビュイー間の回答を比較するような分析も向いていません。

　半構造化面接（semi structured interview）は，最も一般的に用いられる面接技法で，構造化面接よりも自然な対話を行いながら，事前に想定しなかったような発見をすることが特徴です。半構造化面接では，いくつかの質問を事前に決めておき，状況に応じて新たな質問を追加したり削除したり，その順番を変えながら面接を行います。

　事前に面接の内容をある程度設定しますが，厳密な設定はしないので，構造化面接と比べて，インタビュイーは回答がしやすいといわれます。構造化面接のように選択肢式の回答と，非構造化面接のように自由回答式の質問を行いますので，半構造化面接は，構造化面接と非構造化面接の両方の利点をもつといえ，どちらかといえば面接法の中では仮説検証に適した技法といえます。

　一方で，半構造化面接は，構造化面接よりも客観性に欠け，面接時間が長くなりやすいことが欠点です。また，インタビュイーの回答に依存して，質問やその順番が変化しますので，あまりに1つの質問に夢中になって会話を続けると，重要な質問をする前に面接時間が終了してしまいますので，注意が必要です。

8.4.4　面接ガイド

　構造化面接や半構造化面接による調査面接法を実施する前に，面接中に参照したり，面接中に起きたことを記録したりできる**面接ガイド**（interview guide）を作成しておきます。面接ガイドは，面接でインタビュアーが網羅したいと思っている事柄や質問のリストです（**表8.1**）。

　面接ガイドの作成にあたっては，先行研究を参照し，他のインタビュアーが同様の研究でどのような質問をしているかを調べます。この作業が終わったら，調査法（第6章）のように，ブレーンストーミングを行います。研究の目的や

表 8.1 **脳卒中後の心理社会的介入の効果に関する面接ガイドの例**
（Kirkevold et al., 2014 を一部改変）

Q1 現在の生活についてどのように感じているかお答えください。
- 現在の生活状況に対する考え方や感じ方
- 心理社会的なニーズと幸福感について
- 将来についての考え

Q2 介入への参加について，あなたの経験や意見を聞かせてください。
- 会の回数について（少なすぎる，多すぎる，適切である）
- 介入の期間について（短すぎる，長すぎる，適切である）
- 会のテーマについて／（取り上げられたトピックは適切だったか／重要なトピックが抜けていなかったか／論理的だったか／参考になったか）
- ワークシートについて（ワークシートの使い心地はいかがでしたか？　ワークシートの内容，枚数，レイアウト，有用性についてはいかがでしょうか？）
- 家族・親族の参加（少なすぎる，多すぎる，適切である）
- 介入の内容，構造，プロセスの変更に関するアドバイスがあれば教えてください。

Q3 介入に参加したことで，あなたの幸福感に違いがあったかどうかを判断できますか？
- 感情状態の変化について
- 活動性の変化について
- 社会的関係性の変化について
- 自尊心やアイデンティティの変化について

Q4 その他，参加してみての感想やアドバイスがあれば教えてください。

仮説について考えたときに思い浮かぶ事柄や質問をリストアップしたら，冗長と思われる質問や事柄を削除し，類似した質問や事柄をグループにします。

　面接ガイドの質問を考案する際には，単純な「はい」か「いいえ」で答えられる閉じられた質問だけで構成することは避け，閉じられた質問を選ぶ場合には，その理由を尋ねる質問を入れるとよいでしょう（8.4.1 項）。

　理由を尋ねる際に「なぜ」という表現を使うと，インタビュイーに意図せず対立しているという印象を与えかねません。代わりに，「そのことについて，もう少し詳しくお教えいただけませんか」のような表現が有効です。

　質問を誘導するような言い回しは避けるべきです。たとえば，「不適切な養育をする母親についてどう思いますか」と聞くのではなく，「不適切な養育についてどう思いますか」とすれば，不適切な養育に関する性役割のバイアスを

防ぐことができます。

　その他，調査法と同様に（第 5 章），うかつには取り扱えないデリケートな質問や，激しい議論を呼びそうな質問を面接ガイドの冒頭に置いてしまうと，最初からインタビュイーの気分が不安定になるので，そのような質問の配置は避けます。

　このようにして作成した面接ガイドは，質問の順番や表現が適切か，これらの質問を受けるとどのような気分になるか，といった観点について友人や他の研究者，指導教員などからフィードバックを得ると，より良い面接ガイドの作成が可能となります。また，過度に詳細な面接ガイドにしてしまうと，面接の進行が難しくなり，インタビュイーを不快にしてしまいます。あまり詳細になりすぎないよう，構造化の程度に合わせて作成してください。

8.5　面接法におけるデータ分析

　面接法で取得したデータの多くは，インタビュイーやクライエントの語りから取得したテキストデータです。このようなデータを分析する方法として，内容分析，テキストマイニング，KJ 法といった分析方法が知られています。

8.5.1　内 容 分 析

　内容分析（content analysis）では，特定の質的データ（テキスト）内の特定の単語，概念，意味やそれらの関係をいくつかのカテゴリーにコード化し，各カテゴリーに分類されたデータの頻度を分析します。

　たとえば，調査面接法によって，「男児・女児に関する印象」についてテキストデータを取得したとします。この調査で得られたテキストデータを分類するために，男児に典型のカテゴリーとして，戦隊ごっこ，青色といったコードを作成し，女児に典型のカテゴリーとして，ままごと，ピンク色といったコードを作成しておきます。

　このようなカテゴリーにあてはまる単語の出現頻度を，男女ごとに比較することで，子どもの性別に対するステレオタイプの特徴を明らかにすることがで

きます。この例では，男児が女児よりも戦隊ごっこや青色といったカテゴリーの出現頻度が高く，女児は男児よりもままごとやピンク色といったカテゴリーの出現頻度が高くなると予測されます。

　内容分析では，面接法で取得したテキストデータだけでなく，自由記述，フィールドノート，本，新聞記事，歴史的文書といったテキストデータを対象とすることができます。50年前の新聞記事を対象として，「男児・女児に関する印象」を内容分析すれば，現在のデータとは異なるステレオタイプの特徴が明らかになる可能性もあります。長年保管されたデータと現在のデータを，同様のカテゴリーを用いて内容分析することで，対象が時間的変化を受けてどのように変容するのかといった過程について検討することにも向いています。

8.5.2　テキストマイニング

　テキストマイニング（text mining）は近年急速に発展している分析手法の一つで，文章データを定量的に分析することです。テキストは，文章の意味で，マイニングは採掘という意味です。膨大な文章の山から，価値のある情報を掘りあてる，といった意味が込められています。

　テキストマイニングでは，コンピュータのソフトウェアによって，文章を形態素解析により単語や文節に区切り，任意の単語の出現頻度や共起出現（co-occurrence）の相関などを分析することで，隠されたパターンやルールを抽出し，新たな情報を発見します。形態素とは，言語学の用語で，ある言語において，意味をもつ最小の単位のことです。日本語の場合，名詞，形容詞，動詞，副詞，助詞その他の品詞のことで，「私は学生です」という文章を形態素解析すると，「私／は／学生／です」のように分けることができます。

　特定の単語に関する出現頻度を分析するという点では，広義には内容分析の一形態ととらえることもできます。ただし，内容分析におけるコード化は研究者の主観に基づく分類も含むことが多いのに対し，テキストマイニングでは，ソフトウェアによる自動的な形態素解析から分類を行うので，研究者の恣意性が低く，より客観的な分類が可能となります。

　形態素解析によってあらかじめ文章内で出現頻度の高い単語をいくつか抽出

しておけば，それらの単語の出現頻度を円の大きさで表し，共起の程度が強い単語同士を線で結ぶことで（**共起ネットワーク**（co-occurrence network）），どのような単語が文章データ内に出現しやすいかを視覚化することができます。このような分析を行うことで，自由記述やインタビューのテキストデータを読んで解釈していたのでは気づきにくい，単語間の関連性や相互作用を感覚的にわかりやすく表示することができます。

8.5.3 KJ 法

　文化人類学者の川喜田二郎によってテキストデータを分析するために考案された手法で，川喜田氏の頭文字をとって**KJ 法**（KJ method）と名づけられています。テキストデータを KJ 法によって分析するためには，調査面接法によって得たデータを，大きめの付箋のようなカード（紙片）に記しておきます。

　KJ 法では，以下のプロセスを通して文章データの特徴を明らかにし，新たな理論の発想を目指します。まず，調査によって得たたくさんのカードをばらばらに広げ，内容を確認することから始めます（カードひろげ）。次に，内容が近いものを 2，3 枚ずつグループに分けていきます。ある程度のグループが出現したら，それぞれのグループに表札（見出し）をつけます（表札づくり）。表札を眺めながら，互いに近い小グループを中グループ，大グループへとまとめる作業を行います（グループ編成）。

　大グループへの収束を終えたら，グループ間に論理的な関連性ができるように，紙片の束を並べ替え，模造紙などの上に配置します（空間配置）。空間配置を終えた紙片の束に，ペンなどで輪どりや直線などの装飾を施し，グループ同士の関係を表示していきます（A 型図解；図 8.3）。最後に，A 型図解をもとにして，文章化を行います（B 型文章化）。

　文章データの分類に際して，テキストマイニングよりも研究者の恣意性が入り込んでしまう可能性はありますが，複数人が同時に紙片の分類に参加することで，研究者個人による恣意性を減らすことができますし，内容分析やテキストマイニングよりも，分析者のコストが少なく実施できるため，手軽で実践的な分析法といえます。

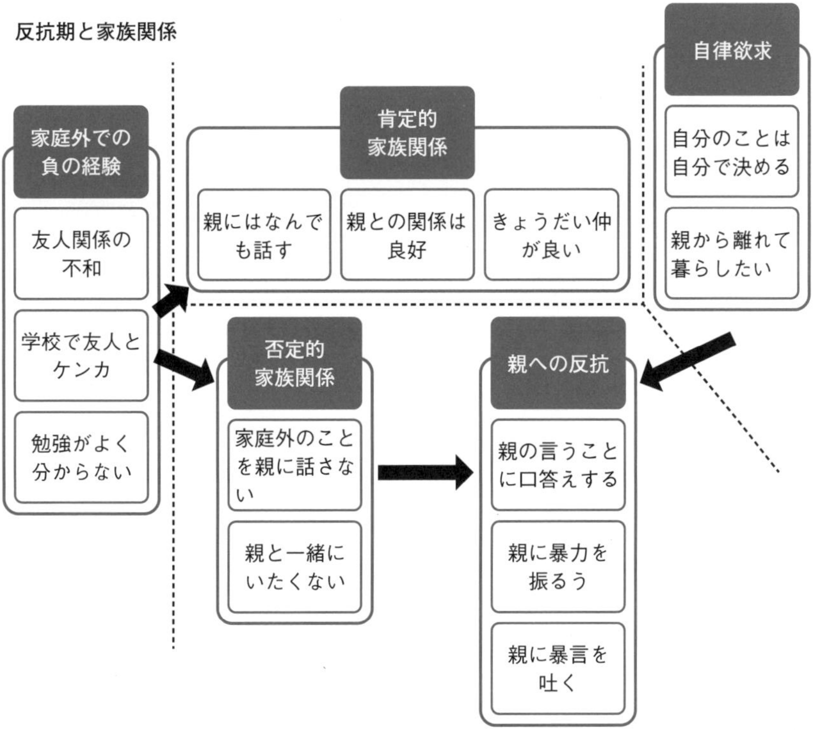

図 8.3　**KJ 法における A 型図解の例**

8.6 まとめ

心理学の面接法というと，何か特別なものを想像した人がいるかもしれません。しかし，実は，誰もが一度は調査面接法を受けたことがあるはずです。一般の人にはちょっと特殊である臨床面接法も，面接内容の構造化の程度による区分や，対象とのラポール形成は，調査面接法と共通する部分があります。

面接法は，対象の特殊性について取り扱うことを得意としている一方で，言

語発達の完了していない乳幼児を対象にすることはできません。日本語で面接を行う場合には，日本語を母語としない人を対象にすることは困難です。

　このような特徴を理解した上で，一般性を扱うことの得意な研究法（実験法，調査法など）と一緒に研究を計画すると（**混合研究法（mixed method）**），互いの欠点を補うことができ，より良い研究を行うことが可能となります。

復 習 問 題

1. 構造化の程度による面接区分の一種であり，仮説に沿って事前に質問項目は決めておくものの，対象者の反応に応じて質問の順番を変更する，あるいは質問を追加しながら行う面接法を何というでしょうか。適切なものを 1 つ選んでください。
　　①構造化面接
　　②半構造化面接
　　③非構造化面接
　　④電子面接
　　⑤査定面接

2. 電話や，インターネット等の情報通信技術（ICT）を使って，インタビュイーと面接者が間接的に対面して行う面接を何というでしょうか。適切なものを 1 つ選んでください。
　　①訪問面接
　　②会場面接
　　③街頭面接
　　④電子面接
　　⑤グループ面接

3. KJ 法の説明について，最も適切なものを 1 つ選んでください。
　　①KJ 法の目的は，集めた意見やデータの分類と集約を通して，新しい発想や仮説を創造することである。
　　②KJ 法の目的は，発話者がいかにして相互行為を秩序立てて生み出すかを解明するために，会話の形式や構造ではなく，その内容に関心を向け分析することである。
　　③KJ 法の目的は，ある組織や集団の構成員同士の関係を，矢印のない無向グラフで表すことである。
　　④KJ 法の目的は，できる限り客観的な情報収集をすることである。

⑤KJ 法の目的は，情報の心理的要因だけを評価し，生物的要因や社会的要因については極力評価しない。

参 考 図 書

三浦 麻子（監修）米山 直樹・佐藤 寛（編著）（2019）．なるほど！心理学面接法 北大路書房

　これまで臨床面接法と調査面接法は，別々の書籍でそれぞれに紹介されることが多くありました。この書籍は，臨床面接法と調査面接法を1冊の中で扱っており，それぞれの共通点や特異な点をわかりやすく学ぶことができる入門書です。

鈴木 淳子（2005）．調査的面接の技法　第2版　ナカニシヤ出版

　調査面接法について，基本的事項から応用的事項まで，体系的にわかりやすく紹介されています。また，調査面接法を使った研究計画から分析，報告までのプロセスも紹介されており，これから調査を行う方におすすめの一冊です。

検 査 法

　検査というと，どのようなイメージが思い浮かぶでしょうか。何か悪いところが見つかってしまうのではないかと，ちょっと不安に思う人もいれば，何か良いところが見つかるかもしれないと，期待する人もいることでしょう。

　人はなぜ誰かの心を検査する必要があったのでしょうか。本章では，心理学における検査の必要性について考えるために，その歴史を概説しながら，代表的な心理検査を紹介します。

9.1　はじめに

　検査について，少しイメージしやすくするために，感染症の検査を例に考えます。医療機関で，自分の体にウイルスが存在しているかどうかを調べるために，逆転写ポリメラーゼ連鎖反応検査（Reverse Transcription Polymerase Chain Reaction; RT-PCR）を受けることにしました。RT-PCR検査は，粘膜の一部や唾液といった，患者から採取した検体を特別な液体に入れて，ウイルスの遺伝子を増幅させる検査です。

　もし検体の中にウイルスがいれば，その増幅に成功します。この増幅分を数値で表し（測定（measurement）），一定の基準を超えるようであれば，患者の体内にウイルスがいると判断することができます（判定（judgement））。このように，検査は，測定と判定の2段階によって構成され，医学に限らず多様な学問分野において，いくつもの検査が考案されています。

　特に，心理学で用いられる検査は心理検査（psychological test）と呼ばれ，対象の心の特徴を全体の中で位置づけ，その個人を理解するための方法として

発達してきました。この章では，知能検査の成り立ちを振り返りながら，心理検査の発展を概観し，代表的な心理検査に用いられる質問紙法，投影法，作業検査法について紹介します。

9.2 知能検査の発達

9.2.1 メンタルテスト

1890年，ペンシルベニア大学に在籍していたアメリカの心理学者キャッテル（Cattell, J. M.）は，人の頭の良さ（知能（intelligence））を検査するために作成した心理検査，メンタルテスト（mental test）を公表します。これが心理学の世界ではじめて登場した心理検査です。

若い頃キャッテルは，ドイツのヴント（Wundt, W. M.）のもとで学んでいました。当時ヴントは，人の知能について，頭が良い人は感覚が鋭く，何かを見るとすぐに理解し反応できると考えました。

ヴントはこのことを客観的に測定するために，刺激に対する反応時間を測定する装置を作り，反応時間には個人差があることを示しました。知能が人それぞれ異なるように，刺激への反応時間も人によって違ったのです。キャッテルは，このようなヴントの考えに影響を受け，刺激への反応時間だけでなく，握力などの運動能力，視聴覚や触覚などの感覚能力や記憶能力など全10項目を測定することで，人の知能を測定しようとしました。これが，キャッテルのメンタルテストです。ヴントは刺激の反応時間が，キャッテルはメンタルテストの成績が，それぞれ知能を表すと考えました。

ヴントとキャッテルは，反応時間やメンタルテストが人の知能を測定するものと考え，反応時間やメンタルテストにおける種々の項目と，訓練すれば誰にでも厳密に測定できる方法を確立しました。ところが，肝心の「刺激への反応時間やメンタルテストの成績が良い人は，高い知能をもつ」ということを明らかにしていませんでした。

キャッテルの研究室に在籍していたウィスラー（Wissler, C.）は，メンタルテストの成績が学生の学業成績を予測するかどうかについて，**相関分析**（correlation analysis；第 10 章）を用いた研究を行いました。メンタルテストの成績が学生の学業成績を予測するのであれば，両者には正の相関が認められるはずです。

　しかしながら，ウィスラーの研究結果は，メンタルテストと学業成績の間に何の相関も示しませんでした（無相関）。心理学ではじめて心を検査しようと考えた研究者らは，検査を使って頭の良い人を見つけようとしましたが，あまりうまくいかず，知能を検査する試みは後退してしまいました。

9.2.2　ビネー・シモン式知能検査

1.　検査の目的と成り立ち

　同じ頃，フランスでは，6 歳から 12 歳までの子どもが学校に通うことを義務づけたばかりでした。1904 年，ソルボンヌ大学の心理学実験室長であったビネー（Binet, A.）[1] は，学習に問題がある子どもを見つけて，そのような子どもに適切な教育を受けさせるための検査の作成を国から依頼されます。子どもに検査をするだけでなく，検査結果がその子どもにとって最適な支援につながるように計画されていたことは，大変素晴らしいアイデアです。

　ビネーは知能検査を作成するにあたり，自身の子どもたちを観察し，知能は複雑かつ多様であると考えました。そのため，知能はヴントやキャッテルの言うように，反応時間，運動能力や感覚能力といった基本的な要素だけには還元できないと考えたのです。

　加えて，彼は大人の知能を測定するのではなく，就学前の子どもの知能を測定し知的な遅れがあるかを判定することが求められていました。5 歳児が，実施に数時間もかかるような検査を遂行できるでしょうか？　高度な数式を扱うような課題は，目的に沿っているといえるでしょうか？　ビネーは，感覚などの心の基本的要素よりも，もっとよく知能を表していて，5 歳になると正答で

---

[1] フランス語の Binet は，「ビネ」と発音しますが，日本では，田中ビネー知能検査Ⅴや鈴木ビネー知能検査という名称で知能検査が販売されています。この章では，表記の揺らぎを避けるため，Binet をビネーと統一しましたが，最近ではフランス語の発音を尊重した「ビネ」という表記が増えてきています。

きるような課題から構成された，比較的短い時間で終わるような検査を作成する必要がありました。

2. 測定項目の設定

　ビネーは，このような難題に対して，同じ研究室に在籍していた医師のシモン（Simon, T.）と共同して取り組むことにしました。5歳になると正答できるような課題とは，多くの4歳児は失敗するけれど，5歳の子どもの大部分が成功するような課題であることを意味します。ビネーとシモンはこのような課題を試行錯誤しながら探索し，複雑で多様であると考えた知能について，感覚の協応，認識や理解，記憶，思考や推論といった複数の領域から評価することにし，合計30もの課題を作成しました。

　感覚の協応というのは，火のついたマッチを子どもの前でゆっくり動かし，頭と目が協調して動くか，というような課題です。とても簡単なことが，最初に配置されました。反対に難しい課題としては，「良い助言が必要なとき，何をすべきですか？」といった4つの質問に答えさせる課題です。とても抽象的な質問で子どもにとっては答えるのが難しいので，比較的最後のほうに配置されました。特に知的に遅れのある子どもは回答が難しいとされ，知的障害の診断にあたって重要な項目とされました。

　現在も，よくわからない心の現象について測定を試みるときには，いくつかの目に見えるものごとを使って，多元的に測定するというのが一般的な方法です。もし目に見える1つのものごとだけで目に見えない心の現象を測ろうとすれば，氷山の一角しかとらえることができず，多くの真実がこぼれ落ちてしまいます。このような事態を避けるには，目に見えるいくつかのものごとによって，多元的に測定します。

3. 生活年齢と精神年齢

　ビネーとシモンは，いくつかの領域から構成される30の課題を，簡単なものから難しいものの順に並べ，その成績をもって子どもの知能を評価することにしました。そして1905年，3歳から13歳までの子どもを対象としたビネー・シモン式知能検査（Binet-Simon Intelligence Scale）が完成しました。すべての検査対象に同じ課題を同じ順番で回答させれば，それぞれの課題をクリ

表9.1　生活年齢と精神年齢の対応関係

生活年齢	3	4	5	6	7	8	9	10	…
精神年齢	3	4	5	6	7	8	9	10	…

アできる実際の年齢（生活年齢（Chronological Age; CA））がわかります。それぞれの課題と課題をクリアできる生活年齢が同定できれば，生活年齢よりも高い水準の問題に正答できる子どもや，生活年齢よりも低い水準の課題を解くことのできない子どもを明らかにできます。

　このような考えに基づいて，1908年にビネー・シモン式知能検査に導入された概念が，精神年齢（Mental Age; MA）です。生活年齢と違って，どの年齢の問題が解けたかで変わる年齢で，知能発達の程度を年齢で表すことができます。たとえば，生活年齢9歳の子どもが10歳の子どものうち2/3が正答できるような課題をクリアできた場合には，その子どもの精神年齢を10歳とします（表9.1；黒のアミカケ）。

　一方で，7歳の子どもが5歳までの課題に正答し，6歳相当の課題に正答できなければ，その子どもの精神年齢は5歳とします（表9.1；青のアミカケ）。ビネーらは，学校で1年程度ならば比較的遅れを取り戻せるけれど，2年以上になると難しいという経験則から，生活年齢よりも精神年齢が2年以上遅れている場合には，知的な遅れがあるので特別な教育が必要であると判定しました。

9.2.3　スタンフォード・ビネー式知能検査

1. 検査の目的と成り立ち

　ビネー・シモン式知能検査は改訂が重ねられ，1911年には，計54問の課題によって，3歳から15歳までの子どもの精神年齢を測定できるよう改善されました。ビネーは1911年に亡くなりますが，ビネー・シモン式知能検査は世界中に広がっていきました。1916年，アメリカのスタンフォード大学に在籍

していた心理学者のターマン（Terman, L. M.）は，1908年版ビネー・シモン式知能検査をアメリカ人用に修正して，**知能指数（比率知能指数；Intelligence Quotient; IQ）** で検査結果を示す**スタンフォード・ビネー式知能検査（Stanford-Binet Intelligence Scale）** を作成しました。

2. 知能指数

ドイツのブレスラウ大学で個人差の研究を行っていたシュテルン（Stern, W.）は，知能を**知能指数（IQ）＝精神年齢／生活年齢×100** で表すことを考え，ターマンがこの考えを普及させました。これによって，被検査者の精神年齢が，生活年齢に対してどの程度高いかを測定できるようになりました。

ビネー・シモン式知能検査のように，精神年齢と生活年齢の差によって知能を評価すると，精神年齢と生活年齢の差は等しいけれど，それぞれの知能が異なる点を表すことができません。たとえば，精神年齢が9歳で生活年齢が7歳のAさんと，精神年齢が10歳で生活年齢が8歳のBさんは，両者とも精神年齢と生活年齢の差は2歳です。一方，IQではAさん＝9/7×100＝129，Bさん＝10/8×100＝125，と表すことができます。AさんがBさんよりも生活年齢に比べてより高い知能をもつことを，直接的に表現できます。

シュテルンやターマンは，ビネー・シモン式知能検査のように，知能がどの区分にあるかを判定するだけでなく，知能をIQというモノサシによって測ろうとしていたことがうかがえ，検査における測定の段階も重視していたことがわかります。

9.2.4　ウェクスラー式知能検査

1. 検査の目的と成り立ち

ビネー・シモン式，あるいはスタンフォード・ビネー式知能検査と並んで有名な知能検査があります。それはウェクスラー式知能検査です。アメリカのウェクスラー（Wechsler, D.）は，第1次世界大戦中，軍隊で勤務していました。第1次世界大戦では，戦闘機，装甲車や毒ガスといった科学兵器の登場により，かつてないほどにモノとヒトが激しく消耗しました。このときアメリカでは，一度に多くの人員を徴兵し，速やかに優秀な人材を適正な部署に配置する必要

があったので，できるだけ多くの兵士の知能を効率よく測定しなければなりませんでした。

　ビネー・シモン式知能検査やスタンフォード・ビネー式知能検査は個別に実施されましたが（**個別検査**（individual test）），軍隊では集団に対して迅速かつ一斉に実施する必要がありました（**集団検査**（group test））。このような知能検査を**集団式知能検査**（group intelligence test）といい，1918 年アメリカ軍は，アメリカ心理学会の会長であったヤーキーズ（Yerkes, R. M.）を中心に，英語話者を対象とした言語課題から構成される**アルファ検査**（α test）と，非英語話者を対象とした，非言語的課題から構成される**ベータ検査**（β test）という集団式知能検査を開発しました。これによって，アメリカ軍は効率的に徴兵を行うことができるようになり，以降種々の集団式知能検査が開発されました。

　ウェクスラーは，アルファ検査とベータ検査の採点や管理を行っていました。戦争が終わると，相関係数で有名なスピアマン（Spearman, C.）やピアソン（Pearson, K.）と知性について研究した後，1932 年にニューヨークのベルビュー病院で勤務することになりました。ウェクスラーは，この病院で臨床心理の仕事をしながら，1939 年に精神障害者を対象とした臨床心理診断のための個別式知能検査である**ウェクスラー・ベルビュー知能検査**（Wechsler-Bellevue Intelligence Scale）を開発し，1949 年には，**児童向けウェクスラー式知能検査**（Wechsler Intelligence Scale for Children; WISC）が，1955 年にはウェクスラー・ベルビュー知能検査の改訂版である**ウェクスラー成人知能検査**（Wechsler Adult Intelligence Scale; WAIS）を発表しました。その後，現在では，**ウェクスラー就学前・幼児用知能検査**（Wechsler Preschool and Primary Scale of Intelligence; WPPSI）が加わり，改訂を重ねています（**表 9.2**）。

2.　測定項目の設定

　ウェクスラーは，軍隊でのアルファ検査とベータ検査の経験からか，「知能は，合理的に考え目的をもって行動するといった，自身の置かれている環境を効率的に処理する，集合的ないし総合的な能力である」と考えていました。これは，ウェクスラーが知能を言語と動作からとらえようとしていたことをよく

表9.2 ウェクスラー式知能検査の種類とそれぞれの下位検査項目

		適用年齢		下位検査			
子ども	WPPSI-Ⅲ	2歳6カ月〜7歳3カ月	2歳6カ月〜3歳11カ月	言語理解指標 知識, ことばの理解	知覚推理指標 積木模様, 組合せ	処理速度指標	語い総合得点 ことばの理解, 絵の名前*
			4歳0カ月〜7歳3カ月	知識, 単語, 語の推理, 理解*,類似*	積木模様, 絵の概念, 行列推理, 組合せ*, 絵の完成*	符号, 記号探し*	絵の名前+, ことばの理解+
↕	WISC-Ⅳ	5歳0カ月〜16歳11カ月		類似, 単語, 理解, 語の推理*,知識*	積木模様, 行列推理, 絵の概念, 絵の完成*	符号, 記号探し, 絵の抹消*	ワーキングメモリー指標 数唱, 語音整列, 算数*
大人	WAIS-Ⅳ	16歳0カ月〜90歳11カ月		知識, 単語, 類似, 理解*	積木模様, 行列推理, パズル, 絵の完成*, バランス**	符号, 記号探し, 絵の抹消**	数唱, 算数, 語音整列**

＊は補助検査。
＊＊は16歳から69歳のみ対象となる補助検査。
＋はオプション検査。

表しています。

　実際に，WAIS では，言語性検査として，それぞれ複数の課題からなる一般的知識，一般的理解，算数問題，類似問題，数唱問題，単語問題といった6種類の下位検査が用意されました。また，動作性検査としては，同様に複数課題からなる符号問題，絵画完成，積木問題，絵画配列，組合せ問題といった5種類の下位検査が用意され，言語性検査と動作性検査計11種類の検査をすべて実施するという手続きがとられました。

　WAIS では，下位検査のそれぞれの課題に対して正答の場合には1点を与え，

これらの点数をもとにして言語性検査と動作性検査で別々に算出した**言語性IQ**（Verbal Intelligence Quotient）と**動作性IQ**（Performance Intelligence Quotient）を算出します。さらにこの2つの検査から**全体IQ**（Full Scale Intelligence Quotient）を算出することで，合計14もの点数を求めることができました[2]。

ビネー・シモン式知能検査やスタンフォード・ビネー式知能検査の結果からは，被検査者の精神年齢が生活年齢よりも2歳遅れているとか，被検査者のIQは60，というようなことしかわからないのですが，ウェクスラー式知能検査では，下位検査の出来高に点数をつけ，言語性IQ，動作性IQ，全体IQを算出するという手法をとることで，全体としてどの程度知能の遅れがあるのかを全体IQの点数をもって知ることができます。言語性IQと動作性IQの点数を参照すれば，言語と動作の両方が得意なのか不得意なのか，あるいはどちらかが苦手であるのかを把握できます。さらに，下位検査の点数を領域ごとに参照すれば，どの領域にこの人の苦手あるいは得意があるのかを見つけることができます。

3. 偏差知能指数

IQは正規分布し，生活年齢が異なると，IQの標準偏差（分布のばらつき）が異なることが知られています。そのため，仮に2人のIQが同じでも，同じ知能の高さを示すわけではありません。たとえば，A年齢集団ではIQの標準偏差が小さく，B年齢集団では標準偏差が大きいとします。A，B年齢集団で，IQ 130を参照すると，それぞれにおいて理論的な出現頻度は異なるので，A年齢集団のIQ 130はB年齢集団のそれよりも，生活年齢に比してより高い知能をもつ，ということになります（図9.1）。

ウェクスラーは，IQを求める際に，生活年齢と精神年齢の差や比ではなく，それぞれの年齢集団における知能テストの得点分布が，平均100，標準偏差15の正規分布となるように換算した**偏差知能指数**（Deviation Intelligence Quo-

---

[2] WAIS-ⅣとWISC-Ⅳでは，言語性IQと動作性IQが廃止され，全検査IQと言語理解指標（VCI），知覚推理指標（PRI），ワーキングメモリ指標（WMI），処理速度指標（PSI）の5つを算出するようになっています。

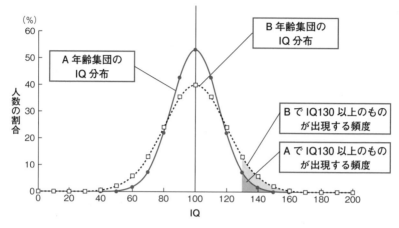

図 9.1　IQ の標準偏差が 10（A 年齢集団）と 20（B 年齢集団）の集団の IQ 分布
（田中教育研究所，1987，p.377 を参考に作成）

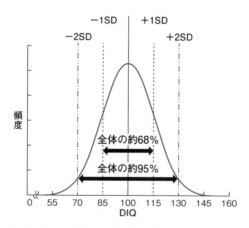

図 9.2　ウェクスラーの分類による IQ と人数の割合
（田中教育研究所，1987，p.377 を参考に作成）

tient; DIQ）を求めました（図 9.2）。DIQ は，DIQ ＝（個人の得点 − 同じ年齢集団の平均）/同じ年齢集団の標準偏差 × 15 ＋ 100 によって求められます。

DIQ は偏差値と同じ構造をもっていますが，偏差値と違うのは，偏差値の場合は平均を 50，標準偏差を 10 としている点です。どちらもある集団内でその人がどのくらいの位置にいるのかを知るための点数，という発想は全く同じです。

DIQ を使えば，同年齢集団内でその人がどのくらいの位置にいるのかといった相対的な位置を知ることができ，IQ と違って，生活年齢が異なる被検査者の知能の高さも比較できます。この DIQ は，スタンフォード・ビネー式知能検査にも，1960 年改訂版から採用されることになりました。

9.3 質問紙法

ここまで，知能検査の発展を振り返ることで，心理検査の成り立ちについて紹介してきました。ヴントやキャッテルが，訓練すれば誰にでも厳密に測定できる方法の確立を目指したように，多くの心理検査では，検査実施時の被検査者に対する教示のやり方や，心理検査を構成しているそれぞれの課題の出し方，回答の仕方，検査時間といった検査の実施法から回答の分析方法に至るまで，厳密に定められています。このような決めごとを設定する一連の手続きを，**標準化（standardization）**といいます。ここからは，知能検査以外の標準化されたさまざまな心理検査について，まずは**質問紙法（questionnaire method）**を用いた心理検査から紹介します。

質問紙法による心理検査では，いくつかの質問によってその人の現在や過去について尋ねることができます。あらかじめ決まった質問項目に対して口頭や筆記によって回答を得ます。また，質問紙法は，一度にたくさんの人々に検査を行うことができる（集団検査）一方で，投影法などに比べると，回答にウソが混じりやすいという可能性があります。

たとえば，心理検査の質問項目の中に「あなたは，人付き合いを避けたいですか」のような文章があったとしましょう。本当は，「人付き合いを避けたい」

と思っていても，「一般的には，人付き合いを避けない，と答えておいたほう
がよい」と考えるのが人の常ですし，「本当のことを書いて，目の前の検査者
に私の良くない部分を知られたら嫌だ」などとも考えるかもしれません。こう
した意識が，質問項目への回答を社会的に望ましい方向へと歪めます。

　質問紙法では，このような弱点を克服しています。ここでは，代表的な質問
紙法の心理検査である，ミネソタ多面人格目録について紹介しながら，被検査
者のウソへの対応策について学びます。

9.3.1　ミネソタ多面人格目録

1. 検査の目的と成り立ち

　ミネソタ多面人格目録（Minnesota Multiphasic Personality Inventory;
MMPI）は，アメリカのミネソタ大学病院に勤務していた心理学者ハサウェイ
（Hathaway, S. R.）と精神科医のマッキンレー（McKinley, J. C.）が，1943 年に
作成しました。これは，質問紙法によって精神医学的診断を行ったり，パーソ
ナリティを測定したりするための心理検査です。この心理検査は，精神的・身
体的健康や家族，職業，教育，性，社会，政治，宗教，文化などに対する態度
について 550 の質問項目によって構成されており，被検査者はそれらの項目に
ついて，「あてはまる」「あてはまらない」「どちらでもない」で答えます。

　MMPI には，臨床尺度（clinical subscale），妥当性尺度（validity scale），追
加尺度（supplementary scale）の 3 つの尺度があり，臨床尺度と妥当性尺度は
必ず用いられるので，まとめて基礎尺度（basic scale）と呼ぶこともあります。
臨床尺度は，主に被検査者のパーソナリティを測定しているのに対して，妥当
性尺度は自分自身をより好ましく見せたり，より悪く見せたりといったような
ウソやごまかしを見出すために作成されています。追加尺度は，臨床尺度を補
足する目的で他の研究者がそれぞれに開発した不安，抑圧，顕在性不安，自我
強度などを測定する尺度で，これまでに数百もの尺度が提案されています。

2. 尺 度 構 成

　臨床尺度は，①精神面を無視する傾向や疾病への懸念といった心気症尺度
（hypochondriasis scale）33 項目，②現状への不満や不適応感，抑うつの傾向

を測る**抑うつ尺度**（depression scale）60 項目，③ストレスへの対処法や自分の感情の洞察といった**ヒステリー尺度**（hysteria scale）60 項目，④人および既成の体制や権威に逆らう傾向を測る**精神病質的偏奇尺度**（psychopathic deviate scale）50 項目，⑤ステレオタイプな性役割を取得している程度や性役割観を測る**男子性・女子性尺度**（masculinity/femininity scale）60 項目，⑥対人関係上の敏感さや猜疑傾向を測る**パラノイア尺度**（paranoia scale）40 項目，⑦不安感をはじめとする種々の神経症的傾向を測る**精神衰弱尺度**（psychasthenia scale）48 項目，⑧異常な思考の傾向や幻覚妄想を測る**統合失調症尺度**（schizophrenia scale）78 項目，⑨活動性を測る**軽躁病尺度**（hypomania scale）46 項目，⑩社会参加や対人接触を避ける傾向を測る**社会的内向性尺度**（social introversion scale）70 項目から構成されています。

　妥当性尺度は，①不決断や拒否的態度を表す**疑問尺度（？尺度）**（question scale），②社会的に望ましい方向に答える構えの**虚構尺度（L 尺度）**（lie scale）15 項目，③受検態度の偏りと適応水準の**頻度尺度（F 尺度）**（frequency scale）64 項目，④防衛的な受検態度を表す**修正尺度（K 尺度）**（correction scale）30 項目から構成されています。疑問尺度は被検査者が「どちらでもない」と答えた項目数のことです。

　臨床尺度と妥当性尺度の項目数を合計すると，合計の質問項目数である 550 を超えますが，これは各尺度間で重複する項目があることを示します。

3. 検査の方法

　MMPI の対象は 15 歳から成人までとなっていて，検査時間は 45 分から 80 分とされ，すべての質問項目が番号順に印刷された冊子を用います。回答には，文末に回答欄が設けてあるタイプ A 質問票と，回答用紙が別に用意してあるタイプ B 質問票があります。タイプ B 質問票は，回答用紙がそのまま記録になりますが，タイプ A 質問票の場合には，回答を記録用紙に転記して分析します。

　次に，各尺度の得点からパーソナリティの**プロフィール**（profile）を作成します（図 9.3）。まず妥当性尺度得点のプロフィールによって被検査者の受験態度を評価し，この心理検査でその人のパーソナリティをどの程度予測し得る

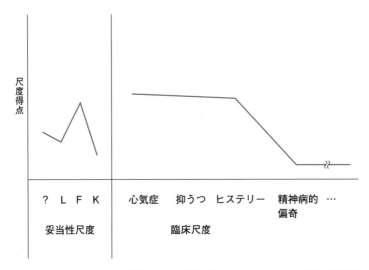

図 9.3　MMPI における妥当性尺度と臨床尺度のプロフィール（架空の事例）

かを確かめます。そして，臨床尺度のプロフィールが示す尺度得点の高さから，病態や適応の水準を評価し，尺度得点間を線でつないだときに現れる線分の傾きやパターンから適応の型を評価します。このように，MMPI では，パーソナリティを評価する前にウソの発見を行うという対策が施されます。

　MMPI は他の心理検査と比べて，診断を目的として作成されますが，診断は所見や他の心理検査と併せて判断するもので，この心理検査だけで診断を確定するものではありません。一方で，臨床尺度の名前には，統合失調症尺度のように，疾患名が記されているものもあります。「統合失調症尺度得点が高いから，あなたは統合失調症だ」という誤解を生みやすいことから，近年では，臨床尺度のそれぞれに 0 から 9 までの番号を割り振って，「第 2 尺度」のように番号で呼ばれることも多くなっています。

9.4　投影法

投影法（projective method）では，インクの染みや，文章が途中で空欄になっているような，特定の意味をもたない曖昧な刺激を参加者に見せて（個別検査），その刺激に対する参加者の反応を記録します。このときの参加者の反応には，参加者の無意識な側面が映し出されている（投影（projection））と考えるので，このようなタイプの心理検査を投影法と呼びます。

投影法では参加者の無意識的側面をとらえられるため，回答にウソが混じりにくいという利点があります。他にも，たとえば投影法を実施して病態水準すなわち精神症状の重篤さの反応が高かったのが，治療後に再テストしたときに病態水準が下がっていたような場合，治療の効果を評価することができます。

9.4.1　ロールシャッハ・テスト

1.　検査の目的と成り立ち

投影法の代表的な心理検査として，ロールシャッハ・テスト（Rorschach test）を紹介します。ロールシャッハ・テストは，スイスの精神医学者ロールシャッハ（Rorschach, H.）が1921年に作成した，精神医学的診断を行ったり，パーソナリティを測定したりするための心理検査です。

ロールシャッハ・テストでは，紙にインクを落として偶然出来上がった染み（図版）に対する被検査者の反応が分析されます（図9.4）。いくつかの図版は無彩色で，その他の図版には色がついており，それぞれ何にでも見えるような，さまざまな形が用意されています。

このように，何とでも解釈できるような図版には正解がないので，教え込まれたものではない，個人に特有の反応が期待できます。もちろん，図版のもつ特徴から特定の物体（動物など）に見えやすかったりはしますが，ロールシャッハは，被検査者の投影された欲求や経験，習慣的な反応のパターンに従って，図版への反応は組織化されると考えました。

そのため，ロールシャッハは，被検査者の図版に対する反応を分析すれば，被検査者の欲求や動機，衝動を統制する能力，問題に対する対処の仕方やその

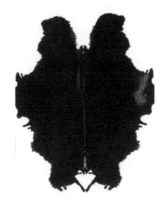

図 9.4　**インクの染み**（筆者が作成）

他のパーソナリティを明らかにできると考えました。

2.　検査の方法

　対象は一般に 5 歳から成人までで，検査時間はおよそ 50 分とされています。検査では，インクの染みによって作られた 10 枚の絵を，1 枚ずつ被検査者に提示します。1 枚見せると，検査者は「この図版は何に見えますか」などと被検査者に尋ね，被検査者はその図版の見えについて自由に話します（**自由反応段階**（free response））。

　すべての図版を見せ終わると，検査者は，各図版に対する反応について，「どこにその反応を見るのか（**領域**（reaction area））」「どうしてそのように見えるのか（**反応決定因**（determining factor））」といった質問をします。実は，図版のどの部分あるいは形について，どのように見えたのか，といったいくつかの項目には点数が与えられており，これらの点数をもとにして被検査者の病態水準やパーソナリティについて解釈を行います。

　代表的な実施方法には，**片口法**（Kataguchi method）やエクスナー法（Exner method）などがあります。片口法は，アメリカのクロッパー法（Klopfer method）をベースにして日本の片口安史によって 1987 年に確立されまし

た。これは図版に対する反応の他に，図版に対して何も回答しないというような反応拒否と，各図版への反応時間を記録します。

一方，アメリカのベック法やクロッパー法などに代表される種々の実施法は，エクスナー（Exner, J. E. Jr.）によって標準化が試みられ，1993年に統合されました。これがエクスナー法で，**包括システム**（comprehensive system）とも呼ばれます。エクスナー法では，片口法よりも被検査者への教示が少なく，図版への反応時間が記録されない一方で，標準化されているので，より精密な手続きと測定を重視するような作りを特徴とします。

9.5 作業検査法

作業検査法（performance test）は，特定の時間に決められた作業を繰返し行い，その作業量の多さや作業量の変化に注目することでパーソナリティを測定する心理検査です。課題が容易で特別な準備を必要とせず，一度にたくさんの人に実施でき，測定内容の意図が知られにくいといった利点があります（集団検査）。

作業検査法では，ひたすら図形を描き写させたり，足し算を繰返し行わせたりというような手続きをとります。質問紙法と違って，どのように作業すれば社会的に望ましいのか，あるいはより自分を良くみせられるのか，というような推論がしにくいことがわかります。次節では，作業検査法の代表的な心理検査として，**内田クレペリン精神検査**（Uchida-Kraepelin psychodiagnostic test）を紹介します。

9.5.1 内田クレペリン精神検査

1. 検査の目的と成り立ち

1902年にドイツのハイデルベルク大学の精神医学者クレペリン（Kraepelin, E.）とその共同研究者たちは，足し算を連続して行うような精神作業に関する研究を行い，人の精神作業には練習，疲労，慣れ，興奮，意識緊張という5つの要素が存在していることを明らかにしました。その後日本で，クレペリンが

行った精神作業に関する研究の追試が行われました。この追試に参加したのが心理学者の内田勇三郎です。内田は，クレペリンの研究の追試を行う中で，足し算の連続作業がパーソナリティの測定に応用できるのではないかと考えました。

　さらに内田は，ドイツの精神科医クレッチマー（Kretschmer, E.）のパーソナリティをいくつかの典型に従って分類するというアイデアにも興味をもっていました。このような考えを**類型論**（type theory）といいます。クレッチマーは，人のパーソナリティをやせ型，肥満型，筋肉型の3つの体格から分類しましたが，内田は**作業曲線**（working curve）の型でパーソナリティを分類しようとしました。

　作業曲線とは，足し算を連続して行ったときに，時間の経過に応じてクリアした足し算の量（作業量）が増減することや，その増減が示す曲線的ないし折れ線のパターンのことです。たとえば，**初頭部**（beginning）ではやる気があるので作業量が多いけれども，中だるみして**中間部**（middle）では作業量が減少し，終わりがみえてくる**終末部**（ending）では再び作業量が増える，のような曲線パターンを示します。内田は，このような作業曲線のパターンがパーソナリティによって変わると考え，検査結果の解釈に応用しました。

2. 検査の方法

　内田クレペリン精神検査の対象は，中学生から成人とされており，検査時間はおよそ1時間とされています。この心理検査に必要なものは，検査用紙と鉛筆，ストップウォッチです。検査者が教示を行うこともできますが，教示の録音された音声データを流すこともできます。

　検査用紙にはランダムな1桁の数字が行ごとにたくさん印刷され，被検査者は隣り合った2つの数字を足し算することが求められます。頭の中で足し算したら，その結果のうち下1桁の数字を印刷された数字の間に記入します。この心理検査は，練習2分，前期本検査15分，休憩5分，後期本検査15分によって構成され，本検査では，1分ごとに「ハイ，次」という教示に従って行を変えさせます。

　検査終了後は，各行の計算された最後の回答を線で結ぶことで，作業曲線を

描画します。適度に増減を繰り返し，誤答が少なく，多くの人が典型的に描く曲線を，**定型曲線**（typical curve）と呼びます。一方で，誤答が多発している，作業量が大幅に落ち込んでいる，特定部分だけ作業量が突出しているなどの作業曲線を，**非定型曲線**（atypical curve）と呼び，一定の分類基準によっていくつかのパーソナリティに分類します。

9.6　ま と め

　検査を行うことは，検査者が被検査者の現在の状態を良くも悪くも評価します。そのため，検査結果は，人を一喜一憂させ，時に重大な決断を迫ることさえあります。しかしながら，手続きや環境を含めてものごとを100%の精度で判定できる検査というものはありません。これは心理検査も同じです。

　それゆえ，検査のもっている特徴を正しく理解せず，1つの検査結果を過信したり，拡大解釈したりしてはいけません。被検査者に心理検査を実施する際には，その心理検査の目的に応じて，複数の心理検査を組み合わせて実施し，多面的に情報を得るようにしてください（**テスト・バッテリー**（test battery））。

　心理検査を行うにあたっては，被検査者に対する十分な**インフォームド・コンセント**（説明と同意；informed consent）も必要です。冒頭で紹介したように，心理検査の実施そのものに対して不安がある人もいます。過去に心理検査を受けたときに，何時間も拘束された挙句，検査の目的も知らされず，検査結果のお知らせ（**フィードバック**（feedback））もされずに帰された，というような憂き目にあった人もいるかもしれません。被検査者に対して威圧的に振る舞ったり，検査結果が本人の同意のないまま家族に知らされたりすれば，きっと心理検査を受けたくなくなってしまう人もいることでしょう。

　このような事態を避けるには，被検査者にきちんと心理検査の目的を告げ，目的について理解を得るよう努力し，いつどこで心理検査を受けるのか，フィードバックはいつどこで行うのか，フィードバックは書面なのか口頭なのかといった説明をすることが肝要です。

　心理検査は，悪用厳禁であることはもちろんですが，誰かに検査を行うとき

には，その人の状態を適切に理解し，良い支援や未来のために使用するのであって，決してその人にネガティブなイメージのレッテルを貼るために使用するものではないことを，くれぐれも心に留めておいてください。

復 習 問 題

1. 普通教育に適する子どもとそうでない子どもを見分けるための検査法を最初に開発した人物は誰か，正しいものを1つ選んでください。

　① Binet, A.
　② Wechsler, D.
　③ Kraepelin, E.
　④ Galton, F.
　⑤ Piaget, J.

2. 質問紙法を用いたパーソナリティ検査について，不適切なものを1つ選んでください。

　①検査得点の一貫性のことを信頼性という。
　② α 係数は，検査項目の数が多いほど，高い値をとる。
　③再検査法では，2時点の検査得点間の相関係数を用い，検査の安定性をみる。
　④検査が測定しようとしているものを正しく測定できている程度のことを妥当性という。
　⑤検査得点の分散に占める真の得点の分散の割合が高いほど，検査結果の解釈が妥当になる。

3. 被検査者にインクの染みを見せ，その言語表現を分析することで，パーソナリティや精神疾患の診断に用いられる心理検査を何というか，最も適切なものを1つ選んでください。

　① P-F スタディ
　② MMPI
　③ロールシャッハ・テスト
　④ SCT
　⑤ TAT

参 考 図 書

心理学専門校ファイブアカデミー（2022）．一発合格！公認心理師対策テキスト＆

予想問題集　ナツメ社

　この書籍は，公認心理師試験向けとなっていますが，心理検査の紹介が充実しており，あらゆる心理検査の適用範囲から実施手順に至るまで，図表を交えて簡潔に説明しています。

フィン，S．E．　田澤 安弘・酒木 保（訳）（2007）．MMPI で学ぶ心理査定フィードバック面接マニュアル　金剛出版

　この書籍では，心理検査後のフィードバック面接について，どのようにしてその後の治療につながるように進めるかを，MMPI を題材にして解説しています。初学者だけでなく，心理査定の専門家にもおすすめの一冊です。

統計的分析

10

　この章では，調査や実験を経て集めたデータをどのように分析するのか，統計的な分析方法について説明します。実験参加者の協力のもとに集めた貴重なデータは，適切な方法で分析されなければなりません。科学的研究である以上，研究者の勝手な解釈で結論を導き出すことは許されず，さまざまな決まりごとや考え方に従って，一つずつ分析を実施していく必要があります。心理学で用いる分析は多岐にわたりますが，本章では，こうした分析に共通する基本的な考え方と約束事について学びます。また，第1章でみたように「仮説を検証すること」は科学的研究の大切な目的の一つです。仮説をどのような方法で検証していくか，そのために必要となる考え方についても学びます。

10.1　はじめに

　心理学では，質問紙調査，インタビュー，観察，実験などを通して心的機能を反映したさまざまなデータを取得します。しかし，取得したデータをそのまま並べていても，平均値や標準偏差（データのばらつき）の形で要約しなければ，まとまった傾向をとらえることができません。また，一見ありそうにみえる傾向も，偶然に得られたものなのかそうではないのか，確率的に吟味し判断しなければ科学的な研究知見として採用することができません。このように，取得したデータを科学の遡上にのせる大切な方法が，心理学における統計的分析です。具体的な統計的分析手法にはさまざまな種類があります。この章では，それらを理解するために必要な，共通した考え方を中心に解説していきます。

10.2 データの統計的記述

適切な研究計画に基づいて実施された質問紙調査や，実験で得たデータの基本的な特徴を表現する数値のことを，**記述統計**（descriptive statistics）と呼びます。分析で使用するデータには，量的データと質的データの 2 種類があります（第 2 章）。値が連続的な量としての性質をもっている**量的データ**（quantitative data）と，値がカテゴリーを区別するために使われている**質的データ**（qualitative data）では，特徴を把握する方法が異なります。ここでは主に量的データの基本的な扱い方についてみていきましょう。

小学校 A と小学校 B の 3 年生 15 人ずつに算数のテストを実施したとします。そこで，**表 10.1** のようなデータを取得したと考えてください（架空のデータです）。こうしたデータを得たときは，まずはじめに，どのようなデータが何個ずつあるのか，**度数**（frequency）を求めてその様子を図や表にまとめる作業に取り組みます。この作業は，データの全体像を把握することにも役に立ちます。たとえば，**表 10.1** の度数を集計した**図 10.1** を例にみてみましょう。これをみると，小学校 A はおよそ 75〜80 点付近のデータが最も多く，それ以下とそれ以上のデータ数は少なくなっていることがわかります。

このように，図や表で示された度数の分布は**度数分布**（frequency distribution）（表：度数分布表，図：度数分布図）と呼ばれます。度数分布はデータの全体像を把握するために役立ちますが，その一方で，把握するための数値が多く，全体像の解釈が主観的になる恐れがあります。そこで，**代表値**（representative value）という 1 つの数値によってデータがどのような特徴をもつかを表現することができます。

代表値には，主に**平均値**（average）[1]，**中央値**（median），**最頻値**（mode）が

---

[1] 心理学で計測するデータは，5 段階尺度（1，2，3，4，5）で計測したデータがあるかと思えば，反応時間のように msec 単位のデータもあり，さまざまな粒度をもっています。しかし，計算ソフトを用いて計算しようとすると，いずれも同じ扱いになり，たとえば平均値 = 3.2253481 というように多くの桁数をもった値が算出されることがあります。しかし，もとのデータが 5 件法のアンケートデータである場合は，

表 10.1 小学校 A と小学校 B の算数の得点 (仮想データ)

	小学校 A	小学校 B
1	80	72
2	71	76
3	76	95
4	81	81
5	78	85
6	90	63
7	84	79
8	88	86
9	72	73
10	65	82
11	77	77
12	80	69
13	70	68
14	85	74
15	73	90
平均値	78	78

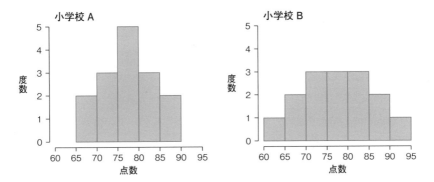

図 10.1 小学校 A と B の算数の得点の度数分布図 (仮想データ)

表 10.2　**代表値の特性**

代表値	意味	外れ値の影響
平均値	データの合計/N 数	受けやすい
中央値	順番に並べたときの中心の値	受けにくい
最頻値	最も多く出現する値	受けにくい

あります。平均値はデータの合計値をデータ数で割った値，中央値は小さいものから大きいものまでを並べて真ん中に位置する値，最頻値は最も多く出現する値です。どの値も，データの中心的な位置にある分布を代表する指標ですが，データの中で極端に大きすぎる，もしくは小さすぎる値である**外れ値**（outlier）の影響の受けやすさが異なることに注意しましょう（表 10.2）。

　では，先ほどの 2 つの小学校 A，B の算数の得点の例をみていきましょう。2 つの小学校 A，B の得点を比べたい場合，データから求めた代表値を比較すれば一見良さそうに思えます。しかし，それでは十分ではありません。心理学で扱う量的なデータはその散らばり方も考慮してデータをとらえなければなりません。小学校 A と小学校 B の平均値を実際に算出すると，算数の平均値はどちらも 78 点と同じ平均値です（表 10.1）。しかし，グラフをみると（図 10.1），小学校 B は高い点数から低い点数まで幅広く得点が分布しているのに対し，小学校 A は中央にデータが偏っています。つまり平均値は同じでもグループの傾向が異なっていることがわかります。

　データのこうしたばらつきを示す代表的な指標は，**分散**（variance）と**標準偏差**（standard deviation）です。ばらつきとは，各データの値がどれだけ中心から離れているかを意味しますので，各データの値から平均値を引けば各データが平均からどのくらい離れているかを知ることができます。この原理を使っ

このように多くの桁数を報告しても実質的な意味はありません。小数点第 1〜2 位程度で十分です。このように結果を報告する際は，取得したデータの意味を踏まえた桁数での表記を心がけましょう。

てばらつきを示したのが分散と標準偏差です。

分散は次の式で表すことができます。

$$x\text{ の分散}=\frac{(\text{各データ }x\text{ の値}-x\text{ の平均値})^2\text{ の合計}}{\text{データ数}}=\frac{\sum_{i=1}^{n}(x_i-\bar{x})^2}{N}$$

実際に式にあてはめて計算すると，

  小学校 A の分散 = 46.27
  小学校 B の分散 = 70.67

となり，やはり小学校 A の分散のほうが小さく，データのばらつきが小さいことがわかりました。

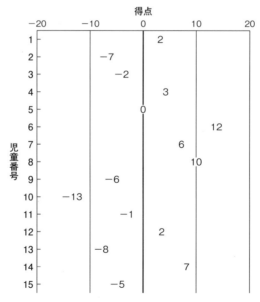

図 10.2 小学校 A の各データの平均値との差
この差分値を合計すると正負で相殺し，ゼロになります。

　さて，分散の式では「各データと平均との差を 2 乗」します。ではなぜ 2 乗するのでしょうか。小学校 A のデータで考えてみましょう（表 10.1）。児童 1 は 80 点で平均 78 点との差は 2 点，一方児童 2 は 71 点で平均との差は −7 点です。このように，平均値との差はプラスにもマイナスにも出てくるため，単に合計してしまうと正負で相殺されてしまい，それでは差分の総量を表すことはできません（図 10.2）。そこで分散を算出するときは，正負の符号をなくし，量としての意味を残すために 2 乗します。しかし，こうして 2 乗してしまうことで分散の値は本来のばらつきの値よりも大きい数値になってしまいます。そこで有効なのが**標準偏差**です。分散の平方根を求めることで，2 乗した値をもとに戻します。標準偏差の 2 乗が分散で分散の平方根は標準偏差，と覚えておくとよいでしょう。

10.3　仮説検証型研究と仮説生成型研究

　「仮説を検証すること」は科学的研究の大切な目的の一つですが，心理学でもある命題（仮説）の真偽を確かめる**仮説検証型研究**（hypothesis testing research）が多く行われています。そこでは，あらかじめ立てた仮説が正しいならば，どのような結果になるかを予測し，実験や調査のデータからその真偽を判断します。また，その判断基準は統計学に置きます（後述）。一方で，**仮説生成型（探索型）研究**（hypothesis generating (exploratory) research）と呼ばれる研究スタイルもあります。仮説生成型の研究では，仮説検証型とは違い，対象となる事柄に対して調査や行動観察などから広くデータを収集することから始めます。ここでは前もって仮説を立てずに，収集したデータをもとに一般的な法則や理論が導き出せないかどうかを試行錯誤的に考えていきます。心理学では，仮説検証型の研究が大半を占めますが，仮説生成型研究もそれだけで一つの研究として成立することができます。また仮説生成型の研究は，仮説検証型の実験や調査の前に検討すべき仮説を設定するための予備研究として実施されることも多くあります。仮説検証型の研究で設定される仮説は，研究者の思いつきや直感で立てられるものではありません。先行研究の精査や事前の仮

説生成型研究の結果に対する理論的考察をもとに，学術的に根拠のある仮説を生成するのです。

10.4 推測統計

　仮説が正しいかどうかを判断するために，心理学では取得したデータに対して統計的な解析を行います。その目的は主に2つです。一つは，データの傾向をつかむことです。これは，10.2節でも述べた記述統計と呼ばれるものです。もう一つは，少ないサンプルから全体の傾向を推測することです。これを**推測統計**（inferential statistics）と呼びます。

　心理学の研究では，限られた数の参加者からデータを取得します。たとえばある行動について日本人の男女差を知りたい場合，より信頼できる結果がほしいからといって，日本にいる男女全員に実験に参加してもらうわけにはいきません。しかし，推測統計の手法を用いれば，一部のデータ（**標本**（sample）；サンプル）から全体（**母集団**（population））の特徴を推測することができます。つまり，より小さいサンプルから信頼性の高い結果を得るための手法が推測統計なのです（図10.3）。

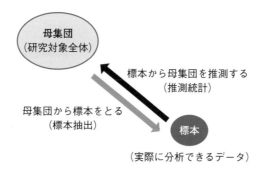

図 10.3　推測統計でのデータの抽出

　先ほど例に挙げた男女差の調査を考えてみましょう。日本の人口は 1 億人以上ですが，本当にこのうちの限られた一部のデータから信頼できる結果を得ることができるのでしょうか。答えはイエスですが，そこには条件があります。それは<u>標本を無作為に抽出する</u>（集める）（ランダム・サンプリング（random sampling））ことです。「無作為」とは，抽出がランダムである，つまり母集団の全メンバーにとって，選ばれる確率が等しくなるように標本を集める必要があります。たとえば全校生徒 1,000 人の中から 10 人を選ぶ場合，1,000 人のうちの誰もが選ばれる確率が等しくなるようなやり方，たとえばくじ引きなどで決めるのが無作為な抽出です。

　この条件のもとで重視したいのは，**サンプルサイズ**（sample size；標本の大きさ）です。統計学では，標本の大きさを増やし無限大に近づいていけば，それに伴って標本と母集団の違いもゼロに近づいていくこと（**大数の法則**（law of large numbers））が知られています。したがって，限られたデータしか得られない中でも，サンプルサイズが大きければそれだけ，偏った結果が偶然に発生する確率を下げることができます。たとえばコイン投げで表が出る確率は理論的には 2 分の 1 ですが，投げる回数が少ない場合，たとえば 3 回投げて 3 回とも表が出てしまうなど，偏った結果が出ることがあります。しかし，何度も繰り返していくと表の出る確率は次第に 2 分の 1 に近づいていきます。ですから，サンプルを多く集めることはとても大切です。とはいえ，ただサンプルを増やせばいいかというと，そうではありません。たとえばある実験で，女性参加者ばかりをどんどん増やして実験を実施すれば，性別の偏ったサンプルのデータが集まってしまいます（サンプリング・バイアス（sampling bias））。サンプルを集める場合は，あくまで無作為抽出を前提とする点に注意しましょう。

10.5　統計的仮説検定

　仮説が正しいかどうかを推測統計の観点から検討することを，**統計的仮説検定**（statistical hypothesis testing）と呼びます。心理学の初学者にとって，統計的仮説検定のロジックを理解するのは一つの難所になります。計算式を理解

しなければならない点もそうですが，それに加えて主張を言い換える手続きがあります。どういうことかというと，まず心理学の多くの研究では，複数の条件の間に「差があるかどうか」を検討します。そしてここが大切なポイントなのですが，統計的検定では，<u>「差がない」という仮説を最初に立てて，それを否定することで「差がある」と主張する</u>という，一見すると遠回りな論理を使って結論を導き出します。

　2つの群の間に差があるかどうかを知りたいのに，なぜ「差がない」という仮説を立てなければならないのでしょうか。それは，差がある状態がたくさん想定できるからです。差がない状態は理論的には比較したい条件の間の差がゼロの場合，つまりこの1つのケースだけなのですが，差があるといえる状態は，差が1，2，3…など無数にあるため，その一つひとつを検定して調べていくのは不可能です。そのために，差があることを仮説として立てるよりは，差がないことの仮説を立てて検定を行うほうが合理的と考えられます。ただし実際のデータでは，理論通りに差がゼロである状態（設定した複数の条件が全く同じデータになること）を得ることはまずあり得ないので，どのくらいの差までなら「差がゼロである」とみなしてよいかを，確率的に判断していくプロセスであることも併せて述べておきます。

　では，実際にA条件とB条件の2つの条件間に差があるかどうかを検討する場合を例に考えてみましょう。実際に解析を行う場合は，2つの条件間の平均値の比較ではt検定，3群以上の比較であれば分散分析，というようにデータに適した検定手法を用います。それぞれの理論や手続きについては他書に譲り，ここではまずそれらに共通する一般的な統計的検定の考え方について説明します。

　さて，ここで私たちは仮説を「A条件とB条件間には差がある」と設定したいと考えます。しかし統計的検定を実施する場合には，先ほど述べたように，①主張とは逆の「A条件とB条件には差がない（これを**帰無仮説**（null hypothesis）と呼びます）」という仮説を立てる必要があります。そして，②取得したデータが，「差がない」という仮説のもとではめったに起こり得ないほど大きな差が認められたため，「差がない」という仮説を棄てて「差がある」と

いう仮説（これを**対立仮説**（alternative hypothesis）もしくは研究仮説と呼びます）を採択します。

　対立仮説は「対立」という名前がついているので，一見すると主張とは反対のように感じますが，こちらが研究者の証明したい本命の仮説です。一方で，帰無仮説は対立仮説が正しいことを示すために，後で棄てること，つまり「無に帰する」ことを期待して立てるので，このように呼びます。

　先ほど「「差がない」という仮説のもとではめったに起こり得ないほど大きな差」と述べましたが，その差が帰無仮説のもとならどのくらいの確率で起こるかを示した値が検定で導き出される p 値（p-value）[2]という値です。p 値がいくつなら帰無仮説を棄却することができるかを判断する基準を**有意水準**（significance level）と呼びます。心理学を含む社会科学では，一般的に**有意水準は 5%に設定されます**。「差がない」という仮説のもとでは，5%という低い確率でしか起こり得ないほど大きな差が得られた（ということは「差がない」という仮説自体がこのデータにマッチしない）と解釈して，対立仮説「差がある」を採択するのです。これを「統計的に有意である（statistically significant）」

有意水準を 5%に設定

「2 群に差がない」という帰無仮説のもとでは，5%という
低い確率でしか起こり得ないほど大きな差が得られた！

「差がない」という仮説自体がこのデータにマッチしない！！
（帰無仮説の棄却）

対立仮説「差がある」を採択

図 10.4　**帰無仮説棄却のプロセス**

---

[2]　統計略号はイタリック表記になる点に注意しましょう。

と表現します（図10.4）。

　さて，先ほど有意水準は5%に設定する，と述べました。5%よりp値が低ければ帰無仮説のもとでこれほど大きい差が生じる確率はとても小さいため，帰無仮説はデータにマッチせずに対立仮説を採択すると解釈します。では，p値が5%よりも大きいとしても，5%に限りなく近い5.1%や5.2%ならどうでしょうか。5%ではありませんから対立仮説は採択できないわけですが，5%と5.1%の間には統計学的に明確な差があるのでしょうか。

　実は5%の有意水準には明確な根拠があるわけではなく，慣習を踏襲しているにすぎません。つまり，これまで統計学者が使ってきたことで慣習化され定着したものであって，数学的な必然性があるわけでないのです。そうした理由もあって，有意水準が5%から10%までの場合を有意傾向と表現されることもあり，対立仮説を完全には棄てられないと解釈する場合があります。

　心理学で行われる研究は科学的研究ですから，研究者は調べたい仮説，たとえば2つの条件の間に差があるかどうかを実証的根拠に基づいて「差がある」もしくは「差がない」とはっきり示したいと考えます。しかし，研究者が用いている統計的検定は，実は慣習的な値に基づいて「差があるといえるもの」もしくは「差があるとはいえないもの」に分けているにすぎません。したがって有意水準以下かどうかを必要以上に過大視せずに，慎重に判断すべきと考えられます。

10.6　検 定 力

　前節では有意水準に関する問題点について述べましたが，統計的検定のもう一つの問題は，データ数に依存して結果が変わることです。10.4節で，標本から得られた統計値はサンプルサイズが大きければ大きいほど母集団の値に近くなるという大数の法則を紹介しましたが，一方，統計的検定ではサンプルサイズの大きさに依存してp値が小さく変化します。つまり，比較したい両群の差が小さい場合でも，サンプルサイズが大きくなれば「統計的に有意である」という結果が出やすくなります。このことは，「統計的に有意である」という結

果が，実質的に意味のある差を反映しているとは必ずしもいえないことを意味
します。つまり，データを集めた状況によって，実質的な差があるとは言い難
いのに有意な結果が得られる場合もあるし，逆にまた実質的には差があったと
しても統計的検定の結果によっては有意な差が認められない，ということが生
じ得るのです。

　では，実質的な差を統計的に正しく検出するためのサンプルサイズはどのよ
うに決めたらよいのでしょうか。心理学においてサンプルサイズの決定は，近
年まで先行研究などを参考にそれぞれの研究者に委ねられてきた部分がありま
した。しかし，最近ではこうした統計的検定の限界から，正しい結果を導き出
せるように妥当なサンプルサイズを計算する**検定力分析**（power analysis）が
推奨されるようになっています。比較したい 2 つの母集団があり，そこに実質
的な差があるとき，あるサンプルで有意な差を検出できる確率のことを**検定力**
（**検出力**；statistical power）といいます。

　検定力を正しく理解するためには，まず 2 つの統計的な概念を理解する必要
があります。先に述べたように，統計的検定で有意水準が 5％ということは，
帰無仮説のもとでこのような差が生じると考えられる可能性が 5％以下である
と判断できるということでした。つまり 5％というほど低い可能性でしか起こ
り得ない，ということです。しかし裏を返せば，5％は生じる可能性があるこ
とにもなります。つまり，「差があるとはいえない」可能性が 5％はあるのに
それは考えずに帰無仮説を棄却するわけです。このように，「実際には差があ
るとはいえないのに差がある」と判断してしまう間違いを犯す可能性があるの
です。この間違いを，**第 1 種の誤り**（Type I error）といいます。この確率
5％は α で表されます。一方，「実際には差があるのに有意差がない」と判断し
てしまう誤りもあります。これを**第 2 種の誤り**（Type II error）といい，β で
表されます。α は 5％に設定されていましたが，一方の β は一般的に約 20％
に設定してあり，α よりも少し大きな数字になっています。これは「ないも
のをある」と間違えてしまうよりも「あるものをない」と間違えるほうが罪は
軽いと考えられているからです（**表 10.3**）。つまり，科学的知見の捏造につな
がる誤りについてはより厳しい基準が設定されているといえます。

表 10.3　第 1 種の誤りと第 2 種の誤り

名称	内容	表記
第 1 種の誤り （Type I error）	実際には差があるとはいえない のに差があると判断すること	α
第 2 種の誤り （Type II error）	実際には差があるのに有意差が ないと判断すること	β

　さて，先ほど検定力とは「有意差を検出できる確率のこと」と述べました。検定力は $1-\beta$ で表現されます。つまり，β が20％の場合，検定力は $1-0.2=0.8$ となります。統計的検定では，①サンプルサイズ，②有意水準，③検定力，④効果量（後述）の 4 つの指標をもとに検定結果について総合的に検討する必要があります。一般的に有意水準（α）は 0.05，検定力は 0.8 とおおよそ決まっていますので，私たちが実際に検定を行う場合にどうするかを考えなくてはいけないのは，サンプルの大きさと効果量になります。

　効果量については，次の節で詳しくみるとして，サンプルサイズの決め方に話を戻しましょう。上で述べたように，サンプルサイズは大きすぎると検定力が大きすぎて実質的な差ではないのに差があると判断しがちですし，小さすぎても検定力が下がってしまいます。そこで本節の最初で述べたように，適切なサンプルサイズを実験前に検定力分析という方法で決定することができます。これは，サンプルサイズ，有意水準，検定力，効果量（後述）のうち 3 つが決まれば 1 つが決まるという関係を利用して実施します。詳しい方法は他書に譲りますが（村井・橋本，2017; 水本・竹内，2011），簡単なソフトで分析することが可能です（例：G*Power（Faul et al., 2007））。また，検定力分析は，実験の事後に実施した実験の検定力を調べるためにも使うことができます。

10.7　効 果 量

　ここまで，統計的検定の結果を解釈する場合は「差があるかどうか」にばか

り着目した見方にとらわれないように注意する必要があると述べてきました。そうでなければ，ごく小さな差であっても「これは重大な差だ」と過大解釈してしまう危険性があります。また，差があったことだけに着目し，差の大きさへの考慮が及ばず，差の大きさが異なる複数の結果の重みを同じように扱ってしまう危険性もあります。こうした危険性を回避するために，最近では，条件間で検定を実施した場合に，どの程度大きい差があるかを示す**効果量**（effect size）という指標が用いられるようになってきました。ここまで述べてきたように，統計的検定にはいくつかの問題があるにもかかわらず，十分な検討が行われず慣例的に使われてきた歴史があります。しかし，そのことが心理学の再現性の問題（同じ実験を実施しても同じ結果が得られない）の一つの原因ではないかとの意見が多くなり，2009 年からアメリカ心理学会では論文作成の指針（American Psychological Association, 2019）において，効果量を報告しそれを踏まえて結果の解釈をするよう推奨しています。現在では，実際に多くの学術誌の投稿規定にもそれが反映されています。

　効果量は，それぞれの検定によって算出の仕方が異なります。ここでは本節で扱ってきた「2 つの条件間で何らかの変数を比較する場合」を一例に説明しましょう。2 つの条件間を比較する場合，測定された値が条件間で大きく違っていれば通常平均値の差も大きくなります。平均値の差をさらに「2 つの条件の標準偏差（ばらつき）の平均で割ったもの」を標準化平均値差と呼び，これが効果量となります（**コーエンの** d とも呼ばれます）。

$$d = \frac{A\,\text{群の平均} - B\,\text{群の平均}}{\sqrt{\dfrac{A\,\text{群の標準偏差}^2 - B\,\text{群の標準偏差}^2}{2}}}$$

　標準偏差とは，データのばらつきを示すものでした。つまりこの式は，2 つの群の平均値の差を 2 つの群のばらつきの平均で割っているので，データのばらつきを基準として平均値差がその何倍なのかをみていることになります。ということは，もしもデータのばらつきが小さい場合は，ばらつきが大きい場合に比べて，同じ平均値差でも効果量（d の値）は大きくなります。ばらつきが

大きい場合は，平均値の差が大きくないと大きい効果量は得られません。つまり，効果量とは「ばらつきを加味した上での2条件の差の大きさを示す指標」ということができます。しかし，これも無作為にサンプルを抽出しているという前提が満たされたもとで成り立ちます。サンプリングに偏りがあったために標準偏差が小さくなるようなケースでは，むしろ誤って大きい効果量が算出されてしまうことになります。

　効果量にはもう一つメリットがあります。前節で述べたように，統計的検定で算出される p 値はサンプルサイズによって変化します。しかし，効果量はサンプルサイズに依存して数値が変化することはありません。先ほどのコーエンの d の式でも，計算に用いたのは平均値と標準偏差であり，サンプルサイズは含まれていません。2つの条件を比較したい場合の研究者の興味は，「統計学的に差があるといえるかどうか」に加え，「データにどれだけ差があるか」ということではないでしょうか。上述したように，統計的検定は「帰無仮説のもとで生じる差の確率」を有意水準と比較して「差があるといえるかどうか」を判断するものなので，「データにどれだけ差があるか」という問いに直接答えを出すものではありません。一方，効果量は平均値の差が直接反映されたものですから，データ間の差の大きさを具体的に知ることができます。

　さて，このように実質的な差の大きさについて知ることのできる効果量ですが，この値はあくまで実験データから導き出された統計量にすぎないため，どうしてもそこには誤差が含まれます。つまり，効果量も偶然によって数値が大きくなったり小さくなったりと，変動する余地があります。そこで，効果量にのみ頼るのではなく，「何度もサンプリングをして求めたときにこの効果量の真の値（母数）はどのくらいの確率で○～○までの範囲に入るだろう」と，誤差を踏まえた推定をすることが望まれます。これが効果量の**信頼区間**（Confidential Interval; CI）の推定です。

　信頼区間の推定では「設定された確率で母数を含む範囲」を推定するのですが，その確率を**信頼水準**（confidence level）または**信頼係数**（confidence coefficient）と呼び，統計的検定での有意水準が5%であることにならって，$1 - \alpha$（0.05）= 0.95，つまり95%に設定されることが多いようです。こうして区間推

定を行うと，同じ効果量が得られたデータであっても，幅広い区間で示される場合と逆に狭い区間で示される場合があり，狭い区間のほうが比較的精度の高い推定ができていると考えることができます（高野・岡，2017）。

10.8　相 関 関 係

　ここまで，主に2つの条件間に差があるかどうかという仮説の例に沿って，統計的検定を説明しました。「複数の条件間に差があるかどうか」を知ることは心理学の大きな目的の一つですが，もう一つの目的として「複数の変数の間に関係があるかどうか」を明らかにすることが挙げられます。たとえば，几帳面な性格と成績の良さ，球技種目の経験と動体視力の良さには関係があるのかといった問いを解明したい場合です。このように，2つの変化する値（変数）が連動して変わる（共変する）関係にあることを**相関関係**（correlation），通常は縮めて**相関**と呼びます。

　では，「連動して変わる」とは具体的にはどういうことを指すのでしょうか。ある変数 A と別の変数 B の間に相関があると考えられるのは，次の2つのような場合です。

①Aが増えるとBも増える（例：運動時間が増えると筋力が増える）

②Aが増えるとBは減る（例：運動時間が増えると体脂肪が減る）

　①のように2つの変数が一緒に増える（もしくは一緒に減る）場合を，**正の相関**（positive correlation）があるといいます。対して，②のように，一方が増えると他方が減る場合は**負の相関**（negative correlation）があるといいます。

　こうした相関関係は図で示すと理解がしやすくなります。一方を横軸に，他方を縦軸にしてグラフ化したものを**散布図**（scatter plot）と呼びます。**図10.5（a）** は正の相関関係を，**図10.5（b）** は負の相関関係を表す散布図です。それぞれ直線的にデータが並んでいます。正の相関，負の相関関係は，いずれも個々のデータの散らばりが多くなればなるほど直線的ではなくなり，相関関係が弱くなります。これがさらに進むと特定の方向への偏りが全くなくなり，**無相関**（no correlation）（相関が全くない状態）になります（**図10.5（c）**）。

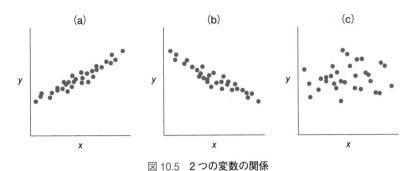

図 10.5　**2つの変数の関係**
(a) は正の相関関係, (b) は負の相関関係, (c) は無相関を示します。

　図に示すと一目で理解できる相関関係ですが, 相関の強弱を数値で示すことができたらより便利です。**相関係数**（correlation coefficient）は, そのための数値です。相関係数にはいくつかの種類がありますが, 最もよく使われるのが, **ピアソンの積率相関係数**（Pearson's correlation coefficient）です。単に「相関係数」と表示されている場合は, このピアソンの積率相関係数を指していることがほとんどです。

　実際の求め方をみていきましょう。相関係数は 1 から−1 の値をとります。このとき符号が正の場合は正の相関係数を, 符号が負の場合は負の相関係数を表します。また, 数値が 1 もしくは−1 に近いほど, 相関関係が強いことを意味し, 一方数値が 0 に近いほど弱い相関関係であることを意味します。2 つの変数 x と y について相関係数を求める場合, 計算式は次の通りです。

$$相関係数 \ (r_{xy}) = \frac{x と y の共分散}{x の標準偏差 \times y の標準偏差}$$

　標準偏差はデータのばらつきを示す指標でした。つまりこの式から, 相関係数とは「x と y の共分散を両者のばらつきで除した値」と考えることができます。

　では，共分散とは何でしょうか。**共分散（covariance）**を求める計算式は次のようになります。

$$\text{共分散 }(S_{xy}) = \sum_{i=1}^{n} \frac{(x_i - \bar{x})(y_i - \bar{y})}{N}$$

　詳しくみていきましょう。$(x_i - \bar{x})(y_i - \bar{y})$ は，各データ (x_i, y_i) と平均値 $(\bar{x}, \bar{y})$ の差を x と y の各データそれぞれで算出してかけ算をし，シグマですべてを合計します。そして最後にデータ数 N で割ることで，$(x_i - \bar{x})(y_i - \bar{y})$ の平均値を算出しています。

　相関係数の意味を理解する上で大事なのは，共分散の分子 $(x_i - \bar{x})(y_i - \bar{y})$ の部分です。神林・三輪（2011）にならって，x と y の平均が 0 のデータの集まりを例に考えてみましょう。平均値が 0 ですから，それぞれのデータは 0 を中心とした 4 つの象限のどこかに位置します（図 10.6）。①に入るデータは，x も y も正の場合です。たとえば，x が 3，y が 4 なら $(x_i - \bar{x})$ は（3−0）で 3，$(y_i - \bar{y})$ は（4−0）で 4 ですから $(x_i - \bar{x})(y_i - \bar{y})$ は 12 という正の値になります。同様に x と y がマイナスで③にデータがある場合も $(x_i - \bar{x})(y_i - \bar{y})$ は正

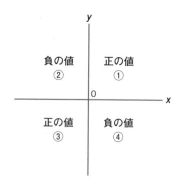

図 10.6　$(x_i - \bar{x})(y_i - \bar{y})$ の値の正負（神林・三輪，2011 を一部改変）

の値になります。一方，領域②と④は，xかyの一方が負の値，他方が正の値になるので，$(x_i-\bar{x})(y_i-\bar{y})$ は負の値になります。つまり正の相関がある場合は，xもyも一緒に増えたり減ったりしますから，①と③にデータが集まりやすくなり，共分散の式をもとに算出される相関係数は正の値をとります。一方，負の相関がある場合はいずれかが増えるといずれかが減る，つまり②や④にデータが集まりますので，負の値の相関係数が算出されるのです。

なお，相関係数は-1から1までの値をとりますが，結果の解釈については次のようなだいたいの基準が示されています（山田・村井，2004）。

$0\sim\pm0.2$：ほとんど相関なし

$\pm0.2\sim\pm0.4$：弱い相関あり

$\pm0.6\sim\pm0.8$：中程度の相関あり

$\pm0.8\sim\pm1.0$：強い相関あり

10.9　相関関係に関する注意点

2つの変数間の関係を示す相関係数は，心理学の研究で頻繁に用いられる重要な指標です。そこで，相関係数を解釈する場合に注意しなければならないポイントを次にみていきましょう。

10.9.1　変数間に何らかの関係はあるが相関係数では説明できない場合

ここまでみてきたように，相関係数は変数間に線形関係を想定し，その関連性の強さを数値で表現しています。しかし，2つの変数の関係は線形だけではなく，たとえばU字型やまたそれを逆さまにした逆U字型の関係（図10.7）がある場合もあります。この場合は，算出される相関係数は計算式の都合上高くなりません。

曲線相関（curvilinear correlation）とも呼ばれるこうした2変数間の関係は心理学的に重要な知見ですが，直線を想定した相関係数でのみ結果を記述しようとすると，誤って見落としてしまう可能性があります。こうした見落としを防ぐために，2つの変数間の関係を議論したい場合は，相関係数を単に算出す

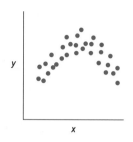

図 10.7　相関係数では表せない 2 つの変数の関係の例

るだけでなく，まず調査や実験で得たデータを散布図に描いて，その形状を確認する必要があります。

10.9.2　疑似相関

　2 つの変数 A と B の間に相関関係が認められる場合，その 2 つとは別の変数 C がそれぞれの変数と関係があるために，見かけ上 A と B の相関関係として現れる場合があります。こうした相関関係を疑似相関（spurious correlation）と呼びます。また，見かけ上の相関を生み出している別の変数は第 3 の変数と呼ばれます。

　たとえば，成人の貯金額と涙もろさに正の相関関係が認められたとします。この場合，貯金額と涙もろさに関係があると結論づけてしまいたくなりますが，実はここにはもう一つ別の変数「年齢」が隠れていることがあります。年を重ねるほど貯金額が増え，涙もろくもなるという現象があるとすると，年齢という第 3 の変数が貯金額と涙もろさの相関係数を高めていたことになります。こうした疑似相関については，第 3 の変数の効果を統計的に取り除く計算方法（偏相関係数の算出）も提案されています。

10.10　因果関係

　相関関係の分析では，2つの変数の間に何らかの関係があるかどうかを調べることができました。しかし，相関関係だけでは2つの変数がいったいどのような関係なのか，つまりどちらが原因でどちらが結果なのかという変数間の**因果関係**について説明することはできません。科学的研究は「現象を説明すること」を目指しています。ですから，関係を見つけたならばそれを記述するだけでなく，いったいどのような仕組みで，つまりどちらが原因でこうした関係が生まれたのか，と研究者たちは考えます。こうした因果関係の考え方は，現実社会へもメリットをもたらします。もし原因と結果の方向性がわかれば，原因を変化させることでそれと連動して結果を変えることができる，つまりより人間にとって望ましい現実を得ることができるからです。

　しかし，どちらが原因でどちらが結果なのかを判断することは，実は簡単なことではありません。因果関係の成立条件については，哲学をはじめさまざまな議論がありますが，心理学を含む人間科学や社会科学の分野では主に次のような基準で判断を行っていきます。第1の基準は「2つの変数間に関係があること」です。因果関係を論じるためには，前提として2つの変数間に何らかの関係が見出せなくてはなりません。上で述べた相関関係はそれに含まれます。第2の基準は「時間的な順序関係が成立すること」です。たとえば，「女性は男性よりもタピオカを好む傾向がある」としましょう。この場合，何かホルモンにでも特殊な操作をしない限りタピオカを飲んだために性別が決まるということはあり得ませんから，「性別→タピオカ摂取量」の順序関係性が推論できます。つまり，**関係性の非対称性**が因果関係の判断の手がかりになっています。第3の基準は「別の変数では説明ができないこと」です。前節の疑似相関の説明で，貯金額と涙もろさの関係性には第3の変数「年齢」が関与していると述べました。このように2つの変数以外の変数が現象に関わっている場合は，ターゲットとしている2つの変数だけで因果関係の議論をすることはできません。

　さて，こうした基準は因果関係を判断する大切な手がかりになりますが，それらだけでは十分ではありません。因果関係を明確にしたいのであれば，実験

法を用いて研究を実施することが望まれます。原因となるであろう変数を独立変数とし，結果と考えられる変数を従属変数として，実験を実施するのです（第 3 章参照）。そこで確認すべきは「その<u>原因があればその結果が生まれる</u>」ことだけではありません。加えて「その<u>原因がなければその結果は生まれない</u>」ことも確認しなければなりません。そうでなければ，その結果の生起が本当にその原因によるものなのかどうかを判断することができないのです。つまり，第 3 の変数の影響「原因として想定したもの以外が原因になっていないか」に十分気をつけなければなりません。こうした考え方が，実験を実施する上での統制条件や刺激のカウンターバランスといった手続きのもとになっています。実験では，時間的な順序関係を操作し，想定している原因以外の要因を排除できるため，因果関係の判断基準を研究者自ら満たすことができます。ですから，因果関係を真に推定するのであれば，実験による実証的研究が欠かせないのです。

10.11　多変量解析

　データを実験や調査で集める場合，現在では単変量（1 つの変数）のみで完結することはなく，ほとんどの場合が複数の変数からなる**多変量データ**（multivariate data）を扱います。たとえば，日本人の身体の特徴について調べようと思ったら，身長のデータを集めるだけでなく，体重，体脂肪，筋肉量など複数の変数を調べ，さらに身長と体重の関係のような変数間の関係を明らかにしようと考えます。こうした複数の変数の関係性を調べ，内在する原理を明らかにしようとする解析を**多変量解析**（multivariate analysis）と呼びます。この定義に基づけば，上述した相関係数の算出も多変量解析の一種ということができます。多変量解析の具体的な解析手法は，研究の目的や文脈によって数多くの種類がありますが，本節では心理学でよく用いられる代表的な 2 つの解析を紹介します。

10.11.1 回帰分析と重回帰分析

10.9 節では，2 つの変数間の関係を示す係数として相関係数について解説しました。また，それを踏まえて 10.10 節では，相関関係があるだけでは因果関係を述べることはできないということについて説明してきました。しかし，因果関係を仮定するに値する理論的背景をしっかり固め，不備のない実験デザインを組んだならば，2 つの変数の因果関係を分析することが可能です。そこで用いられるのが**回帰分析**（regression analysis）です。

回帰分析には，原因と結果がそれぞれ 1 つの変数である場合に用いる**単回帰分析**（single regression analysis）と，原因となる変数が複数想定される場合に用いる**重回帰分析**（multiple regression analysis）があります。回帰分析では，原因と考えられる変数を**説明変数**（explanatory variable），結果と考えられる変数を**目的変数**（objective variable）と呼びます[3]。説明変数（原因）で目的変数（結果）を説明するということは，両者の関係を式で表すことができる，と言い換えられます。実際に単回帰分析の例をとって説明していきましょう。

説明変数 y を目的変数 x で説明するということは

$$Y = 10.1 - 0.5x$$

といった式で表現することを意味します。こうした式を**回帰式**（回帰方程式；regression formula）と呼びます。上記のように 1 次方程式で記述できる場合は，特に**線形回帰**（linear regression）と呼びます。1 次方程式でない場合は，曲線の回帰分析を用いて解析することができます。

では，この回帰式はどのようにして求めるのでしょうか。線形回帰を例にとって説明していきましょう。式を求めるにあたり，x で y を説明できる最適な直線を考えていくのですが，研究者の手元にあるデータはあくまで調査や実験で得られたものなので，誤差が入り込み理想通りのデータである場合はまずあ

---

[3] 説明変数（explanatory variable）は，予測変数（predictor variable），独立変数（independent variable）とも，目的変数（response variable）は，結果変数（outcome variable），従属変数（dependent variable），基準変数（criterion variable）とも表現されます。

りません。そこで，実際に観測したデータを**実測値**（observed value），回帰
式から求められるであろう値を**予測値**（predicted value）とします。そして，
予測値と実測値のずれ（**残差**（residual）と呼ばれます）が最小になるように
係数を求めていきます。これが**最小 2 乗法**（least-squares method）と呼ばれ
る，回帰分析でよく使われる回帰式の決定方法です[4]。

　上記の方法で求めた回帰式ですが，この式が表す直線のごく近くに観測した
データが散らばっていれば予測や説明がうまくいっていると考えることができ
ます。このように求めた式のあてはまりの良さも数値指標で示すことができ，
これを**決定係数**（coefficient of determination; R^2）（分散説明率）と呼びます。
決定係数は次の式で表すことができ，0 から 1 の値をとります。

$$決定係数\ R^2 = \frac{目的変数の予測値の分散^2}{目的変数の実測値の分散^2}$$

　この式をみると，決定係数は目的変数 y の実測値の分散に占める予測値の分
散の割合を示していることがわかります。ですから，実際のデータのばらつき
のうち，回帰方程式でどのくらい説明できているか，を意味するものです。

10.11.2　因子分析

　回帰分析は，ある変数を他の変数で予測できるかどうか，すなわち変数間の
因果関係を検討することができました。さまざまな変数が得られている場合，
似通っている変数同士をまとめたり，複数の変数に共通して関与している概念
を抽出したりすることもできます。目的によってさまざまな分析方法がありま
すが，ここでは質問紙調査などでよく使われる**因子分析**（factor analysis）を
紹介します（第 6 章にも詳細な説明がありますので参考にしてください）。

　因子分析では，質問紙などで直接測定した**観測変数**（observed variable）
（たとえばビック・ファイブ性格特性の各質問項目）から，その質問項目の背
後にある**潜在変数**（latent variable）（たとえば内向性など）と呼ばれる因子を

---

[4] 最小 2 乗法以外にも最尤法，モーメント法などの推定法があります。

みつけます。因子は直接観測されてはいないのですが，仮にあると考えると現象の説明がしやすくなる**心理学的な構成概念**（psychological construct）です。この分析では，各観測変数は，それらに共通する**共通因子**（common factor）と各変数の独自の成分である**独自因子**（unique factor）から構成されていると仮定します。

　因子分析を用いたデータへのアプローチ方法は主に2つに分けられます。一つは特定の仮説をもたず，どのような因子で観測変数間の関係を説明できるかを探索的に調べる**探索的アプローチ**（**探索的因子分析**（explanatory factor analysis））で，もう一つは因子の数や観測変数間の関係について仮説モデルを設定し，そのモデルをデータで検証することを目的とした**確認的アプローチ**（**確認的因子分析**（confirmatory factor analysis））です。いずれを用いるかは研究の目的に合わせて選択します。

　共通因子が存在するなら，それは変数間の相関を生み出すと考えられます。そこで，因子分析では基本的には変数間の相関関係に注目し，相関関係の強い変数のまとまりから因子を推定します。各変数が得られた因子をどのくらい反映しているかを示す値を**因子負荷量**（factor loading）と呼びます。高い因子負荷量が示された変数の内容から，抽出された因子の意味を解釈していきます。それは既存の知見や理論に基づいて行われます。

　さて，因子分析での具体的な計算方法は多変量解析の専門書に譲りますが，分析で最初に得られる結果を**初期解**（initial solution）と呼びます。これは，計算上最も求めやすい解なのですが，必ずしも解釈がしやすいものにはなりません。最も解釈のしやすい因子パターーンは，**単純構造**（simple structure）というもので，これは，「各因子は比較的少ない観測変数が高い負荷量をもち，各観測変数は1つの因子にだけ高い負荷量をもつ」というものです。このパターーンを目指して**因子軸の回転**（factor rotation）という処理を行います。因子軸の回転方法には，因子同士に相関を認めずに直交させる**直交回転**（orthogonal rotation；たとえばバリマックス回転（varimax rotation））と，因子同士の関係を認める，つまり相関があることを許容した**斜交回転**（oblique rotation；たとえばプロマックス回転（promax rotation））の大きく2種類があります。

心理学では，因子間つまり構成概念間に全く関係性がない場合はあまり想定しにくいので，斜交回転がよく用いられます。

10.11.3　その他の多変量解析

最初に述べたように，多変量解析にはここでは取り上げきれないさまざまな解析方法があります（繁桝・山田，2019; Grimm & Yarnold, 1995 小杉監訳 2016）。因子分析と類似した目的の解析方法としては**主成分分析**（principal component analysis）や**多次元尺度構成法**（multidimensional scaling）があり，因果関係の検討では，変数間の関係をより複雑なモデル設定で解析する**共分散構造分析**（covariance structure analysis）がよく用いられます。これらは量的変数の解析方法ですが，一方，性別や職業などの質的データについても，これらに数字を割り振ることで分析する多変量解析も提案されています。代表的な解析法は，日本の統計学者，林 知己夫が開発した**数量化 I ～IV類**（quantification method I-IV）や**判別分析**（discriminant analysis）です。それらについては専門書で理解を深めてください。

10.12　おわりに

本章では，実験や調査で得たデータを統計的手法を用いて分析する基礎的な考え方や手法について説明しました。日本の大学では，文系の学部学科の中に心理学コースが設定されていることも多く，統計や数式といっただけで苦手意識をもつ人も少なくないと思われます。確かに統計学は一筋縄ではいかない奥の深いものですし，さまざまな内容について細かい部分まで網羅的に理解しなくてはならないため，途中でくじけそうになります。しかし，最初に頻繁に使われるのは（＋，－，×，÷，√）などの記号であり，落ち着いて考えれば，「言葉で説明すると面倒なところを，記号を使って簡潔に表現している」と感じられることも多いはずです。心理学を実証的な科学の軌道に乗せ，信頼性の高い価値ある研究結果を世に出す手助けをしてくれるのが統計的分析です。最近では，文系の学生にもわかりやすいようにさまざまな工夫がなされた統計解

析の書籍も多く出版されているので，苦手意識にとらわれることなく，学習の早い段階から積極的に学んでいきましょう。

　また，この章では科学的であるはずの分析の結果の解釈の基準が，実は慣習的な側面をもつという（p 値），曖昧さについても学びました。こうした統計的分析の弱点を踏まえて，新たな分析方法（たとえばベイズ統計（Bayesian statistics））も提案されています（豊田ら，2018）。

復習問題

1. 有意水準の説明として適切なものを 1 つ選んでください。
   ①帰無仮説が真であると設定した場合に，帰無仮説を棄却する確率
   ②帰無仮説が偽であると設定した場合に，帰無仮説を採択する確率
   ③対立仮説が真であると設定した場合に，対立仮説を棄却する確率
   ④対立仮説が偽であると設定した場合に，対立仮説を採択する確率
2. 疑似相関の説明として適切なものを 1 つ選んでください。
   ① 2 つの変数が質的に似ていること
   ②本来は関係のない変数同士が，別の変数によってまるで関係があるかのようにみえること
   ③ 2 つの変数の関係が特定の方向への偏りをもたないこと
   ④ 2 つの変数が原因と結果の関係であること
3. 決定係数の説明として適切なものを 1 つ選んでください。
   ①目的変数と説明変数の関連の強さを示した指標
   ②目的変数で説明変数をどのくらい説明できているかの指標
   ③説明変数が目的変数にどのくらい影響を与えるかの指標
   ④説明変数で目的変数をどのくらい説明できているかの指標

参考図書

板口 典弘・森 数馬（2017）．心理学統計入門――わかって使える検定法―― 講談社

　初学者にはハードルの高い統計分析について，とてもわかりやすい解説で学習者のレベルやニーズに合った箇所から読み進められるよう工夫がなされている新しいタイプの入門書です。フリーの統計解析ソフト R のスクリプトも掲載されており，

初学者に実践的な手引きをしてくれます。

山田 剛史・村井 潤一郎（2004）．よくわかる心理統計　ミネルヴァ書房

　タイトルにあるように，初学者を対象にわかりやすく丁寧な解説がなされています。やさしい説明ながらも計算式を省略したりすることなく，計算の意味を丁寧に順を追って解説してあるため，読み進めていくうちに理解がつながっていきます。挙げられている具体例も面白く，楽しく勉強できます。

南風原 朝和（2002）．心理統計学の基礎──統合的理解のために──　有斐閣

　心理学で必要となる統計的知識の基礎について，理論と方法がしっかりとしたボリュームでとても詳しく解説してあります。数式に基づいた丁寧な解説が豊富なため，初級者以上でも理解のあやふやな部分を基礎からしっかり学ぶことができます。

研究倫理

　倫理という言葉を『大辞林』で調べてみると，「①人として守るべき道。道徳。モラル。②倫理学の略。」と説明されています。ここから，倫理は道徳やモラルと同じ意味をもつ言葉として通用していること，また哲学的なイメージをもたれていることが読みとれます。そのため，この章は抽象的で難しそうだからスキップしようと考える人がいるかもしれません。しかし，研究倫理は，分野による多少の違いはあれ，あらゆる学問・研究に携わる者に等しく要求されます。実際，心理学においても，どのような研究法を利用するかに関係なく，研究倫理の知識が必要不可欠です。本章では，心理職を視野に入れたときに役に立つと思われる研究倫理の基本について特に詳しく説明しました。

11.1　はじめに

　研究倫理（research ethics）とは，端的に説明すると「研究におけるルール」のことです。心理学は，心と行動について科学的にアプローチする学問ですが（第1章），もちろんルール無用の学問ではありません。スポーツやゲームにおいて，プレーヤーが守らなければいけないルールが存在するように，研究者は「研究におけるルール」である研究倫理を守ることが求められます。それでは研究倫理とはどのようなものなのでしょうか。

11.2　研究倫理の基本構造

11.2.1　法 令 等

　佐藤（2020）は，研究倫理の基本構造を，法令等，学協会／機関の指針，思想信条の3層に分類しています（図11.1）。法令等は基本構造の第1層目に位置します。研究者は，法を超越した存在ではないので，その国の法令（法律ならびに行政機関で制定された命令）を学び，遵守することが求められます。

　たとえば，交通心理学の研究者が，自動車運転中のスマートフォンの使用が運転行動に与える影響を明らかにするために公道で実験することは許されるでしょうか。運転中にスマートフォンなどを操作したりする「ながら運転」は大変危険です。これが社会問題化したことで道路交通法が改正され，これまで以上に厳しく罰せられることになりました。研究者が何も知らずに公道で実験を行った場合，大問題になることは想像がつきます。もう一つ簡単な例を挙げましょう。若者の間では「ストロング系」と呼ばれるアルコール度数が高い飲み物が人気です。そこで，高濃度アルコール飲料が若者の認知や感情にどのような変化をもたらすのかを調べるために，未成年の人を研究対象者にすることは許されるでしょうか。ご存知の通り，我が国では20歳未満の飲酒は法律で禁止されています。

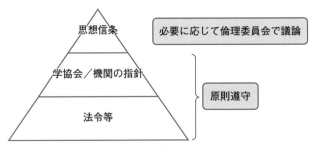

図 11.1　**研究倫理の構造**（佐藤，2020）

研究は，社会的な関心が高い研究テーマであっても**法令等遵守**（compliance）が鉄則です。もし，あなたが日本以外でも研究を行ってみたいと考えているならば，同じようにその国の法令等について学び，それを遵守して研究することが求められます。もちろん，法令だけでなく，その国の伝統・文化・風習にも十分に配慮することが重要です。

11.2.2　学協会／機関の指針

2層目は，研究者が所属する学協会や所属機関が定めた指針です。研究者は，法令等と同様に，学協会や所属機関の指針を組織の一員として守ることが要求されます。しかし，研究者によって属する学協会や所属機関が異なるので，遵守すべき指針も研究者によって若干異なります。心理学では，多くの研究が人を対象に行われる，という共通事項が存在するので，ここでは「人を対象とした研究倫理」に関する代表的な原則や指針を紹介します。

1.　ヘルシンキ宣言

ヘルシンキ宣言（Declaration of Helsinki）は，ナチス・ドイツにおける非倫理的な人体実験とこれを裁く中で生まれた**ニュルンベルク綱領**（Nuremberg code）を受けて策定された人間を対象とする医学研究の倫理的原則で，1964年の世界医師会で採択されて以降，時代の要請に応じて改訂が重ねられています（最新版は2013年のフォルタレザ総会における修正）。

この宣言では，①患者・被験者福利の尊重（研究対象者の権利・利益を優先すること），②本人の自発的・自由意志による研究参加（研究対象者から自主的な同意を得ること），③**インフォームド・コンセント**（informed consent）の取得（研究参加者に正しい情報を伝えた上で研究参加への同意を得ること），④**研究倫理審査**（research ethics review）の実施（研究計画書を**研究倫理審査委員会**（research ethics committee）に提出して事前に研究実施の承認を得ること），⑤常識的な医学研究であること（一般に認知された科学的諸原則に従って行うこと），などの研究倫理に関する諸原則が示されています。

ヘルシンキ宣言の要点は「研究対象者の人権尊重と保護」で，その内容は「研究倫理の憲法」と評されるほど，現在の研究倫理の基本的な考えになって

います。同宣言は，医師だけでなく，人を対象とする医学研究に関与するすべての人々がこの倫理原則を採用することを推奨しています。

2. ベルモント・レポート

　1979 年に発表された**ベルモント・レポート**（Belmont report）は，人を対象とする研究を実施する際に，研究者が守るべき研究倫理を，①**人格の尊重**（respect for persons），②**善行**（beneficence），③**公正**（justice）の 3 原則にまとめました。ベルモント・レポートの正式な名称は「研究対象者保護のための倫理原則および指針」で，ヘルシンキ宣言と同じく「研究対象者の人権尊重と保護」を強調しており，どのような倫理的問題もこの 3 原則にあてはめて考えることができることを示しました。平井（2020）は，3 原則のポイントを以下のように説明しています（表 11.1）。

(1) 人格の尊重

　人は誰しも自己決定を行う権利（自律性）を有していることを前提として，本人の自由意志を尊重すること，何らかの理由で自己決定能力が損なわれている人の人権を保護することが求められます。この原則に従えば，自発性が保障された状況下で研究対象者からインフォームド・コンセントを得ることが推奨されます。また，一度同意した後でも研究の途中や研究終了後のいつでも参加

表 11.1　ベルモント・レポートの研究倫理の 3 原則（平井，2020）

原則	求められること
人格の尊重	研究対象者の自由意志が尊重されること。何らかの理由で自己決定能力が損なわれている人の人権が保護されること。
善行	研究対象者が被るリスクを最小にし，かつ，研究から得られる科学的価値を最大にすること。
公正	研究対象者を公平に選ぶこと。研究に伴う利益とリスクが研究対象者間で不公平にならないようにすること。

辞退できること，研究対象者の秘密・プライバシーが守られることを保障することなどが求められます。

(2) 善　　行

　研究対象者が被るリスクを最小にし，かつ，研究から得られる科学的価値を最大にすることが求められます。この原則に従えば，研究対象者の協力に見合うだけの価値が得られるよう，研究の科学性を高めることが推奨されます。また，よりリスクの少ない代替方法で同様の研究を行うことができないかどうかを常に検討する，事前にリスクが大きい人を研究対象者から除外する，研究開始後も継続的にリスクを評価する，リスクが現実化したときには研究を中断する，ということなどが求められます。

(3) 公　　正

　研究対象者を公平に選ぶこと，研究に伴う利益とリスクが研究対象者間で不公平にならないようにすることが求められます。この原則に従えば，研究対象者の選定を「調査しやすいから」「参加の同意を得やすいから」という理由で行うことは人権侵害のリスクを高めるので避けることが推奨されます。

3.　日本心理学会の倫理指針

　ヘルシンキ宣言やベルモント・レポートは，人を対象とするすべての研究に共通する倫理原則として位置づけられることから，心理学者は，これらの倫理原則を守ることが当然要求されます。実際，日本心理学会（2009）の倫理規定を確認してみると，研究と発表における倫理の説明において「本学会の会員は，研究のすべての段階において，研究対象者・研究協力者の人権の尊重と福祉に対する十分な配慮が必要なことを自覚しなければならない。」と明記されており，研究一般に共通する倫理上の指針として，①倫理委員会等の承認，②研究対象者の心身の安全・人権の尊重，③インフォームド・コンセント，④代諾者が必要なインフォームド・コンセント，などが取り上げられています。

11.2.3　思想信条

　3層目は思想信条です。研究ではさまざまな倫理的問題に直面することがあります。しかし，その問題に関するすべての対策を法令や所属団体の指針に明

記することは現実的ではありません。したがって，研究者は，法令や所属団体の指針を守るだけでなく，各自が高い倫理的規範，責任感や義務感をもって研究することが求められます。これはどのようなことを指すのでしょうか。

　たとえば，米国科学アカデミー（National Academy of Sciences et al., 2009 池内訳 2010）は，科学が信頼の上に成立することを指摘しています。その考えを背景に，研究は「正直，公正，客観性，寛大，信頼，他人への尊敬の念など，私たちの日常生活において適用されるものと同じ価値観に基礎をおくこと」，科学の規範は「研究という領域においてこれらの価値観を適用すること」であると明言しています。さらに，研究者には，①研究者同士が互いにもっている信頼を尊重しなければならない，②研究者は規範を守るという義務を自らに負っている，③研究者は様々な方法で公衆に奉仕しなければならない，という 3 つの義務があり，すべての義務を考えることによって責任ある選択ができるようになる，と説明しています。

　同様に，日本心理学会（2009）は，心理学にかかわる者の，社会，個人，学問に対する責任と義務について言及しています（表 11.2）。そこでは，心理学にかかわる者の社会に対する責任と義務として「人々の健康と福祉の増進，自由で平等な社会の発展，さらに世界の平和や自然環境の保護を念頭においた活動を行わなければならない。研究においても，教育や実践活動においても，心理学の専門性を保ちつつ他の領域の人々と手をたずさえて，社会の諸問題の解決に努めなければならない。社会に対して誤った情報を提供したり，また心理学の知識の過剰な一般化を行って，人々を欺いたり，混乱させてはならない。」と述べています。

11.2.4　研究者にはコンプライアンスが求められる

　すべての研究者には高い倫理的規範，責任感や義務感が求められる，と説明されるとプレッシャーを感じるかもしれません。しかし，社会の一員に高い倫理的規範，責任感や義務感が求められるのは自然のことで，研究者が例外的に社会からそれらを厳しく要求されているわけではありません。実際，昨今のビジネス業界では，企業や組織が法令や規則，社会的規範や倫理などを守りなが

表 11.2 **心理学にかかわる者の責任と義務**（日本心理学会，2009）

1. 社会に対する責任と義務

　本学会の会員は，人々の健康と福祉の増進，自由で平等な社会の発展，さらに世界の平和や自然環境の保護を念頭においた活動を行わなければならない。研究においても，教育や実践活動においても，心理学の専門性を保ちつつ他の領域の人々と手をたずさえて，社会の諸問題の解決に努めなければならない。社会に対して誤った情報を提供したり，また心理学の知識の過剰な一般化を行って，人々を欺いたり，混乱させてはならない。

2. 個人に対する責任と義務

　本学会の会員は，すべての人間の基本的人権を侵してはならない。研究においても，教育や実践活動においても，研究対象となる人々，あるいはともに活動する人々の権利を尊重し，同時にこれらの人々の属する家族，団体，地域社会に不利益をもたらすことのないように配慮しなければならない。研究を行う場合には，目的や方法について十分に説明し，参加への同意を得ることが必要である。また研究の全過程を通じて，客観性，公正性を重んじ，偏見や差別のない態度を維持しなければならない。人間以外の動物を研究の対象とする場合も，生命に対する尊厳をもって接し，動物の福祉に配慮しなければならない。

3. 学問に対する責任と義務

　本学会の会員は，心理学の研究や実践の発展に貢献することが期待されている。研究においても教育や実践活動においても，科学的態度を堅持し，真理を探求するとともに，研究のオリジナリティや社会的有用性を追求しなければならない。そのために，自らの専門性を高め，心理学的技能の研鑽，専門的知識の蓄積および更新に努め，他の領域の専門家による研究，教育，実践活動に敬意を払い，協力して学問に対する責任を果たさなければならない。

注：「本学会の会員」を「心理学にかかわる者」に読み替えてください。

ら活動を行うことを**コンプライアンス**（compliance）と呼び，従来の活動に問題があれば自主的に改めること，社会からの信頼獲得に努力することが重視されています。ビジネス業界でコンプライアンスが重視されるようになってきていること，ビジネス・パーソンはそれに即した行動が要求されていることと同様に，心理学に携わる人にもコンプライアンスが求められているのです。

　研究者には，コンプライアンス以外にも一般常識やコミュニケーション能力などが必要とされます。研究者や科学者という言葉からは，自分の専門分野には詳しいけれども世情にはうとい「専門バカ」，髪はボサボサ，服はヨレヨレ，言動が変わっていて周囲を驚かせる「奇人変人」，法律や人道から逸脱した研

究に喜々として勤しむ「マッドサイエンティスト」などがイメージされるかも
しれません。しかし，現実の研究者の姿は，このようなイメージとは全く異な
ります。

11.3 研究倫理審査

11.3.1 研究倫理審査が求められる理由

　研究者にはコンプライアンスが求められますが，仕事の性質上，普遍性や真
理を解明しようとする科学性が高い研究を行うことも社会から求められます。
言い換えるならば，研究者は，誰かの後追い研究ではなく，その人でなければ
成し遂げられない画期的な研究を行うことが要求されるのです。科学性の高い
研究は，これまで研究が行われてこなかった問題にアプローチしようとする挑
戦的・試験的な性質をもちやすいことから，過去の研究が経験してこなかった
倫理的問題を引き起こすこともあります。たとえば，脳の働きを可視化する技
術が開発されたことで，近年，脳機能の理解が飛躍的に進んでいますが，最近
では，脳画像から個人の心の内容を読みとろうとするマインド・リーディング
（mind reading）とプライバシーの問題が議論されるようになってきました
（下條，2017）。このように，いくら研究者個人が高い倫理的規範のもとに研究
していたとしても，研究成果によっては，過去の研究が経験してこなかった倫
理的問題を引き起こすこともあり得ます。したがって，研究を行う際は，研究
の倫理性と科学性のバランスのチェックだけでなく，その研究が社会に与える
インパクトについても慎重に判断しなければなりません。

　また，研究者の思想信条や研究歴等は個人によって異なります。そして，研
究を実施する当事者が客観的な判断を行うのは難しいと考えられることから，
多くの研究機関では，その研究とは利害関係のない第三者から構成される研究
倫理審査委員会を設置して，**研究倫理審査**が行われます。そこでは，研究計画
書を事前に審査して，研究の倫理性と科学性のバランスや社会に与えるインパ
クト等について議論を行い，研究の実施の可否や研究継続の適否を審議する制
度・仕組みが採用されています。

表 11.3　**研究倫理の審査を受けることが望ましいとされる研究**

配慮すべき課題	内容
安全性	研究対象者に対して何らかの不快感や困惑，精神・心理的な負荷や危害を及ぼす可能性がある研究や，研究対象者に我慢や不便を強いるような研究など。
インフォームド・コンセント	研究対象者本人からインフォームド・コンセントを得ることができない研究や未成年者，障害がある方を対象にした研究など。
プライバシー	個人の本質に関わる情報を収集するもので，個人が特定される可能性がある研究など。
説明の仕方	調査・実験の目的を研究対象者に事前に知らせると結果に歪みが生じる可能性があることから，本当の目的を知らせない，別の目的であると偽って調査・実験を行うなど，一時的であれ，研究対象者をだます手続き（ディセプション）がある研究など。
研究対象者の選定	研究者と研究対象者との間に何らかの力関係（教師・同僚・雇用主の関係であるなど）や血縁関係（親族であるなど）がある研究など。

11.3.2　研究倫理審査を受けることが望ましい研究

　所属機関によっては，研究倫理審査を受けるかどうかは研究者の任意とされていますが，一般的には，①安全性，②インフォームド・コンセント，③プライバシー，④説明の仕方，⑤研究対象者の選定，のいずれかに課題がある研究は審査を受けるのが望ましいと考えられています（表 11.3）。これらの課題は，ベルモント・レポートで提唱されている研究者が守るべき研究倫理の 3 原則に関係します。つまり，研究倫理審査を受けるのが望ましい研究は，そのまま研究を開始すれば「研究対象者の人権尊重と保護」に深刻な問題を生じる可能性があります。したがって，このような研究は，研究開始前に研究計画書を研究倫理審査委員会に提出して第三者の視点から研究倫理に関する客観的なチェックを受けることが望ましいとされているのです。

11.3.3　研究倫理審査を受けるとき

　研究倫理審査を受けるときは，研究計画書を研究倫理審査委員会に提出しま

す。**研究計画書**（research proposal）に加えて，インフォームド・コンセント
を得る際に使う**研究実施説明書**と**研究参加同意書**（informed consent form），
実施手順を示した実施マニュアル等の書類も一緒に提出することがあります。
研究倫理審査は「研究対象者の人権尊重と保護」を行うために実施されますか
ら，研究開始前に審査する**事前審査**（preliminary review）が原則です。

1. 研究計画書（図11.2）

通常，①研究者（研究代表者・共同研究者・研究実施者の氏名など），②研

研究計画書

(1) 研究者
　1) **研究代表者**：○○大学○○学部　准教授　○○○○
　2) **共同研究者**：なし
　3) **研究実施者**：○○大学○○学部　△年生　△△△△

(2) 研究概要
　1) **研究課題名**：写真の印象評価に関する研究
　2) **研究内容（目的・方法・特色・実施場所・実施期間など）**：
　　目的：ヒトでの情動性が系統的に調査された写真（Lang et al., 2005）
　を先行刺激として呈示して，その刺激が次の写真を呈示するのに必要な反
　応の開始までに至る時間（反応潜時）に対し，どのような効果を及ぼすか
　を検討する。これまでの知見から……
　　方法：実施説明書（別添）にもとづき実施内容を説明した後，協力に応
　じる実験参加予定者（研究対象者候補）から同意書（別添）に署名を得る。
　こうして実験に参加することになった対象者を評価群と非評価群を設けて
　……
　　特色：評価群と非評価群を設け，評価それ自体の影響を明らかにする点
　に特色がある。
　　実施場所：○○大学○○学部○○棟にある○○実験室。
　　実施期間：△△年△月△日から約△か月。
　3) **研究資金**：特になし。
　4) **期待される成果・意義・貢献**：
　　成果は，写真をはじめとする視覚メディアに対する簡便な評価手続きの
　標準化に資するものとなり，さらに高度の視覚メディア設計を達成する上
　で参考となる。さらに……

(3) 研究対象者：
　1) **性別・年齢・人数**：○○大学に所属する大学生△△名，男女は同数。

図11.2　**研究計画書の例**（日本基礎心理学会倫理特別委員会，2008を改変）

究概要（研究課題名，研究内容（目的・方法・特色・実施場所・実施期間），研究資金，期待される成果・意義・貢献など），③研究対象者（性別・年齢・人数，選定の方法など），④研究対象者に求める作業内容（研究対象者が研究で行う具体的な作業内容や実体験の説明など），⑤実施に伴うリスクおよびその対応（研究対象者に起こり得るリスク，リスクが生じた場合の措置など），⑥協力に対する謝礼（研究対象者への謝礼の有無・内容，その他の利益など），⑦個人情報の保護および研究成果の公開（個人情報の保護措置，データの管理，研究成果の公表など），⑧他機関の研究倫理審査委員会の承認状況等に関する情報など，を記載します。

2.　研究実施説明書（図 11.3）

　研究対象者に実施する研究の内容について事前に説明を行い，研究参加への同意を得るために利用する文書です。通常，①研究者の氏名，②研究課題研究の目的と意義，③研究の方法，④プライバシーの保護，⑤参加辞退の機会保障，⑥不利益防止への配慮，⑦問合せ先などを説明する情報，を記載します。研究実施説明書は研究対象者に渡して保管してもらいます。

3.　研究参加同意書（図 11.4）

　研究者が対象者に研究実施説明書を用いて研究内容の事前説明を行い，参加への同意が得られたときに利用する文書です。研究対象者は，研究参加に関する説明の内容を理解して研究に参加することに同意する旨を明記した文章を読み，署名し，同意した日付などを記入します。同意書は，2 通作成して，研究者と研究対象者の双方でそれぞれ 1 通ずつ保管します。

4.　実施マニュアル

　研究計画書に記載した通りに作業内容が進行できるように，そして信頼性のあるデータを収集するために準備する研究の実施手順を記載した文書です。研究の内容・規模によっては，複数の研究実施者がデータ収集に関与することがあります。このような場合，特に，研究の実施手順の統一性を保証することが重要ですから，事前に実施マニュアルを作成して研究実施者で共有します。実施マニュアルの作成は，研究実施者が 1 人の場合も，研究の信頼性を高める上で有効です。実施マニュアルには，実施手順以外にも，研究対象者の体調不良，

研究実施説明書

「写真の印象評価に関する研究」へのご協力のお願い

　私は，○○大学○○学部に所属して○○○○准教授の研究指導を受けている△年生の△△△△と申します。今回「写真の印象評価に関する研究」を実施するにあたり，皆様にご協力をお願いさせていただきたく，実施の内容についてご説明申し上げます。

　以下の研究内容等に関する説明をご確認いただき，本研究の対象者として，研究にご参加いただけるかどうかのご検討を何卒よろしくお願い申し上げます。

（1）研究の目的と意義

　本研究では，パソコンの画面に呈示される何枚かの写真につき，それぞれの第一印象を画面に出ている間に評価していただきます。写真は……

（2）研究の方法

　前項でご説明したように，画面上に呈示される写真を次々と評価していただくという作業です。手元のマウスを何回かクリックすると別の写真が出るようにセットしてありますので，評価が終わったらそのようにして次に移っていただきます。このように簡単な作業です。見込みでは，写真の評価作業に要する時間と事後の質問時間を合わせて 1 時間程度で終わります。なお……

（3）当方で留意している事項

　心理学実験に参加されるのが初めての方の場合，少し不安に感じられるかもしれませんが，作業はごく簡単なものです。感じたままを答えていただけば結構です。

　なお，当方で留意している事柄について以下にご説明いたします。

1）プライバシーの保護：

　データはすべて対象者番号を付けて扱い，個人が特定されないようにした上で，統計的に処理しますので個人名が明らかになることはありません。また……

図 11.3　**研究実施説明書の例**（日本基礎心理学会倫理特別委員会，2008 を改変）

災害の発生，装置の故障などの予測困難な事態が発生したときの危機対応情報も記載しておくと，万が一のときにも安心です。

11.3.4　研究倫理審査を受けた後

　研究倫理審査の結果，委員会の指摘によって研究計画に修正や変更が要求されることがあります。研究倫理審査をパスしない限り，その研究には研究倫理に課題が残されており，所属機関が研究実施を許可していないと判断されるの

研究参加同意書

研究代表者：○○大学○○学部　准教授　　○○○○　　殿
研究実施者：○○大学○○学部　△年生　　△△△△　　殿

研究課題名：写真の印象評価に関する研究

　上記研究の実施にあたり，説明者から研究実施説明書にもとづき，説明を受けた結果，以下の項目を充分に理解しましたので，研究対象者となることに同意します。

説明を受けて理解した項目（□の中にご自分でレ印をつけてください）

　□　研究の目的と意義
　□　研究の方法
　□　プライバシーの保護
　□　参加辞退の機会保障
　□　不利益防止への配慮

　　　　　　　　　　　　　　　　　　　　　　　　○○○○年○○月○○日

　　　研究参加に同意していただける場合は以下にご署名をお願いいたします。

　　　お名前：＿＿＿＿＿＿＿＿＿＿＿＿＿＿＿＿＿＿

　　　　　　　　　　　　　　　　　　　　　　説明者氏名：△△△△

図 11.4　**研究参加同意書の例**（日本基礎心理学会倫理特別委員会，2008 を改変）

で，許可が得られるまで勝手に研究をスタートしてはいけません。時間がかかって煩わしいと思われるかもしれませんが，このような手順を踏むことによって，研究者は研究倫理を逸脱する行動を避けることができるだけでなく，自分自身の活動を客観視し，倫理的問題に対する認識を深めることができるのです（日本基礎心理学会倫理特別委員会，2008）。

　研究倫理審査を通過すると，所属機関が研究の実施許可を与えたと判断することができるので，それから研究対象者の募集を開始してください。後日，研究成果を論文等で発表する際は，どこの研究倫理審査委員会から許可を得たのかだけでなく，その許可を確認するために具体的な情報の開示（倫理審査番号など）が要求されることがあります。したがって，研究倫理審査結果通知書な

どの証拠書類は紛失しないように保管しておきましょう。

11.3.5　研究倫理審査を受けられないとき

　研究倫理審査委員会は多くの機関に設置されていますが，小規模大学や人を対象とする研究を行っている研究者が少ない組織では設置されていないことがあります。そのとき，研究者は研究倫理審査を正式に受けることができないわけですが，「研究対象者の人権尊重と保護」のためにベストを尽くさなければならないことに変わりはありません。そのようなときは，たとえば，研究倫理審査を受ける場合と全く同じように研究計画書を準備し，研究開始前に第三者に研究倫理についてチェックしてもらうのも良い方法です。

　そして，卒業研究に限っては，指導教員等が研究内容や倫理的問題がないことを事前に十分に確認して責任をもって研究を行うことができると判断される場合は，必ずしも研究倫理審査を受けなくてもよいとしている所属機関もあります。卒業研究を行う際は，研究倫理審査を受ける必要があるかどうか，指導教員に相談してください。

11.4　研究不正

11.4.1　研究でルール違反や反則行為を行ったとき

　ここまで「研究対象者の人権尊重と保護」に関係する研究倫理について主に説明してきました。研究倫理は「研究におけるルール」ですが，本節では「研究におけるルール違反や反則行為」である**研究不正**（research misconduct）や**好ましくない研究行為**（questionable research practice）について説明します。

　本章では，心理学は，ルール無用の学問ではなく，研究におけるルール（研究倫理）を守ることが求められる，という点を強調してきました。たとえば，スポーツでは，プレーヤーがルール違反や反則行為をした場合，審判から注意や警告を受けます。通常，プレーヤーが意図的ではないミスをして他の人に迷惑を与えていない場合，プレーヤーは審判から注意を受けるだけで済みます。

しかし，意図的ではなくても他の人に迷惑を与えかねない危険なプレーをした
と判断された場合は警告を受けますし（いわゆる「イエローカード」），悪質な
反則行為を行ったと判断された場合は退場を求められます（いわゆる「レッド
カード」）。そして，反則行為を繰り返す選手やトラブルなどを起こしてスポー
ツやゲームに対する信頼や評価を貶めた選手は，出場停止や引退勧告などの追
放処分を受けて競技の場を追われます。研究においてもその基本は変わりませ
ん。研究不正の内容によっては，研究者は最悪の場合には追放処分を受けて研
究の世界から排除されてしまうこともあり得ます。

11.4.2　研究不正の悪質さのレベル

　研究不正には悪質さのレベルがあり，それに応じて研究者はペナルティを受
けます。したがって，どのような行為がルール違反や反則行為に相当するのか
について正確な知識をもつことは大切です。谷岡（2015）は研究不正の悪質さ
のレベルを5段階に分類しています（表11.4）。

①たんなるミス

　書き写し間違いや思い込み，知らずに引用・借用や記述漏れなど，訂正すれ
ばよいレベルの研究者による過失行為が該当します。

②未熟・不作法

　研究記録の不備，引用や孫引きルールの無視，用語・定義の不明確さなど，
研究者が当然もっているべき知見が十分ではないことに起因する過失行為が該
当します。

③ずさん

　質問への（意図的な）はぐらかし，海外の論文に他人よりも先にアクセスし
てその日本語版ともいえる類似論文を出すなどの無断でのアイデア借用，同じ
論文を異なる雑誌や学術誌に同時期に投稿する二重投稿（duplicate submis-
sion）など，過失と不正の境界にある不誠実な行為が該当します。

④意図的ミスリード

　批判に対する無視，不都合データ・結果への不言及，グラフと表によるミス
リードなど，自分に都合の良いものだけに言及して不利に働くもの（批判や厳

表 11.4　**研究者による過失・不正のレベル**（谷岡，2015 を改変）

領域	レベル	レベルの記述	内容
過失	レベル①	たんなるミス	・書き写し間違い ・思い込み ・知らずに引用・借用 ・記述漏れ ・知らずに特許や意匠登録に違反
	レベル②	未熟・不作法	・因果律の過信 ・記述記録の不備 ・引用や孫引きルールの無視 ・とんちんかんな受け答え ・方法論上の不適格性（変数や式など） ・論運の文法ミス：体裁や共著者の扱い ・用語・定義の不明確さ
	レベル③	ずさん	・追試への非協力 ・質問へのはぐらかし ・動物虐待 ・プライバシー侵害 ・強引な解釈・主張（三段跳び論法） ・二重投稿 ・無断でのアイデア借用
不正	レベル④	意図的ミスリード （不作為を含む）	・他人の不正を知って見ぬふり ・批判に対する無視 ・研究費の流用 ・不都合データ・結果への不言及 ・根拠のない主張 ・グラフと表によるミスリード ・「投稿中」とウソ
	レベル⑤	犯罪的行為	・論文の盗用 ・データ操作（トリミング／クッキング） ・データ改竄 ・捏造

それ以外の「掟破り」：下品な行為
・学会の名を使って商売　　　　・事なかれ主義
・宗教の勧誘宣伝　　　　　　　・事実を認めない／謝らない
・ピア（仲間）を優遇　　　　　・批判者をわざと攻撃
・身内に甘い処理　　　　　　　・開きなおり

しい質問など）は無視するような不正行為が該当します。

⑤犯罪的行為

　存在しないデータや研究結果等を作成する**捏造**（fabrication），研究プロセスやデータなどを操作して結果等を真実とは異なるものに加工する**改竄**（falsification），他の研究者のアイデア等を適切な引用等を行わずに無断で流用する**盗用**あるいは**剽窃**（plagiarism）などの不正行為が該当します（**表 11.4**）。これらは研究者をやめなければならなくなるほどの悪質な不正行為です。

　同様に，三浦（2017，2020）は，研究プロセスでやってはいけないこと，すなわち，研究実践でのモラル違反に焦点をあてて，データ収集や分析段階で犯してしまいがちな不正行為を紹介しています。具体的には，ニューロスケプティク（Neuroskeptic, 2012）によるダンテ『神曲』「地獄篇」のパロディの研究不正「地獄」モデルを取り上げて，心理学の研究にありがちな問題のある研究実践の内容とレベルについて説明しています（**図 11.5**）。

　この地獄を覗いてみましょう。たとえば，第 4 地獄では，こっそりと望む *p*

	第 1 地獄：問題のあるやり方を見て見ぬふり
	第 2 地獄：過大に自分の研究を売り込む
	第 3 地獄：後付けで話を作る
	第 4 地獄：こっそりと望む *p* 値を手に入れる
	第 5 地獄：外れ値を都合のいいように使う
	第 6 地獄：剽窃・盗作
	第 7 地獄：都合の悪いデータを公開しない
	第 8 地獄：都合の良いデータだけを選んで公開する
悪質	第 9 地獄：データの捏造

図 11.5　**科学版地獄篇**（Neuroskeptic, 2012; 三浦, 2017, 2020）

値を手に入れる行為（p 値ハッキング（p-value hacking））[1] について言及され
ています。これがなぜ問題ある行為に相当するのでしょうか。心理学では多く
の場合，有意水準を 5％に設定します（第 10 章）。したがって，p 値が .05 を
下回らなければ仮説は支持されなかったという結論を下すのですが，この考え
をはき違えると「p 値が .05 を下回る結果さえ得られればよい」という誤った
考えに行き着きます。この考えを実践して，p 値を有意水準未満に導く行為の
ことを p 値ハッキングといいます（三浦，2017，2020）。このモデルは，漏斗
状で，下層に行くほど悪質さのレベルが重くなるのですが，その内容を確認す
ると，データをありのままに公表するのではなく，データを故意に加工する行
為が悪質として判断されていることがよくわかります。

11.4.3　特定不正行為

　捏造，改竄，盗用は，我が国では特定不正行為（misconduct in research）
と呼ばれていますが（表 11.5），これらの行為は万国共通の深刻な研究不正行
為で，各英単語の頭文字をとって FFP とも呼ばれています。

表 11.5　**特定不正行為**（文部科学省，2014）

不正行為	定義
捏造	存在しないデータ，研究結果等を作成すること。
改竄	研究資料・機器・過程を変更する操作を行い，データ，研究活動によって得られた結果等を真正でないものに加工すること。
盗用（剽窃）	他の研究者のアイディア，分析・解析方法，データ，研究結果，論文又は用語を，当該研究者の了解もしくは適切な表示なく流用すること。

---

[1] p 値ハッキングとは，定義通りに有意性検定を行わずに実際よりも有意差を観察し
やすくする行為です（豊田，2017）。たとえば，データを取捨選択して有意な結果を
得ようとする行為（一部の異常値を除外する，有意な結果を得ようとしてデータを
少しずつ増やすなど），都合の良い結果が得られるように分析方法を変える行為など
が該当します。

　それでは，特定不正行為とそれ以外の「研究におけるルール違反や反則行為」にはどのような違いがあるのでしょうか。米国科学アカデミー（2010）によれば，特定不正行為とそれ以外の行為の間には人をだまそうとする意思に明確な違いがあります。すなわち，特定不正行為は研究者の故意による研究不正である，と判断されているのです。そして，研究者が情報を捏造したり，研究結果を偽造したり，他者の文章やアイデアを適切な表示なく流用してだましたりすることに関係する特定不正行為は，根本的な研究規範と社会の規範的な価値観，科学の土台となっている信頼などを大きく傷つけることから“最悪”の不正行為として認識されています。このようなことから，特定不正行為は「レッドカード」や「追放処分」に相当する悪質な研究不正として位置づけられているのです。

11.4.4　好ましくない研究行為

　特定不正行為という言葉から誤解してほしくはないのですが，それ以外の「研究におけるルール違反や反則行為」は研究不正ではない，すなわち，その行為は正当だ（問題がない）というわけではありません。研究の価値を損なう行為は**好ましくない研究行為**とされていて，研究への信頼を貶めるだけでなく，時間や資源を無駄に浪費して，若い研究者の教育にも悪影響を及ぼすものとしてとらえられています。たとえば，①重要な研究データを一定期間保管しない，②研究記録を適切に管理しない，③論文著者の記載を不適切に行う，④研究データの提供を拒絶する，⑤研究指導を不十分に行う，⑥研究成果について不誠実な発表をする，などはすべて好ましくない研究行為に該当します（日本学術振興会「科学の健全な発展のために」編集委員会，2015）。

11.4.5　その他の注意事項

　研究倫理や研究不正に関する注意事項は数多くありますが，ここでは，利益相反，著作権，オーサーシップ，サラミ出版を取り上げて説明します。

1.　利 益 相 反

　利益相反（conflict of interest; COI）は，外部から得る経済的な利益関係等

によって，研究で必要とされる公正かつ適正な判断が損なわれる，または損なわれるのではないかと第三者から懸念が表明されかねない事態のことです。昨今，産学官連携研究の推進に伴い，我が国でもこの問題がクローズアップされています。

　外部から得る経済的な利益関係の中で最も代表的なものは，研究助成金などの金銭的な関係です。たとえば，企業が研究費を支援した場合，それによって経済的な利害関係が発生することになりますので，研究にバイアスが生じるのではないか，ということは容易に想像ができます（おそらく，スポンサーにとって不利な研究成果を研究者が発表することは難しくなるでしょうし，どちらかといえば，研究者はスポンサーに有利に働く研究を行いがちになるのではないでしょうか）。このようなことから利益相反がある研究は，公表する論文等に「本研究は著者が所属する『企業名』の研究費で実施された」と明記します。一方，利益相反がない研究は，論文に「本論文に関して開示すべき利益相反関連事項はない」と明記します。研究成果の発表は，著者の研究業績になるだけでなく，スポンサーや読者にも大きな影響を与える可能性があります。したがって，研究成果を発表する際，研究者は，その成果にバイアスがかかっていないかどうかを公平に判断するための情報の開示を行うことが求められます。もし，情報の開示を怠った論文に後日利益相反があることが判明した場合，論文の撤回や調査対象となる可能性もあるので，研究成果を発表する際は，利益相反に関する正確な情報を開示してください。

2. 著 作 権

　著作権（copyright）は，著作物を製作した際，申請や登録といった手続きを一切必要とせずに自動的に付与される権利のことです。小説や音楽，映画が著作物としてイメージされるかもしれませんが，論文や書籍中の文章・図・表・写真，イラストなども著作物に該当します。東京 2020 オリンピックのエンブレム騒動[2] を覚えている人がいるかもしれません。この騒動からわかるよ

---

[2]　いったん決まっていた 2020 年東京オリンピック・パラリンピックのエンブレムがベルギーの劇場のロゴに酷似しているという指摘を受けたことで，使用を取りやめ

うに，著作権を侵害したとみなされた場合，大きなトラブルに発展します。

心理学では，心理尺度の使用などで著作権が問題になることがあります（第6章）。一般的に，心理尺度は，その尺度が公開されていれば，出典を明示することで，尺度の開発者に許可を得ることなく，自由に使用することができます。しかし，自由に使用できるとはいっても，開発者の許可を得ずに独自な項目を加える，原型をとどめないくらい尺度を改変して使用するなどの行為は，著作権を侵害する不正使用行為と判断されています。また，心理尺度が公開されていても，その尺度が海外の研究者が作成したもので，あなたがその尺度の翻訳版を作成しようとする場合，著作権には特に慎重に配慮する必要があります。もし，開発者に許可を得ずに無断で翻訳を行って日本語版を作成した場合，音楽 CD でいえば，あなたが海賊版を作成したことを意味するからです（木島，2005）。

3. オーサーシップ

オーサーシップ（authorship）とは，書籍や論文に著者として名前が表示されることです。書籍や論文等の研究成果は，発表されることで，社会で広く共有されますので，研究者はその研究成果に説明責任を負うことが求められます。著者となる研究者は，①研究の構想・デザインや，データの取得・分析・解釈に実質的に寄与していること，②論文の草稿執筆や専門的な内容について校閲を行っていること，③出版原稿の最終版を承認していること，④論文の任意の箇所の正確性や誠実さについて疑義が指摘された際，調査が適正に行われ疑義が解決されることを保証するため，研究のあらゆる側面について説明できることに同意していること，の 4 条件をすべて満たさなければいけません（日本学術振興会「科学の健全な発展のために」編集委員会，2015）。

すべての条件を満たしていない研究者は，謝辞に記載するのがルールです。たとえば，研究費の獲得や研究グループの指導・統括などに関わるだけでは，その研究者は基準を満たしていないので謝辞に記載します。ギフト・オーサー

ることになり，再度公募して新しいデザインを選び直すことになった一連の騒動のことです。

シップ（gift authorship）は，著者としての資格がないにもかかわらず，真の
著者からオーサーシップが与えられるという，研究倫理に反する行為です。ギ
フト・オーサーシップは，強い立場にあるものがその立場を利用して著者とし
て論文に名前を連ねさせるケースや，これとは逆に真の著者が今後の利便のた
めに研究者を著者に加えるケースもあるようですが，いずれの場合も研究倫理
に反する不適切なオーサーシップです（日本学術振興会「科学の健全な発展の
ために」編集委員会，2015）。

4. サラミ出版

　1 つの研究を複数の小研究に分割して細切れに出版することを**サラミ出版**
（salami publication），もしくはボローニャ出版と呼びます。サラミもボローニ
ャも薄く切って食べるソーセージの種類です（日本学術振興会「科学の健全な
発展のために」編集委員会，2015）。たとえば，散歩が気分に及ぼす影響を調
べるために，毎日 10 分間散歩をする条件，毎日 1 時間散歩をする条件，散歩
をしない統制条件を用意して気分の変化を測定したとします。このとき，すべ
ての条件の結果は 1 つの論文にまとめるのが適当ですが，10 分間散歩条件と
統制条件を A 論文，1 時間散歩条件と統制条件を B 論文のように，複数の小
研究に分割して公表することをいいます。サラミ出版は，研究業績を増やすた
めの手段として悪気なしに行っている研究者もいますが，やっていることは研
究業績の水増し行為です。これを行うことで，読者は研究を評価するための適
切な情報を得られなくなりますし，研究の全体像を把握することが困難になり
ます。

11.5　研究不正の防止

　研究不正を防止するための代表的な取組みとして，ここでは，研究倫理教育，
研究活動の記録と研究記録の保管，引用の作法，について説明します。

11.5.1　研究倫理教育

　研究をどのように進めるのか，社会にどのように成果を発信していくのか，

これはすべての研究者に必要な知識です。このようなことから，研究を進める際に知っておかなければならないこと，倫理綱領や行動規範，成果の発表方法，研究費の適切な使用など，科学者としての基本的な心得を学ぶ**研究倫理教育**（research ethics education）を積極的に実施する機関が増えてきました。たとえば，機関によっては，教員や大学院生に日本学術振興会の eL CoRE（https://elcore.jsps.go.jp/top.aspx）や一般財団法人公正研究推進協会の eAPRIN（https://edu.aprin.or.jp/）などの研究倫理 e ラーニングの受講を義務づける取組みが行われています。

11.5.2 研究活動の記録と研究記録の保管

　日本学術会議（2015）によれば，実験・観察をはじめとする研究活動では，その過程を実験ノートなどの形で記録に残すことが推奨されています。実験ノートで記録する際は，製本されたノートを使用し，日付を記して時系列に従って空白を空けずに記入し，修正は履歴が残るようにします。

　研究で収集したデータは慎重に管理します。たとえば，①個人情報（氏名など）は ID（記号や番号など）に置き換えて個人が特定されないようにする，②共用コンピュータを使った電子化データの管理を行わない，③電子化を終えた紙データは裁断廃棄する，④記憶媒体には必ずパスワードをかける，などの対応を行います。論文や報告等，研究成果発表のもととなった研究資料（文書，数値データ，画像，企画，発送，デザインなど）は，原則として論文等の発表後 10 年間の保管が求められています。

11.5.3 引用の作法

　論文を執筆するとき，他の研究者が書いた文章を引用することがあります。山口（2013）によれば，引用と盗用には「情報源を明記するか否か」に大きな違いがあります。著作権法第 32 条には「公表された著作物は，引用して利用することができる。この場合において，その引用は，公正な慣行に合致するものであり，かつ，報道，批評，研究その他の引用の目的上正当な範囲内で行なわれるものでなければならない。」と記述されています。条文中の「公正な慣

行」とは，①引用文が作品全体の一部分にとどまる（主従関係），②引用文を
括弧でくくるなどして本文と引用の区分を示す（明瞭区分性），③どこから引
用したのか出典を明示する（出所表示），ことで，これに合致しないものは違
法です（山口，2013）。

11.6　ま と め

　研究者の仕事は，米国科学アカデミー（National Academy of Sciences et al.,
2009 池内訳 2010）が指摘するように，信頼の上に成立しています。よく知ら
れた言葉の一つに「信頼を失うのは一瞬，取り戻すのは一生」というものがあ
りますが，研究者は，社会の信頼を失うことがないように最大限の注意を払わ
なければなりません。「研究対象者の人権尊重と保護」「研究不正の禁止」は研
究に対する信頼を守るために必要不可欠です。もし，研究者がこれらを十分に
守らなかった場合，社会の信頼を失いかねない深刻なトラブルが発生します。
そのようなトラブルは，当該研究者だけでなく，多くの関係者にまで長期にわ
たって甚大なダメージを与える可能性がある，ということを心に留めておいて
ください。

復 習 問 題

1. インフォームド・コンセントについて，正しいものを 1 つ選んでください。
　①存在しないデータ，研究結果等を作成すること。
　②個人情報のこと。
　③正しい情報を伝えた上で研究参加への同意を得ること。
　④法令や規則，社会規範や倫理などを守って活動を行うこと。
　⑤本当の目的を知らせない，別の目的があると偽って調査・実験を行うこと。
2. 特定不正行為に含まれるものとして，誤っているものを 2 つ選んでください。
　①捏造
　②改竄
　③盗用（剽窃）

④二重投稿

⑤ p 値ハッキング

3. 外部から得る経済的な利益関係等によって，研究で必要とされる公正かつ適正な判断が損なわれる，または損なわれるのではないかと第三者からみなされかねない事態について，正しいものを1つ選んでください。

①利益相反

②好ましくない研究行為

③サラミ出版

④ギフト・オーサーシップ

⑤事前審査

参 考 図 書

公益社団法人日本心理学会（2011）．公益社団法人日本心理学会倫理規程　第3版　日本心理学会　Retrieved from https://psych.or.jp/wp-content/uploads/2017/09/rinri_kitei.pdf（アクセス 2020 年 7 月 30 日）

　心理学に携わる人にとっての必読書の一つです。心理学に関係する研究や職務に従事している人のための倫理上の指針を示すことを目的に作成された倫理規定で，一般的な場面でも通用する行動指針が具体的に説明されています。

安藤　寿康・安藤　典明（編）（2011）．事例に学ぶ心理学者のための研究倫理　第2版　ナカニシヤ出版

　この本では，一般的，抽象的な倫理指針ではなく，心理学の研究者が実際に直面するさまざまな具体的な倫理問題を取り上げながら，研究倫理についての考察が行われています。心理学研究法の方法論についても学ぶことができます。

米国科学アカデミー（編）池内　了（訳）（2010）．科学者をめざす君たちへ──研究者の責任ある行動とは──　第3版　化学同人

　大学院生や若い研究者を想定して作成された，研究現場での倫理規範についてのテキストです。科学者とはどのような存在なのか，何を守らなければならないのかなど，万国共通の基本的な心構えについてわかりやすく説明されています。

文献検索法

ここまで，皆さんは心理学研究法に関する知識を深めてきました。本章では，先行研究（あるいは過去研究，既往研究（previous study））を調査することで研究を正しく位置づけるために必要な文献検索法（あるいは文献調査法（method for literature search））を学びます。具体的には，文献の種類，論文の探し方，論文の分類と読み方，文献の整理の仕方について説明します。どのような研究法を利用するにせよ，研究者には文献調査に関する知識とスキルが求められます。本章は，最終章ですが，皆さんにとっては研究活動の最初に位置するかもしれません。皆さんのこれからの研究活動が，驚きと発見に満ちた素晴らしいものになることを願っています。

12.1　はじめに

インターネット関連の世界的企業である Google が提供する文献検索サービス Google Scholar（グーグル・スカラー）（https://scholar.google.co.jp/）のトップページには「巨人の肩の上に立つ（standing on the shoulders of giants）」という格言が表示されています。

この格言は，著名な科学者ニュートン（Newton, I.）が論敵のフック（Hooke, R.）に宛てた手紙の中で「私がより遠くを眺めることができたとしたら，それは巨人の肩の上に乗ったからです」と書いたことで知られるようになったそうですが（科学技術振興機構，2011），そもそもは 12 世紀のフランスの哲学者ベルナール（Bernard de Chartres）に由来する言葉で（村松，2014），先人の積み重ねた発見に基づいて何かを発見することを意味しています。

　第 1 章では，心理学は過去の研究や理論などから導き出された心や行動に関する仮説を実証的に研究する学問であることを説明しました。つまり，心理学の研究者は，過去の研究や理論を文献検索で調べることによって「巨人の肩の上に立つ」ことが求められるのです。

12.2　文献の種類

　研究を行う際は，研究テーマを決定して関係する資料を集めます。この研究資料のことを**文献**（literature, document）と呼びます。文献は，論文や書籍などの冊子体の印象が強いかもしれませんが，インターネットのウェブサイトなどの電子媒体上の情報もあてはまります。このように，文献にはさまざまな情報源が含まれますが，学術性や信頼性には差異があります。したがって，文献に関する基本的な知識が求められますので，ここでは代表的な情報源と留意点について説明します。

12.2.1　論　文

　論文（article, paper）とは，あるテーマについての学問的な研究成果などを論理的手法で書き記した文書のことですが，論文は文献の中でも学術性と信頼性が高い情報源として認識されています。基本的には研究者仲間や同分野の専門家を対象に書かれていますので，読者にはある程度高度な専門的知識が要求されます。論文には査読つき論文（査読あり論文）と査読なし論文の 2 種類があります。

　査読つき論文（peer-reviewed article）とは，論文の掲載前に，同分野の専門家による内容の評価や検証である**査読**（peer review）を受けた論文のことです。査読を通過することで内容の品質チェックを受けていることから，文献の中でも学術性と信頼性が最も高い情報源として扱われています。査読つき論文は，学会等が発行する学術雑誌（日本心理学会が発行する「心理学研究」など）に掲載されるのが一般的です。このことから，査読つき論文を**学術論文**（academic article）と呼ぶことがあります。学会誌に論文を投稿して査読を受

けるためには，投稿者が学会員であることが条件になっている場合があることから，研究者の多くは専門分野に応じた学会に所属しています。

　査読つき論文が掲載される学術誌には，**国際誌**（international journal）と国内誌の2種類があります。一般的に，国際誌は英語，国内誌はその国の言語で記述された論文が掲載されます。国際誌は，研究成果の発表が世界規模で行われますので，国内誌と比べて読者となる研究者仲間や専門家の数が圧倒的に増えます。したがって，査読つき論文は，国内誌よりも国際誌のほうが学術性と信頼性が高く評価されています。

　ところが，最近は，国際誌に掲載された学術論文が高く評価されるという仕組みを悪用した**粗悪学術誌**（predatory journal）が問題になってきたので少し注意が必要です。粗悪学術誌はハゲタカジャーナルとも呼ばれており，論文の品質管理を偽装するビジネスを行っていて，研究者に投稿を勧める電子メールを頻繁に送信してきます。受信した電子メールから粗悪学術誌のホームページを確認してみると，一見問題がない学術誌のような印象を受けるのですが，粗悪学術誌は著者から論文掲載料を得るという商用目的のために適切な査読を行わずに論文を掲載します。このような理由から，粗悪学術誌に掲載された論文は学術性と信頼性が保証されておらず，粗悪学術誌は学問に対する信用を低下させる存在とみなされていて社会問題になっています。したがって，このような問題のある学術誌は文献調査の対象からは除外しましょう（**表12.1**）。

　査読なし論文とは，研究者仲間や同分野の専門家による査読が行われていない論文のことです。査読なし論文は「○○大学紀要」という名前で，それぞれの大学が発行している**紀要**（bulletin）という雑誌に掲載されることが多いことから**紀要論文**（bulletin article）と呼ばれることもあります。査読なし論文は，基本的に同分野の専門家による査読を受けていないので，論文の内容の品質チェックを受けていないことから，学術性と信頼性が低く評価される傾向があります。言い換えるならば，査読なし論文は，玉石混淆ですから（麻生，2009），読者には，査読つき論文と比べて，内容を慎重かつ批判的に検討することが求められます。

表 12.1　**粗悪学術誌の特徴**（京都大学図書館機構，2019）

①掲載されている論文に不審な点が多い。もしくは対象分野と大きくかけ
　離れた論文が掲載されている。
②そのジャーナルの出版社が，短期間に不自然なまでに多くのジャーナル
　を刊行している。
③ジャーナルのウェブサイトに，Editorial Office の住所が記載されてい
　ない。
④ジャーナルのウェブサイトに，無関係で学術的ではない広告が掲載され
　ている。
⑤編集責任者が明確でない。
⑥ジャーナルの名称やロゴが，有名なものに酷似している。
⑦査読の時間が極端に短いことを確約している。
⑧論文の著作権の取り扱いが明示されていない。もしくは著作権は出版社
　が保持すると記載されている。
⑨論文投稿料が明示されていない。
⑩研究不正や利益相反についての方針が明記されていない。
⑪ジャーナルが刊行停止になった際，論文へのアクセスがどうなるかが明
　記されていない。等

12.2.2　書　　籍

　書籍は図書とも呼ばれ，基本的には 1 人もしくは複数の著者や編者によって
執筆された 1 冊完結の出版形式をとります。書籍には，研究者仲間や同分野の
専門家向けに執筆された専門書と，専門的な知識をもたない一般読者向けに執
筆された一般書の 2 種類があります。

　どちらの書籍も，研究では重要な情報源になり得るのですが，論文と同様に
書籍の学術性と信頼性には若干注意が必要です。なぜならば，専門書という言
葉からは，出版前に学術性と信頼性に関する専門的なチェックが行われている
ような印象がありますが，実際には，必ずしも査読のような厳密な評価プロセ
スを経てはいない書籍も数多く刊行されているからです。

　それでは，読者が書籍の学術性と信頼性の評価を行う際，どのような情報に
注目すればよいのでしょうか。一つは，その書籍に**引用文献**（reference）が
あるかどうかをチェックする方法があります。前章で他人の文章や考え方を許

可なく使用あるいは部分的に使用して自分のものとして発表する行為は**盗用**（あるいは**剽窃**；plagiarism）という**研究不正**（research misconduct）にあてはまることを説明しました。したがって，他者の意見等を著作物で記述する場合は，出典を明示して自分の考えとは区別するのがルールですから[1]，書籍に引用文献があるかどうかというポイントは，書籍が研究に関する基本的なルールを守って作成されているのかどうかを判断する材料になります。

　引用文献という用語は参考文献と同じように使われる場合がありますが，本文中で言及（引用）されているものを引用文献，本文中での言及はないが執筆の際に参考に記述したなど読者に読むことを勧めるものを参考文献，というように使い分ける場合があります（科学技術振興機構，2011）。

　「巨人の肩の上に立つ」という格言を思い出していただきたいのですが，出典がない書籍は，どこからどこまでが根拠のある主張なのか，あるいは内容が先行研究や既存の理論を踏まえたものかどうかという根本的な点が不明確であることから，読者は学術性や信頼性の評価を行うことができません。一般書であったとしても，読者が書籍の内容のファクト・チェック（事実確認）を行うことができるようにするためには主要な出典の明示は必要です。

　翻訳書の場合，原著には出典が明記されているにもかかわらず，翻訳書になると引用文献の一覧が削除されているものがあります。出版社が引用文献の一覧をホームページで公開している場合もありますが，翻訳書を購入する際はそういうポイントにも注意したほうがよいでしょう。

　書籍を購入する際は，著者や出版社に関する情報も学術性や信頼性を判断する参考になります。たとえば，著者がその分野の専門家なのか，同じような書籍をこれまでに出版した経験があるのか，出版社がこれまでにどのような本を刊行してきたのかなどの情報は，学術性と信頼性が一定水準以上の書籍を購入

---

[1] 引用文献の書き方にはルールがあります。社会科学における世界的標準は APA（American Psychological Association）スタイルです。我が国では，日本心理学会が 2015 年に刊行した『執筆・投稿の手びき』に APA スタイルに準拠した引用文献の書き方が詳しく説明されています。同書はインターネットで無料公開されていますから，書き方がよくわからないときは一読してください。

する判断材料になると思われます。

12.2.3　インターネットのウェブサイトからの情報

　行政や公的機関がインターネットで公開している文書や統計資料は，研究者にとっては身近な電子媒体の文献です。これらの情報は，発信元が明確ですし，事実に基づいているので情報の信頼性が保証されていると考えられることから，論文や書籍ではよく引用されています（ただし，厚生労働省による毎月勤労統計についての不正問題が明るみになったように，官庁統計に対する信頼を揺るがすような事件もあります）。

　メディアによるオンライン記事は，虚偽報道や偏向報道という言葉が存在することからうかがえるように，行政や公的機関等の文書や統計資料と比べると，情報の信頼性が保証されているとは言い難いところはあります。しかし，メディアが発信する情報は，基本的には社会で現実に起きたこと，すなわち，事実に基づく情報とみなされているので，出典情報を明記できる場合は，研究資料としても扱われています。

12.2.4　文献として扱うことが難しい情報

　情報の製作者や発信元が不明であるなど，情報の信頼性を確認することが難しい場合は，研究資料として利用するのはふさわしくありません（山口，2013）。たとえば，出典を明記していないウェブサイトの記事は，内容の事実確認が難しいので研究資料として扱うのは適切ではありません。同様に，情報の信頼性の観点から考えると，フリーの多言語インターネット百科事典であるウィキペディア（Wikipedia）は，とても便利なサービスですが，文献として扱うことは望ましくないことがわかります。ウィキペディアの記事は匿名の不特定多数によって編集可能で，掲載される内容は随時アップデートされます。この特徴からウィキペディアの情報の信頼性は保証されているとはいえないからです。

　心理学をはじめとする科学的方法を用いた学問は，事実に基づいた研究を行うことが求められます（第1章）。したがって，何かを主張しようとする際は

根拠を示すことが重要ですし，信頼性が乏しい情報を文献に加えることは決して望ましくありません。ウェブサイトの記事の中には，根拠資料として出典情報を明記しているものもありますが，その場合は，その情報について裏づけをとって，情報の信頼性をしっかりと確認することが肝心です。

12.2.5　一次資料と二次資料

　研究を行う際は，どのような種類の文献に注目するのがよいのでしょうか。一概に回答するのは難しいのですが，書籍は，現時点である程度評価の定まっている知見や理論を体系的にまとめている場合が多いので，研究をスタートする場合には，まず，研究テーマに関する書籍を数冊読んでみるのがよいでしょう。もし，研究テーマ自体が新しく，現状では適切な書籍が見つからないような場合は，便宜的にインターネットのウェブサイトからの情報を利用するのもよいかもしれません。しかし，ある程度，研究テーマに関して定説となっている知識を得たのならば，情報源を徐々に論文へとシフトしていきましょう。その理由について説明します。

　何らかのテーマに関する資料のうち，独自性があるおおもとの資料や原典，もとの文献のことを**一次資料**（primary source）と表現します。これに対して，一次資料を解説した資料，もしくは一次資料を加工・編集した資料のことを**二次資料**（secondary source）と呼びます。文献の種類をこの資料の分類にあてはめてみると，論文は基本的には一次資料，論文をもとに作成される書籍やインターネットの情報などは二次資料に該当することがわかります。つまり，論文は文献の中核に位置するのです。

　したがって，文献の中で最も重要な情報源はどれかと問われたならば，それは「論文」です。重要な研究成果は論文として発表されるのが一般的ですし，研究内容に関する詳細な情報は論文に記されています。つまり，論文を読まずして研究を行うことはできません。このような理由から，研究者は，文献検索を行う際，研究テーマに関する論文に最も注目して，数多くの論文の内容を精査することで研究動向を把握しようとします。

12.3 論文の探し方──文献検索法

前節では，①文献の中には学術性や信頼性のレベルが異なるさまざまな情報源が存在すること，②論文が最も重要な情報源として位置づけられていること，について説明しました。本節では論文の探し方について説明します。

12.3.1　文献の探し方

あなたがとりあえず学術論文の実物を手に取ってみたいと考えた場合は，研究指導を担当している教員や最寄りの図書館に相談してみてください。大抵の教員や図書館は，冊子体の学術誌を入手していますので，学術誌の実物を手にとって論文を読むという体験が可能です。

もし，具体的な研究テーマは決まっていないけれども，ある研究分野の研究動向を知りたい，という場合は，興味がある研究分野の学会が発行している学術誌を調べてみましょう。たとえば，教育心理学に関心がある場合は，日本教育心理学会が発行している学術誌の最新号を調べてみると，我が国の教育心理学に関する最近の研究動向の一端を知ることができます。学術誌は学会のホームページや J-STAGE（https://www.jstage.jst.go.jp/browse/-char/ja）という電子ジャーナルシステムなどで公開されている場合があります。

具体的な研究テーマが決まっている人は，文献検索サービスを利用してキーワードを使った論文検索を行うと，効率よく研究テーマに関する国内外の論文を探し出すことができます。文献検索サービスには，たとえば医学・生物系の文献検索エンジンである PubMed（https://pubmed.ncbi.nlm.nih.gov/），国立情報学研究所が運営する学術論文や図書・雑誌などの学術情報データベースである CiNii（https://ci.nii.ac.jp/）などがあります[2]。ここでは，本章冒頭で言及した Google Scholar を使用した文献検索について説明します。

---

[2] その他の代表的な文献検索サービスとしては，エルゼビア社が提供する引用文献データベースである Scopus，クラリベイト社が提供する引用文献データベースである Web of Science などがあります。Scopus や Web of Science は利用契約していない機関もあるので，このサービスを利用できるとは限りません。

12.3.2 Google Scholar を使った文献検索法

Google Scholar（https://scholar.google.co.jp/）は，論文や書籍などの学術情報の検索に特化した文献検索エンジンで，インターネットが利用できる環境であれば，このサービスは誰もが無料で利用することができます。

Google Scholar の使い方ですが，通常の検索エンジンと同じく，任意のキーワード（研究テーマに関する専門用語に限らず，研究者の人名や学術誌名でも可）を入力すると，検索結果はキーワードと関連度の高い順にリストアップされます。日本語の情報を調べたいときは検索窓に日本語を，英語での情報を調べたいときは検索窓に英語を入力します。Google Scholar は，このように簡単な操作でスムーズに文献検索を行うことができるのが特徴です。

文献検索では，研究テーマに直接関係する重要な文献を見落してしまうと，研究自体の評価が大きく低下しますので（大木，2013），Google Scholar を使った文献検索のコツについても説明します。

1. 検索演算子を使った情報の絞り込み

通常，ただ 1 つのキーワードを使って検索を行った場合，よほど人気がない研究テーマを選ばない限り，情報の絞り込みを行うことは困難です。このようなことから，研究者は，研究テーマに関する複数のキーワードをピックアップして，それらのキーワードの組合せによる情報の絞り込みを行うことで，文献検索の作業を効率化しています。

Google Scholar では，通常のウェブ検索と同じように，検索演算子を使った文献検索が可能なので，①複数検索，②フレーズ検索，③ OR 検索，④除外検索，という基本的なテクニックについて説明します。

①複数検索は，AND 検索ともいわれるものです。A と B という両方のキーワードを含む検索結果を表示させたいとき，すなわち，検索対象範囲を狭めたいときに有効です。検索窓に「A　B」と入力して検索します。

②フレーズ検索は，A と B という 2 つのキーワードをバラバラではなく，ひとまとまりで検索したいとき，「A B」の言葉の順番をそのままのフレーズで検索したいときに使います。検索窓に「"A B"」と入力して検索します。

③ OR 検索は，A と B という 2 つのキーワードのうち，どちらかを含む検索

結果を表示させたいとき，検索対象範囲を広げたいときに有効です。検索窓に
「A OR B」と入力して検索します。

　④除外検索は，NOT 検索ともいわれるものです。A と B という 2 つのキー
ワードのうち，除外したいキーワードの前にマイナス記号をつけることによっ
て，あとに続くキーワードを除外して検索することができます。たとえば，A
から B のキーワードを除外したい場合は検索窓に「A−B」と入力して検索し
ます。

2.　適切な研究キーワードの見つけ方

　文献検索を行う際は，適切な研究キーワードを上手にピックアップすること
も重要です。大木（2013）によれば，適切なキーワードを見つけるためには，
以下のような方法を試してみるのがよいそうです。

　①興味や関心のあるトピックに関する情報を，書籍やインターネットを用い
て広く収集しましょう。専門用語だけでなく，日常語が役に立つ場合がありま
す。

　②キーワード検索を行うプロセスでは，新たなキーワードを確認するように
しましょう。たとえば，「本」と「書物」，「病気」と「やまい」のように意味
が同じだけれども表記や発音が異なる同義語や，「遊戯」と「ゲーム」，「感情」
と「気分」などのように意味の似た類義語には注意が必要です。

　③キーワードの同義語や類義語の関係，階層関係を広く確認するようにしま
しょう。たとえば「気分障害」というキーワードの階層関係について説明する
と，上位キーワードは「気分」や「精神疾患」，下位キーワードは「うつ病性
障害」や「双極性障害」です。

3.　論文の入手方法

　研究テーマに直接関係しそうな論文を見つけた場合，（具体的な読み方はこ
の後の節でアドバイスしますが）実際に論文を入手して読んでみましょう。最
近は，論文の無料公開を行う**オープンアクセス誌**（open access journal）が増
えてきましたので，入手しやすくなってきています。

　もし，探し出した論文が無料公開されていない場合は，図書館で文献複写依
頼を行って印刷物を入手しましょう。文献複写は一般的に有料ですが，比較的

リーズナブルに印刷物を入手できます（複写料金と送料を負担する必要のある場合が多くあります）。論文の著者に直接メールを出して論文別刷（リプリントや PDF ファイル）の送付を依頼するという方法もありますが，必ずしも応じてもらえるとは限りません。

12.4 論文の分類と読み方

12.4.1 記載内容による論文の分類

前節では，論文には査読つき論文と査読なし論文がある，と述べました。これは査読の有無による区別ですが，論文は記載内容によっても区別することができます。たとえば，日本心理学会が発行している学術誌「心理学研究」では，論文を，①原著論文，②研究資料，③研究報告，④展望論文，に分類しています（日本心理学会，2015；表 12.2）。

論文とは，通常，原著論文のことを意味します。原著論文は，著者が独自に行った新規の研究であるとみなされることから，最も高く評価されている研究成果です。「心理学研究」誌では，①原著論文，②研究資料，③研究報告は，

表 12.2 **論文の種類と定義**（日本心理学会，2015）

種類	定義
原著論文	原則として，問題提起と実験，調査，事例などに基づく研究成果，理論的考察と明確な結論をそなえた研究。掲載時 10 ページ以内。
研究資料	新たな実験装置や解析プログラムの開発，新たな心理測定尺度の作成やデータベースの構築など，研究の遂行に有用な新たな方法，技術およびデータに関する報告。掲載時 10 ページ以内。
研究報告	すでに公刊された研究成果に対する追加，吟味，新事実の発見，興味ある観察，少数の事例についての報告，速報性を重視した報告，萌芽的発想に立つ報告。掲載時 6 ページ以内。
展望論文	心理学の最近の重要テーマについて，研究状況，主要成果，問題点等を解説し，研究の意義と今後の課題を論じる。掲載時 20 ページ以内。

資料の分類にあてはめると一次資料に該当します。

　一方，④展望論文は，**総説論文**（あるいは**レビュー論文**（review article））と呼ばれることがありますが，特定の研究テーマに関する過去研究を広範囲に分析して，そのテーマに関する概要と知見の現状を示すことを目的としています。総説論文は，一次資料を解説した資料に該当しますので，資料の分類にあてはめると二次資料に該当します。総説論文は二次資料である，と説明されると，原著論文と比べて総説論文の価値や評価が低い印象をもつかもしれませんが，それは誤解です。総説論文の中には，研究テーマを絞って関係する過去研究の収集法を明確にし，研究の評価法を明示して統合的に分析した上で客観的な結論を導き出す**系統的レビュー**（systematic review）を行った研究があります。また，**メタアナリシス**（あるいは**メタ分析**；meta-analysis）と呼ばれる対象研究が報告した論文の数値を総合するための統計解析を含む研究もあります（折笠，2003）。現在，科学的根拠のレベルが最も強い情報は系統的レビューから得られたものであると考えられており（眞喜志，2017），総説論文から得られる情報は研究者にとって非常に重要です。しかし，総説論文があらゆる研究テーマについて存在するわけではありませんし，都合良いタイミングで自分の研究テーマに関する総説論文が発表されるわけでもありません。このようなことから，研究者は基本的には原著論文から得られる情報を中心にして研究活動を行っています。

12.4.2　原著論文の構成と読み方

　日本心理学会（2015）によれば，学術誌に投稿される論文の構成は，**問題**（**序論**（introduction）），**方法**（method），**結果**（results），**考察**（discussion），**結論**（conclusion）の各部分を含むことが望ましい，とされています（表12.3）。そして，原著論文は，①表題，②著者，③要旨，④キーワード，⑤問題，⑥方法，⑦結果，⑧考察，⑨その他（利益相反や付録など），⑩引用文献という構成に編集されて学術誌に掲載されることが多いです。したがって，論文を読むときは，このような構成になっているということをあらかじめ覚えておくとスムーズに読み進めることができます。

表12.3 **論文の構成**（日本心理学会，2015）

(1) 問題（Introduction）：その論文で何を問題にするかを簡潔明瞭に書く。ただし，「問題（Introduction）」という見出しは印刷されない。先行研究に対する検討内容や仮説を含む。

(2) 方法（Method）：研究（実験，観察，調査，事例研究など）の対象，材料，方法，手続きなどについて，要点をもらさず詳細に書いておく必要がある。ただし，標準的方法あるいは同一方法を用いた既刊論文がある場合には，それを引用して記述を簡略にすることもできる。なお，実験参加者の個人情報の秘匿，保護など，研究倫理に関しても記述する。

(3) 結果（Results）：研究の結果を，内容の重要度に従って事実に即して忠実に述べる。自分の予期に反した事実も省略しない。心理学における研究では統計的仮説検定が分析にしばしば用いられるが，仮説検定はデータ分析の一側面に限られる。必要に応じて仮説検定に限らず適切な分析手法を用いるのが望ましい。特に，仮説検定の適用にあたっては，前提とするデータの性質（データの分布の正規性や，標本相互の独立性など）が成立していることを確認する。分析結果の記述においては，研究結果の重要性を評価できるよう効果量とその信頼区間も示す。元来の測定単位・尺度によって表された効果量は理解が容易であるが，必要に応じて尺度に依存しない標準化された効果量の指標（Cohenのdや標準化回帰係数等）を示す。データの欠測は分析の結果に大きな影響をしばしば与える。欠測を伴うデータを分析する場合には，欠測の頻度や件数を示すとともに，欠測の発生について経験的あるいは理論的な説明を記述する。分析において採用した欠測モデルの性質（MCAR，MAR，NMARの区分）や，欠測に対応するために採用した方法（多重埋め合わせなど）について記述することが望ましい。

(4) 考察，結論（Discussion, Conclusion）：得られた結果を，従来の研究成果と比較し，その理論的意義を考察し，結論に至る過程を述べる。研究が複数に分かれている場合は，それぞれ方法，結果，考察を書いてもよい。ただし，その際は総合考察（General Discussion）が必要となる。

(5) 利益相反の開示：本文末に利益相反の開示について記述する必要がある。なお，投稿時は，著者情報が含まれる場合，著者情報を伏せて投稿する。詳細は学会ホームページを参照されたい。

(6) その他：その他に，表題はもちろんのこと，引用文献（References），図表（Figure, Table），英文アブストラクトとキーワード（Abstract, Key Words）などが必要である。

　論文を読むときは，はじめに論文の要旨とキーワードを確認して，自分自身の研究テーマに関係しそうな論文であるかどうかの判断を行います。もし，関係しそうな論文だと判断した場合は，本文を精査する作業に移行します。本文とは，問題，方法，結果，考察のことですが，特に重要なポイントは図表に集約されて表現されていることが多いので，これらに注目しながら論文を読むと効率よく内容を把握することができます。もちろん，これは図表だけを確認しておけば大丈夫ということではないので，論文の隅々まで目を通しましょう。

　読了後は，コメントをメモしておくと後で文献整理を行う際に役に立ちます。コメントの内容は，あなたが論文を読んで気づいたこと，考えたことなど何でも構いませんが，研究テーマに関係しそうなポイントは少し具体的にコメントを残しておくとよいと思います。もしも論文にどうしてもわからない点があった場合は，論文には**コレスポンディング・オーサー**（あるいは責任著者）（corresponding author）という論文の問合せに責任をもつ著者が明記されているので，その人に連絡をとって疑問点について相談してみるとよいでしょう。

　論文が研究テーマに強く関係する内容であった場合は，その研究がその後どのような研究に影響を与えているのか，現在どのように発展しているのかなど，いわゆる研究動向に関する情報を集めることが重要になります。その際は，その論文を引用している文献を調べることで，研究動向に関する情報を収集することができます。

　前節では Google Scholar を使った文献検索法を説明しましたが，このサービスを使えば引用文献に関する情報を連鎖式に入手できます。検索すると出てくる論文名の下に「引用元」と表記されているところがあり，そこをクリックするとその論文を引用している文献を表示することができます。論文が引用されている回数（引用元の数値）は，その論文がインパクトのある研究としてその研究分野で評価されているかどうかを判断する指標の一つとして役立ちます。

12.4.3　英語論文の読み方

　12.2 節で，国際誌は国内誌に比べて研究者仲間や同分野の専門家の数が圧倒的に多いことから，査読つき論文の学術性と信頼性が高く評価されていること

について説明しました。このような事情から，重要な発見を報告する原著論文は，国際誌に発表される傾向があります。したがって，研究者は，国際誌の原著論文を数多く読むことが求められるのですが，その論文は基本的には英語で書かれています。英語に苦手意識のある人もいると思いますので，英語論文の読解を効率化するための方法を紹介します。

英語論文の読解は，経験がない人にとってはとても苦労するものだと思われています。そういう思い込みから，はじめから英語論文を読むことを諦めてしまう人がいますが，翻訳ツールを利用することで，読解作業を大幅に効率化できるようになってきました。最近登場した翻訳ツールの一つに DeepL 翻訳（DeepL Translator）（https://www.deepl.com/translator）があります。DeepL 翻訳は，人工知能を活用した機械翻訳システムによるサービスを提供しているドイツの企業 DeepL が開発したもので，2020 年に日本語の翻訳サービスを開始しました。無料版は，翻訳可能な文字数に制限があるものの，研究を始めたばかりの人にとっては役に立つサービスです。使い方は，他の多くの翻訳ツールと同様で，翻訳したい文章をコピーしてペーストするだけです。一例として，筆者の過去の英語論文（Honda et al., 2014）をピックアップしてサービスを利用してその結果を確認すると，自然な翻訳が行われていることがよくわかりました。もちろん，このような翻訳ツールは，完璧な翻訳を行うわけではないので，どうしてもユーザーが辞書を使って翻訳する機会も出てきますが，必要に応じて利用することで効率よく論文の内容を把握することができます。上手に活用してみてはいかがでしょうか。

12.5 文献の整理の仕方──文献レビュー

繰り返しますが，研究者は「巨人の肩の上に立つ」ことが求められるので，数多くの論文に目を通します。しかし，単純に文献検索を繰り返してみたところで各論文の情報を統合して考察することができなければ，「巨人の肩の上に立つ」ことにはつながりません。言い換えるならば，文献の探し方を知っていても，文献のまとめ方も知らなければ，新しい研究計画を立てることはできな

いのです。したがって，研究計画を立てるにあたっては，研究テーマに関する数多くの文献の内容を評価してまとめる作業，いわゆる**文献レビュー**（literature review）を行うことが重要です。

12.5.1　マトリックス法による文献レビュー

代表的な方法の一つは**マトリックス法**（あるいはレビュー・マトリックス法；matrix method）です（Garrard, 2011 安部訳 2012）。マトリックス法は，文献の内容を集計表（マトリックス）に入力することでまとめる方法で（**表12.4**），以下の 3 段階から構成されています。

はじめに，「文献の整理」を行います。出版年に基づいて最も古いものから最も新しいものまでの文献を用意します。

次に，「トピックの選択」をします。具体的には，集計表を用意して文献レビューのために使用するトピックを決めます。研究者が集計表で選択するトピックは基本的には自由ですが，ガラード（Garrard, 2011 安部訳 2012）は，著者・表題・学術誌名，出版年，目的をトピックとして使用することを推奨しています。

最後となる，「文献の要約」の段階では，各文献を読んで要約し，集計表のそれぞれのトピックの下に内容を記入していきます。

マトリックス法は，集計表に先行研究を記入することで文献の内容を整理しますが，時間軸を通す工夫によって，研究テーマがどのように発展してきたのか，どこが内容的に不足しているのかなど，研究動向に関する重要なポイントが把握しやすくなります。したがって，この方法は，ある特定の研究テーマの内容を詳しく探りたいとき，言い換えるならば，研究テーマを深掘りして効率よく「巨人の肩の上に立つ」ことを実現したいときに有効です。

しかし，文献調査は，このような縦方向の情報の整理を行うだけでは不十分です。単純に深掘りするだけでは研究が孤立してしまう可能性があるからです。ものの位置を正しく定位するためには，縦方向（y 軸）と横方向（x 軸）の 2 つの情報が求められるように，研究テーマがどのように拡大・発展中なのかを把握するための横方向の情報の整理も重要です。

表 12.4　マトリックス法を利用した研究例（松原・畑吉，2020 から一部抜粋）

著者 （年）	タイトル	目的	デザイン	対象	感情体験
草野 和美 他 (2007)	精神科入院患者から暴力行為を受けた看護師の体験感情と感情に影響を与える要因	精神科入院患者から暴力行為を受けた看護師の感情と，その感情に影響を及ぼす要因について明らかにすること	半構成的面接	看護師	「暴力行為を受けたことによる混乱」「暴力行為による驚き」「暴力行為によって生じた怒り」「暴力行為を受けたことへのショック」「暴力行為によって生じた恐怖心」「自責の念」「自己理想からくる葛藤」「患者の暴力行為の理不尽さ」「無力な自分への空しさ」「暴力行為を受けたことへの羞恥心」「患者と関わることへの不安と困惑」「患者との関わりへのうっ屈」「患者への拒否感」「患者の関わりに対する気遣い」等を抽出している。
乙黒 仁美 (2008)	入院治療を受けている統合失調症患者への不穏時の看護介入における構成要素　ベテラン看護師の不穏の認識と臨床判断を中心に	ベテラン看護師の不穏の認識と臨床判断を中心に統合失調症患者への不穏時の看護介入における構成要素を明らかにすること	半構成的面接	ベテラン看護師	記述なし。
高橋 ひとみ 他 (2014)	精神科病棟におけるスタッフのストレス調査	精神科病棟におけるスタッフのストレスを調査すること	質問紙調査	看護師	精神的暴力を受けた時の既往・情景が何度も蘇ってくる。精神的暴力について考えたり話したりすることを避けたり，そのことに対して感情をもたないようにしがちになった。過敏になり，常にビクビクするようになった。患者・家族に接することが怖くなった。
井上 雄二 他 (2015)	言葉の暴力に対する意識調査　看護職種と他職種を比較検討して	言葉の暴力について看護職種と他職種の認識の違いを明らかにし，病院全体としてどのように対応したらよいかの示唆を得ること	質問紙調査（質的研究）	看護職種・他職種	尊厳や価値を脅かされる行為はスタッフの心を深く傷つけ，就労意欲にも大きく影響してしまう。
田中 文 (2015)	外来における職員への暴力対応マニュアル作成シミュレーションの効果	外来における患者・家族などからの暴力の実態を調査し，暴力対応マニュアルを作成し，シミュレーションを行うこと	質問紙調査	外来職員	記述なし。

12.5.2 Connected Papers による文献レビュー

　縦方向が研究の深さに関する情報ならば，横方向は研究の広がり，研究のつながり・結びつきに関する情報です。それでは横方向の情報はどうすれば入手できるのでしょうか。前節では Google Scholar を使って論文の引用関係を調べる方法を紹介しましたが，この方法では研究のつながりを把握するまでに時間がかかります。そこで，研究の関係性を視覚的に把握するツールである Connected Papers（https://www.connectedpapers.com/）を紹介します。

　Connected Papers は，論文同士の結びつき，ネットワークを可視化できる無料ツールです。たとえば，2つの論文があり，それぞれの論文の引用文献が重複している場合は，同じテーマを扱っている，と判断するようなアルゴリズムが実装されています。そして，この類似度の指標が高い論文は近い距離にまとめて，類似度が低い論文は距離的に離れて視覚的に表示される仕様になっています。ユーザーは，検索窓に論文名や論文の DOI（デジタルオブジェクト識別子）などを入力するだけでこのツールを使うことができます。

　一例として，筆者の英語論文の中で最も引用数が多い論文（Honda et al., 2007）をピックアップして，このサービスを利用してみました。出力されたネットワーク図には，円のような形のノード（結び目）が表示されていて，大きさが被引用数（大きいほど被引用数が多い），色が年（色が濃いほど最近の論文）を表しています。類似論文はラインで結ばれており，クラスター（集合）を形成して表現されています。このサービスは，研究テーマに関する状況を文字通り俯瞰することができるのでとても便利です。出力画面の左側には，このネットワーク図内の論文がそれぞれ表示される仕様になっていますので，前節で紹介したキーワードを使った文献検索で見落としていた論文を見つける方法としても有効だと思います。ぜひ，一度，気になる論文をピックアップしてこのサービスを利用してみてください。

　本節では文献のまとめ方について説明しました。最近は論文を電子ファイルで管理する機会が増えていることから Paperpile（https://paperpile.com/）や Zotero（https://www.zotero.org/）などの文献管理ツールを利用している研究者もいます。これらのサービスを活用してみるのもよいでしょう。

12.6　ま と め

　文献検索法は，研究倫理と同じく，研究活動を行う際に必要となりますが，授業などで説明される機会は少なく，体系的な知識を得ることが難しいトピックに該当します。本章を活用して，あなたが「巨人の肩の上に立つ」ことを実現する一助にしていただければと思います。

　本章では，Google Scholar，DeepL 翻訳，Connected Papers などさまざまなインターネット・サービスを取り上げて，その内容を紹介してきました。Google Scholar は，スマートフォンでも利用できますし，本章で紹介した機能以外にも便利な機能（新しい論文が登録されたときに通知を受け取れるようにするメールアラート機能など）がありますので確認してみてください。

　コンピュータやインターネットが普及したことで，文献検索法に限らず，研究活動そのものがその影響を強く受けるようになりました。このようなテクノロジーやサービスと上手に付き合っていくことで，皆さんの研究活動は，効率化できるだけではなく，これまで以上にアクティブに，そしてより充実したものになるのではないかと思います。これからも便利なサービスが続々と登場すると思いますので，積極的に情報収集を行ってみてください。

復 習 問 題

1. 文献について，<u>誤っているもの</u>を 1 つ選んでください。
   ①研究資料のことである。
   ②ウィキペディア（Wikipedia）を文献として扱うことは望ましい。
   ③引用文献が明示されていなければ読者はファクト・チェック（事実確認）を行うことができない。
   ④情報の信頼性を確認することができない情報は文献にふさわしくない。
   ⑤文献には一次資料と二次資料がある。
2. 論文について，<u>誤っているもの</u>を 1 つ選んでください。
   ①査読つき論文（査読あり論文）と査読なし論文がある。
   ②査読なし論文は，読者には，査読つき論文（査読あり論文）と比べて，内容を

慎重かつ批判的に検討することが求められる。

③粗悪学術誌への論文掲載が社会問題化してきている。

④論文の無料公開を行うオープンアクセス誌が増えてきている。

⑤総説論文は二次資料に該当するので価値が低い。

3. 他人の文章や考え方を許可なく使用あるいは部分的に使用して自分のものとして発表する研究不正について，正しいものを 1 つ選んでください。

　①捏造

　②改竄

　③盗用（剽窃）

　④二重投稿

　⑤p 値ハッキング

参 考 図 書

大木 秀一（2013）．看護研究・看護実践の質を高める文献レビューのきほん　医歯薬出版

　主に看護研究の初心者を対象に文献レビューの考え方や具体的な手順について解説した本ですが，その内容は心理学の初学者にも役立つものです。文献レビューに関して説明された書籍は少ないことからも，貴重な一冊です。

ガラード，J. 安部 陽子（訳）（2012）．看護研究のための文献レビュー――マトリックス方式――　医学書院

　文献レビューの実践的・実用的な方法であるマトリックス法について解説した本です。本章では説明を省略しましたが，マトリックス法によるコンピュータ・フォルダ構造についても説明されているので，情報を整理する際の参考になります。

松井 豊（2010）．心理学論文の書き方――卒業論文や修士論文を書くために――　改訂新版　河出書房新社

　はじめて心理学の論文を執筆する人をイメージして作成されたマニュアルです。皆さんが実際に研究活動をスタートしてみて，心理学の論文をはじめて書くときに大いに役立つと思います。

復習問題解答

第1章	第2章	第3章
1. ③	1. ④	1. ①
2. ②と④	2. ④	2. ⑤
3. ①と④	3. ①	3. ③

第4章	第5章	第6章
1. ①と④	1. ③	1. ①
2. ①	2. ②	2. ③
3. ②	3. ④と⑤	3. ②

第7章	第8章	第9章
1. ②	1. ②	1. ①
2. ⑤	2. ④	2. ⑤
3. ②	3. ①	3. ③

第10章	第11章	第12章
1. ①	1. ③	1. ②
2. ②	2. ④と⑤	2. ⑤
3. ④	3. ①	3. ③

引用文献

第 1 章

Bringmann, W. G., Bringmann, N. J., & Ungerer, G. A. (1980). The establishment of Wundt's laboratory: An archival and documentary study. In W. G. Bringmann, & R. D. Tweney (Eds.), *Wundt studies: A centennial collection* (pp.123-157). Toronto: Hogrefe.

長谷川 龍樹・多田 奏恵・米満 文哉・池田 鮎美・山田 祐樹・高橋 康介・近藤 洋史 (2021). 実証的研究の事前登録の現状と実践——OSF 事前登録チュートリアル—— 心理学研究, *92* (3), 188-196.

長谷川 寿一・東條 正城・大島 尚・丹野 義彦・廣中 直行 (2008). はじめて出会う心理学 改訂版 有斐閣

池田 功毅・平石 界 (2016). 心理学における再現可能性危機——問題の構造と解決策—— 心理学評論, *59* (1), 3-14.

Loftus, E., & Ketcham, K. (1994). *The myth of repressed memory: False memories and allegations of sexual abuse.* St, Martin's Press.
  (ロフタス, E. F.・ケッチャム, K. 仲 真紀子 (訳) (2000). 抑圧された記憶の神話——偽りの性的虐待の記憶をめぐって—— 誠信書房)

縄田 健悟 (2014). 血液型と性格の無関連性——日本と米国の大規模社会調査を用いた実証的論拠—— 心理学研究, *85* (2), 148-156.

日本心理学会 (2015). 執筆・投稿の手びき 2015 年改訂版 金子書房

日本心理学会 (監修) 楠見 孝 (編) (2018). 心理学って何だろうか?——四千人の調査から見える期待と現実—— 誠信書房

Pfungst, O. (1907). *Das Pferd des Herrn von Osten (Der Kluge Hans): Ein Beitrag zur experimentellen Tier-und Menschen-Psychologie.* Leipzig.
  (プフングスト, O. 秦 和子 (訳) (2007). ウマはなぜ「計算」できたのか——「りこうなハンス効果」の発見—— 現代人文社)

サトウ タツヤ・高砂 美樹 (2003). 流れを読む心理学史——世界と日本の心理学—— 有斐閣

Searle, A. (1999). *Introducing research and data in psychology: A guide to methods and analysis.* Routledge.
  (サール, A. 宮本 聡介・渡邊 真由美 (訳) (2005). 心理学研究法入門 新曜社)

高橋 澪子 (2016). 心の科学史——西洋心理学の背景と実験心理学の誕生—— 講談社

VandenBos, G. R. (Ed.). (2007). *APA dictionary of psychology.* American Psychological Association.
  (ファンデンボス, G. R. (監修) 繁桝 算男・四本 裕子 (監訳) (2013). APA 心理学大辞典 培風館)

渡邊 芳之 (2016). 心理学のデータと再現可能性 心理学評論, *59* (1), 98-107.

第 2 章

Green, S. B., Lissitz, R. W., & Mulaik, S. A. (1977). Limitations of coefficient alpha as an index of test unidimensionality. *Educational and Psychological Measurement, 37,* 827-838.

Loevinger, J. (1957). Objective tests as instruments of psychological theory. *Psychological Reports, 3,* 635-694.

Messick, S. (1995). Validity of psychological assessment: Validation of inferences from persons' responses and performances as scientific inquiry into score meaning. *American Psychologist, 50,* 741-749.

村山 航 (2012). 妥当性概念の歴史的変遷と心理測定学的観点からの考察 教育心理学年報, *51,* 118-130.

Stevens, S. S. (1946). On the theory of scales of measurement. *Science, 103,* 677-680.

第 3 章

Dalton, P. (2000). Psychophysical and behavioral characteristics of olfactory adaptation. *Chemical Senses, 25,* 487-492.

原澤 賢充 (2003). 適応的心理物理学的測定法による閾値の推定 *VISION, 15,* 189-195.

北岡 明佳 (2010). 錯視入門 朝倉書店

Orne, M. T. (1962). On the social psychology of the psychological experiment: With particular reference to demand characteristics and their implications. *American Psychologist, 17,* 776-783.

Wolfe, J. M., Kluender, K. R., Levi, D. M., Bartoshuk, L. M., Herz, R. S., Klatzky, R., ...Merfeld, D. M. (2012). *Sensation and Perception* (3rd ed.). Sunderland, MA: Sinauer Associates.

第 4 章

南風原 朝和・市川 伸一・下山 晴彦 (編) (2001). 心理学研究法入門——調査・実験から実践まで—— 東京大学出版会

伊藤 大幸・浜田 恵・村山 恭朗・髙柳 伸哉・野村 和代・明翫 光宜・辻井 正次 (2017). クラスサイズと学業成績および情緒的・行動的問題の因果関係——自然実験デザインとマルチレベルモデルによる検証—— 教育心理学研究, *65* (4), 451-465.

黒木 大一朗 (2020). ウェブ実験の長所と短所, およびプログラム作成に必要となる知識 基礎心理学研究, *38* (2), 250-257.

Kuroki, D. (2021). A new jsPsych plugin for psychophysics, providing accurate display duration and stimulus onset asynchrony. *Behavior Research Methods, 53,* 301-310.

三浦 麻子 (監修) 大竹 恵子 (編著) (2017). なるほど！心理学調査法 北大路書房

村井 潤一郎 (編著) (2012). Progress & Application 心理学研究法 サイエンス社

村井 潤一郎・藤川 麗 (編) (2018). 心理学研究法 遠見書房

中川 裕美・横田 晋大・中西 大輔 (2015). 実在集団を用いた社会的アイデンティティ理論および閉ざされた一般互酬仮説の妥当性の検討——広島東洋カープファンを対象とした場

面想定法実験―― 社会心理学研究, *30* (3), 153-163.

根本 橘夫 (1982). 学級集団の独自性と学級集団研究の問題点――実験小集団的研究とソシオメトリィによるアプローチの検討―― 心理科学, *5* (2), 14-22.

Nielsen, M., Haun, D., Kärtner, J., & Legare, C. H. (2017). The persistent sampling bias in developmental psychology: A call to action. *Journal of Experimental Child Psychology, 162*, 31-38.

沼崎 誠・工藤 恵理子 (2003). 自己高揚的呈示と自己卑下的呈示が呈示者の能力の推定に及ぼす効果――実験室実験とシナリオ実験との相違―― 実験社会心理学研究, *43* (1), 36-51.

大杉 尚之・小林 正法 (2020). 山形大学人文社会学部 lab.js 授業用ページ　Retrieved from https://yucis.net/labjs/ (2020 年 4 月 14 日)

Open Science Collaboration (2015). Estimating the reproducibility of psychological science. *Science, 349*, aac4716. doi: 10.1126/science.aac4716

長田 久雄 (2002). 加齢に関する心理学的研究について　理学療法科学, *17* (3), 135-140.

Ray, W. J. (2011). *Methods toward a science of behavior andexperience* (10th ed.). Belmont, CA: Wadsworth.
　(レイ, W. J. 岡田 圭二 (編訳) (2013). 改訂エンサイクロペディア 心理学研究方法論　北大路書房)

Sasaki, K., & Yamada, Y. (2019). Crowdsourcing visual perception experiments: A case of contrast threshold. *PeerJ, 7*, e8339. doi: 10.7717/peerj.8339

Schachter, S., & Burdick, H. (1955). A field experiment on rumor transmission and distortion. *The Journal of Abnormal and Social Psychology, 50* (3), 363-371.

清水 計法・釘原 直樹 (2018). 功利主義的道徳規範が責任の分散に与える影響――ゲーム場面を用いたシナリオ実験―― 対人社会心理学研究, *18*, 129-132.

高野 陽太郎・岡 隆 (編) (2017). 心理学研究法――心を見つめる科学のまなざし―― 補訂版　有斐閣

第 5 章

一言 英文・田渕 恵・箕浦 有希久 (2017). 質問票をつくる――調査票の作成と調査の実施方法―― 三浦 麻子 (監修) 大竹 恵子 (編著) なるほど！心理学調査法 (pp.47-57)　北大路書房

金政 祐司・三浦 麻子 (2020). 調査法 (1)――基礎―― 下山 晴彦・佐藤 隆夫・本郷 一夫 (監修) 三浦 麻子・小島 康生・平井 啓 (編著) 心理学研究法 (pp.68-80)　ミネルヴァ書房

増田 真也 (2019). 心理尺度の回答カテゴリに関する検討　哲學, *142*, 245-267.

Milgram, S. (1974). *Obedience to authority: An experimental view*. Harper & Row.
　(ミルグラム, S. 岸田 秀 (訳) (1995). 服従の心理――アイヒマン実験―― 河出書房新社)

箕浦 有希久（2017）．SD 法　三浦 麻子（監修）大竹 恵子（編著）なるほど！心理学調査法（pp.96-104）　北大路書房

三浦 麻子・小林 哲郎（2016）．オンライン調査における努力の最小限化（Satisfice）を検出する技法——大学生サンプルを用いた検討——　社会心理学研究, *32*（2）, 123-132.

宮下 一博（1998）．質問紙法による人間理解　鎌原 雅彦・宮下 一博・大野木 裕明・中澤 潤（編著）心理学マニュアル質問紙法（pp.1-8）　北大路書房

村尾 博（2012）．数段階のリッカート型データを間隔データとして使う場合の理論的根拠について　青森公立大学経営経済学研究, *17*（2）, 3-15.

西里 静彦（2014）．行動科学への数理の応用——探索的データ解析と測度の関係の理解——　行動計量学, *41*（2）, 89-102.

谷口 高士（2017）．心理評価実験における尺度構成の方法　日本音響学会誌, *73*（12）, 774-782.

田崎 勝也・申 知元（2017）．日本人の回答バイアス——レスポンス・スタイルの種別間・文化間比較——　心理学研究, *88*（1）, 32-42.

辻本 英夫（2006）．極端反応傾向と個人主義関連特性との関連　パーソナリティ研究, *14*（3）, 293-304.

続 有恒（1975）．質問紙調査法の意義　続 有恒・村上 英治（編）心理学研究法 9　質問紙調査（pp.1-22）　東京大学出版会

山口 洋（2004）．社会調査における回答選択肢の順序効果について　社会学部論集, *39*, 151-159.

第 6 章

Grimm, L. G., & Yarnold, P. R.（Eds.）（1995）. *Reading and understanding multivariate statistics*. Washington, DC: American Psychological Association.
（グリム, L. G.・ヤーノルド, P. R.（編）小杉 考司（監訳）（2016）．研究論文を読み解くための多変量解析入門　基礎編——重回帰分析からメタ分析まで——　北大路書房）

林 幸史・藤原 武弘（2008）．訪問地域，旅行形態，年令別にみた日本人海外旅行者の観光動機　実験社会心理学研究, *48*（1）, 17-31.

肥田野 直・福原 眞知子・岩脇 三良・曽我 祥子・スピルバーガー, C. D.（2000）．新版 STAI 状態—特性不安検査（State-Trait Anxiety Inventory-Form JYZ）　実務教育出版

平泉 拓・高木 源・坂本 一真・二本松 直人（2020）．ダイアローグ尺度の作成と信頼性・妥当性の検討　日本ブリーフセラピー協会第 12 回学術会議

Love, J., Selker, R., Marsman, M., Jamil, T., Dropmann, D., Verhagen, J., ...Wagenmakers, E.-J.（2019）. JASP: Graphical statistical software for common statistical designs. *Journal of Statistical Software*, *88*（2）, 1-17.

眞嶋 良全（2019）．クラウドソーシングを認知科学研究に使うべきだろうか　認知科学, *26*（2）, 272-281.

松尾 太加志・中村 知靖（2002）．誰も教えてくれなかった因子分析――数式が絶対出てこな
　　い因子分析入門――　北大路書房

三浦 麻子・小林 哲郎（2015）．オンライン調査モニタの Satisfice に関する実験的研究　社会
　　心理学研究，*31*（1），1-12.

宮本 聡介・宇井 美代子（編）（2014）．質問紙調査と心理測定尺度――計画から実施・解析
　　まで――　サイエンス社

宮埜 壽夫・谷田部 かなか・櫻井 広幸（2018）．これならわかる！心理統計　ナツメ社

村上 宣寛（2006）．心理尺度のつくり方　北大路書房

仲嶺 真・上條 菜美子（2019）．「心理学研究」の新心理尺度作成論文に記載された尺度作成
　　の必要性　心理学研究，*90*（2），147-155.

Nolen-Hoeksema, S., Fredrickson, B. L., Loftus, G. R., & Lutz, C.（2014）．*Atkinson and Hilgard's
　　introduction to psychology*（16th ed.）．Boston: Cengage Learning.
　　（ノーレン＝ホークセマ，S.・フレデリックソン，B. L.・ロフタス，G. R.・ルッツ，
　　C. 内田 一成（監訳）（2015）．ヒルガードの心理学　第 16 版　金剛出版）

小塩 真司（2018）．SPSS と Amos による心理・調査データ解析――因子分析・共分散構造分
　　析まで――　第 3 版　東京図書

Rosenberg, M.（1965）．Rosenberg Self-Esteem Scale（RSE）．Acceptance and commitment
　　therapy. *Measures Package*, *61*（52），18.

酒井 麻衣子（2016）．SPSS 完全活用法データの入力と加工　第 4 版　東京図書

清水 裕士（2016）．フリーの統計分析ソフト HAD――機能の紹介と統計学習・教育，研究実
　　践における利用方法の提案――　メディア・情報・コミュニケーション研究，*1*，59-73.

Velicer, W. F., & Fava, J. L.（1998）．Affects of variable and subject sampling on factor pattern re-
　　covery. *Psychological Methods*, *3*（2），231-251.

第 7 章

Ainsworth, M. D. S., & Bell, S. M.（1970）．Attachment, exploration, and separation: Illustrat-
　　ed-by-the behavior of one-year-olds in-a strange-situation. *Child Development*, *41*, 49-67.

Butterworth, G., & Harris, M.（1994）．*Principles of developmental psychology: An introduction.*
　　London: Routledge.
　　（バターワース，G.・ハリス，M. 村井 潤一（監訳）（1997）．発達心理学の基本を学ぶ
　　――人間発達の生物学的・文化的基盤――　ミネルヴァ書房）

Collin, C., Benson, N., Ginsburg, J., Grand, V., Lazyan, M., & Weeks, M.（2012）．*The psychology
　　book*. London: Dorling Kindersley.
　　（コーリン，C.・ベンソン，N.・ギンズバーグ，J.・グランド，V.・ラジャン，M.・
　　ウィークス，M. 小須田 健（訳）池田 健（用語監修）（2013）．心理学大図鑑　三省堂）

Gordon, A., & Browne, K. W.（2012）．*Beginning essentials in early childhood education*（2nd
　　ed.）．CA: Wadsworth Publishing.

三浦 麻子（監修）佐藤 寛（編著）（2018）．なるほど！心理学観察法　北大路書房

村井 潤一郎・藤川 麗（編）（2018）．心理学研究法　遠見書房

中澤 潤・大野木 裕明・南 博文（編著）（1997）．心理学マニュアル観察法　北大路書房

Nolen-Hoeksema, S., Fredrickson, B. L., Loftus, G. R., & Lutz, C.（2014）. *Atkinson and Hilgard's introduction to psychology*（16th ed.）. Boston: Cengage Learning.
（ノーレン＝ホークセマ，S.・フレデリックソン，B. L.・ロフタス，G. R.・ルッツ，C. 内田 一成（監訳）（2015）．ヒルガードの心理学　第16版　金剛出版）

Strain, P. S., Barton, E. E., & Dunlap, G.（2012）. Lessons learned about the utility of social validity. *Education and Treatment of Children, 35*, 183-200.

高野 陽太郎・岡 隆（編）（2004）．心理学研究法——心を見つめる科学のまなざし——　有斐閣

第8章

American Psychological Association（2013）. *Guidelines for the practice of telepsychology*. American Psychological Association. Retrieved from https://www.apa.org/practice/guidelines/telepsychology

Geertz, C.（1973）. Thick description: Toward an interpretive theory of culture. In C. Geertz, *The interpretation of cultures: Selected essays*（pp.3-30）. New York: Basic Books.

樋口 耕一（2014）．社会調査のための計量テキスト分析——内容分析の継承と発展を目指して——　ナカニシヤ出版

Ivey, A. E., Packard, N. G., & Ivey, M. B.（2019）. *Basic attending skills: Foundations of empathic relationships and problem solving*（6th ed.）. Cognella Academic Publishing.

川喜田 二郎（1967）．発想法——創造性開発のために——　中央公論社

Kirkevold, M., Martinsen, R., Bronken, B. A., & Kvigne, K.（2014）. Promoting psychosocial wellbeing following stroke using narratives and guided self-determination: A feasibility study. *BMC Psychology, 2*（1）, 1-12.

三浦 麻子（監修）・米山 直樹・佐藤 寛（編著）（2019）．なるほど！心理学面接法　北大路書房

村井 潤一郎・藤川 麗（編）（2018）．心理学研究法　遠見書房

下山 晴彦・能智 正博（編）（2008）．心理学の実践的研究法を学ぶ　新曜社

杉原 太郎（2013）．定量的調査と定性的調査の基礎（第4回）定性的調査（面接法，観察法）による評価　ヒューマンインタフェース学会誌, *15*（1），31-42.

鈴木 淳子（2005）．調査的面接の技法　第2版　ナカニシヤ出版

高野 陽太郎・岡 隆（編）（2004）．心理学研究法——心を見つめる科学のまなざし——　有斐閣

第9章

Binet, A., & Simon, T.（1917）. *La mesure du développement de l'intelligence chez les jeunes enfants*. Paris: Société pour l'étude psychologique de l'enfant.

（ビネ，A.・シモン，T. 大井 清吉・山本 良典・津田 敬子（訳）（1977）．ビネ知能検査法の原典　日本文化科学社）

Collin, C., Benson, N., Ginsburg, J., Grand, V., Lazyan, M., & Weeks, M.（2012）. *The psychology book*. London: Dorling Kindersley.

（コーリン，C.・ベンソン，N.・ギンズバーグ，J.・グランド，V.・ラジャン，M.・ウィークス，M. 小須田 健（訳）池田 健（用語監修）（2013）．心理学大図鑑　三省堂）

Finn, S. E.（1996）. *Manual for using the MMPI-2 as a therapeutic intervention*. University of Minnesota Press.

（フィン，S. E. 田澤 安弘・酒木 保（訳）（2007）．MMPIで学ぶ心理査定フィードバック面接マニュアル　金剛出版）

福島 哲夫（編著）（2018）．公認心理師必携テキスト　学研メディカル秀潤社

Groth-Marnat, G.（2009）. *Handbook of psychological assessment*（5th ed.）. John Wiley & Sons.

Hergenhahn, B. R., & Henley, T.（2013）. *An introduction to the history of psychology*. Cengage Learning.

Klopfer, B., & Davidson, H. H.（1962）. *The Rorschach technique: An introductory manual*. Harcourt College Publishers.

（クロッパー，B.・デビッドソン，H. H. 河合 隼雄（訳）（1964）．ロールシャッハ・テクニック入門　ダイヤモンド社）

松原 達哉（編著）（2002）．心理テスト法入門――基礎知識と技法習得のために――　第4版　日本文化科学社

村上 宣寛（2007）．IQってホントは何なんだ？――知能をめぐる神話と真実――　日経BP

日本疫学学会（2020）．新型コロナウイルス感染予防対策についてのQ&A　日本疫学学会新型コロナウイルス関連情報　Retrieved from https://jeaweb.jp/covid/qa/index.html

岡堂 哲雄（編）（1975）．心理検査学――心理アセスメントの基本――　垣内出版

Spearman, C.（1904）. "General intelligence" objectively determined and measured. *The American Journal of Psychology, 15*, 201-293.

Sternberg, R. J.（2003）. *Wisdom, intelligence, and creativity synthesized*. Cambridge University Press.

田中教育研究所（編著）（1987）．田中ビネー知能検査法　1987年全訂版　田研出版

第10章

American Psychological Association（2009）. *Publication manual of the American Psychological Association*（7th ed.）. American Psychological Association.

Faul, F., Erdfelder, E., Lang, A. -G., & Buchner, A.（2007）. G*Power 3: A flexible statistical power analysis program for the social, behavioral, and biomedical sciences. *Behavior Research Methods, 39*（2）, 175-191.

Grimm, L. G., & Yarnold, P. R.（Eds.）.（1995）. *Reading and understanding multivariate statistics*. Washington, DC: American Psychological Association.

（グリム，L. G.・ヤーノルド，P. R.（編）小杉 考司（監訳）(2016)．研究論文を読み解くための多変量解析入門　基礎編——重回帰分析からメタ分析まで——　北大路書房）

神林 博史・三輪 哲 (2011)．社会調査のための統計学——このとおりやればすぐできる　生きた実例で理解する　基礎からやさしくわかる現場の統計学——　技術評論社

水本 篤・竹内 理 (2011)．効果量と検定力分析入門——統計的検定を正しく使うために——　外国語教育メディア学会（LET）関西支部メソドロジー研究部会2010年度報告論集「より良い外国語教育のための方法」，47-73.

村井 潤一郎・橋本 貴充（編著）(2017)．心理学のためのサンプルサイズ設計入門　講談社

繁桝 算男・山田 剛史（編）(2019)．心理学統計法　遠見書房

高野 陽太郎・岡 隆（編）(2017)．心理学研究法——心を見つめる科学のまなざし——　補訂版　有斐閣

豊田 秀樹（編著）(2018)．たのしいベイズモデリング——事例で拓く研究のフロンティア——　北大路書房

山田 剛史・村井 潤一郎 (2004)．よくわかる心理統計　ミネルヴァ書房

第11章

平井 啓 (2020)．心理学における研究倫理　下山 晴彦・佐藤 隆夫・本郷 一夫（監修）三浦 麻子・小島 康生・平井 啓（編著）心理学研究法（pp.30-43）　ミネルヴァ書房

木島 伸彦 (2005)．人のものを借りるには？——翻訳における手続き——　安藤 寿康・安藤 典明（編）事例に学ぶ心理学者のための研究倫理（pp.160-170）　ナカニシヤ出版

三浦 麻子 (2017)．研究倫理——研究者として「やってはいけないこと」——　三浦 麻子（監修・著）なるほど！心理学研究法（pp.125-134）　北大路書房

三浦 麻子 (2020)．心理学研究の倫理1——基礎的研究の実施のために——　三浦 麻子（編著）心理学研究法（pp.203-218）　放送大学教育振興会

文部科学省 (2014)．研究活動における不正行為への対応等に関するガイドライン　文部科学省　Retrieved from https://www.mext.go.jp/b_menu/houdou/26/08/__icsFiles/afieldfile/2014/08/26/1351568_02_1.pdf（2020年8月20日）

National Academy of Sciences, National Academy of Engineering, & Institute of Medicine (2009). *On being a scientist: A guide to responsible conduct in research* (3rd ed.). Washington, DC: The National Academies Press.
　（米国科学アカデミー（編）池内 了（訳）(2010)．科学者をめざす君たちへ——研究者の責任ある行動とは——　化学同人）

Neuroskeptic (2012). The nine circles of scientific hell. *Perspectives on Psychological Science, 7* (6), 643-644.

日本学術会議 (2015)．科学研究における健全性の向上について　文部科学省　Retrieved from http://www.scj.go.jp/ja/info/kohyo/pdf/kohyo-23-k150306.pdf（2021年4月5日）

日本学術振興会「科学の健全な発展のために」編集委員会（編）(2015)．科学の健全な発展

のために――誠実な科学者の心得―― 丸善出版

日本基礎心理学会倫理特別委員会（2008）．基礎心理学研究者のための研究倫理ガイドブック 日本基礎心理学会 Retrieved from http://psychonomic.jp/information/091014.pdf（2020 年 8 月 19 日）

日本心理学会（2009）．公益社団法人日本心理学会倫理規程 第 3 版 日本心理学会 Retrieved from https://psych.or.jp/wp-content/uploads/2017/09/rinri_kitei.pdf（2020 年 7 月 30 日）

佐藤 寛（2020）．心理学研究の倫理 2――臨床的研究の実施のために―― 三浦 麻子（編著）心理学研究法（pp.219-231） 放送大学教育振興会

下條 信輔（2017）．ブラックボックス化する現代――変容する潜在認知―― 日本評論社

谷岡 一郎（2015）．科学研究とデータのからくり――日本は不正が多すぎる！―― PHP 研究所

豊田 秀樹（2017）．p 値を使って学術論文を書くのは止めよう 心理学評論, 60（4）, 379-390.

山口 裕之（2013）．コピペと言われないレポートの書き方教室――3 つのステップ―― 新曜社

第 12 章

麻生 武（2009）．"良い"論文というものは査読つき学会誌に掲載されるものなのだろうか？ 心の諸問題論叢, 4（1）, 62-65.

Garrard, J.（2011）．*Health sciences literature made easy: The matrix method*（3rd ed.）．Jones & Bartlett Learning.
（ガラード，J. 安部 陽子（訳）（2012）．看護研究のための文献レビュー――マトリックス方式―― 医学書院）

Honda, A., Shibata, H., Gyoba, J., Saitou, K., Iwaya, Y., & Suzuki. Y.（2007）．Transfer effects on sound localization performances from playing a virtual three-dimensional auditory game. *Applied Acoustics, 68*, 885-896.

Honda, A., Wiwattanapantuwong, J., & Abe, T.（2014）．Japanese university students' attitudes toward the Fukushima nuclear disaster. *Journal of Environmental Psychology, 40*, 147-156.

科学技術振興機構（2011）．参考文献の役割と書き方――情報技術情報流通技術基準（SIST）の活用―― 科学技術情報流通技術基準（SIST） Retrieved from https://jipsti.jst.go.jp/sist/pdf/SIST_booklet2011.pdf（2020 年 8 月 27 日）

京都大学図書館機構（2019）．論文投稿の際は粗悪学術誌ハゲタカジャーナルにご注意ください！ 京都大学図書館機構 Retrieved from https://www.kulib.kyoto-u.ac.jp/uploads/20190117_predatoryjournals_warning.pdf（2020 年 9 月 11 日）

眞喜志 まり（2017）システマティック・レビューにおけるデータベース検索 情報の科学と技術, 67（9）, 472-478.

松原 渉・畑 吉節未（2020）．言葉の暴力を受けた精神科看護師の感情体験と対応に関する文

　　献レビュー　神戸常盤大学紀要，(13)，1-15.

村松 陸雄 (2014)．時間的展望と環境意識や行動との関係　武蔵野大学環境研究所紀要，*3*，
　　47-57.

日本心理学会 (2015)．執筆・投稿の手びき　2015 年改訂版　金子書房

大木 秀一 (2013)．看護研究・看護実践の質を高める文献レビューのきほん　医歯薬出版

折笠 秀樹 (2003)．系統的レビューとメタアナリシスの実際　日本循環器病予防学会誌，*38*
　　(1)，34-42.

山口 裕之 (2013)．コピペと言われないレポートの書き方教室――3 つのステップ――　新
　　曜社

人名索引

ア 行

ウィスラー（Wissler, C.） 172, 173
ウェーバー（Weber, E. H.） 56
ウェクスラー（Wechsler, D.） 176, 177, 179
内田 勇三郎 188
ヴント（Wundt, W. M.） 3～5, 20, 172, 173, 181

エインズワース（Ainsworth, M. D. S.） 134～137
エクスナー（Exner, J. E. Jr.） 187

大木 秀一 256
長田 久雄 77

カ 行

片口 安史 186
ガラード（Garrard, J.） 262
川喜田 二郎 166
神林 博史 210

ギアーツ（Geertz, C.） 156
キャッテル（Cattell, J. M.） 172, 173, 181

楠見 孝 11
クレッチマー（Kretschmer, E.） 188
クレペリン（Kraepelin, E.） 187, 188

サ 行

佐藤 寛 222

シモン（Simon, T.） 174
シュテルン（Stern, W.） 176

スキナー（Skinner, B. F.） 6
スティーブンス（Stevens, S. S.） 21
スピアマン（Spearman, C.） 177

タ 行

ダーウィン（Darwin, C. R.） 3
ターマン（Terman, L. M.） 176
田崎 勝也 105
谷岡 一郎 235

デンジン（Denzin, N. K.） 155

ナ 行

ニールセン（Nielsen, M.） 69
ニュートン（Newton, I.） 247
ニューロスケプティク（Neuroskeptic） 237

ハ 行

ハサウェイ（Hathaway, S. R.） 182
長谷川 寿一 12
林 知己夫 218
林 幸史 120

ピアジェ（Piaget, J.） 138, 139
ピアソン（Pearson, K.） 177
ビネー（Binet, A.） 173～175
平井 啓 224

フェヒナー（Fechner, G. T.） 3, 55, 56
フック（Hooke, R.） 247
プフングスト（Pfungst, O.） 13
フロイト（Freud, S.） 5

ベルナール（Bernard de Chartres） 247

ヘルムホルツ（Helmholtz, H. L. F. von）　2　　　　山口 裕之　243

マ　行

マッキンレー（McKinley, J. C.）　182　　　　　ライル（Ryle, G.）　156

三浦 麻子　237　　　　　　　　　　　　　　　　ロールシャッハ（Rorschach, H.）　185
ミルグラム（Milgram, S.）　91　　　　　　　　　ロジャーズ（Rogers, C. R.）　160

ヤ　行　　　　　　　　　　　　　　　　　　　**ワ　行**

ヤーキーズ（Yerkes, R. M.）　177　　　　　　　ワトソン（Watson, J. B.）　6

事項索引

ア　行

愛着　134
アイヒマン実験　91
厚い記述　156
アメリカ心理学会　7
アルバート坊やの恐怖条件づけ実験　6
アルファ検査　177
安定性　28

閾値　55
意識主義　4
一次資料　253
一貫性　28
一致　160
一般化可能性　36
逸話記録法　138
イベント・サンプリング法　141
因果関係　10，29，68，213
因子　118
因子軸の回転　217
因子負荷量　217
因子分析　119，216
インターバル　139
インターバル記録法　139
インタビュアー　152
インタビュイー　152
インテーク面接　157
インフォームド・コンセント　189，223
引用文献　250

ウィキペディア　252
ウェーバーの法則　56
ウェーバー-フェヒナーの法則　56
ウェクスラー就学前・幼児用知能検査
　　177

ウェクスラー成人知能検査　177
ウェクスラー・ベルビュー知能検査　177
内田クレペリン精神検査　187

エクスナー法　186
エスノグラフィー　9，152
エピソード　138

応用行動分析　62
オーサーシップ　241
オープンアクセス誌　256
オペラント条件づけ　6

カ　行

下位因子　118
回帰式　215
回帰分析　127，215
回顧法　90
改竄　237
会場面接　153
階段法　60
外的妥当性　76
回答傾向バイアス　105
回答者　87
回答バイアス　90
街頭面接　153
介入期　61
カウンセラー　157
カウンターバランス　51
学習　60
学術論文　248
確認的アプローチ　217
確認的因子分析　217
下降系列　57
過去研究　9，247

賢いハンス　12
仮説　10，24
仮説演繹法　9
仮説検証型研究　198
仮説生成型研究　198
課題　42
片口法　186
カッパ係数　146
ガボールパッチ　36
感覚運動期　139
間隔尺度　23
環境　20
関係性の非対称性　213
観察　131
観察者間一致　146
観察者ドリフト　144
観察者バイアス　144
観察者反応性　145
観察的研究　36
観察反応　48
観察法　8，36，132
干渉変数　46
間接観察　137
観測変数　216

既往研究　247
記憶のバイアス　91
機械学習　8
疑似相関　212
偽実験　79，82
記述統計　194
記述統計学　8
基準関連妥当性　25，118
基礎尺度　182
ギフト・オーサーシップ　241
帰無仮説　201
疑問尺度　183
逆転項目　127

キャッチ試行　69
キャリーオーバー効果　104
紀要　249
共感　160
共起出現　165
共起ネットワーク　166
教示　42
教示操作チェック　128
教示文　90
強制選択法　94
共通因子　217
共分散　210
共分散構造分析　127，218
紀要論文　249
極限法　57
曲線相関　211
極端反応傾向　105
虚構尺度　183

偶発的観察　133
具体的操作　139
クライエント　157
クロッパー法　186
クロンバックのα係数　116

形式的操作期　139
軽躁病尺度　183
継続面接　158
傾聴　160
系統抽出法　101
系統的レビュー　258
血液型性格論　11
結果　258
決定係数　216
結論　258
研究計画書　230
研究参加者　4
研究参加同意書　230

研究遂行 15
研究不正 234, 251
研究報告 16
研究立案 15
研究倫理 15, 34, 221
研究倫理教育 243
研究倫理審査 223, 228
研究倫理審査委員会 15, 223
言語性 IQ 179
検査法 8, 36
現実との乖離 69, 71
検出力 204
検定力 204
検定力分析 204
現場研究 8
現場実験 73

効果量 206
交互作用 43
考察 258
恒常化 47
恒常法 58
公正 224
構成概念 26, 111
構成概念妥当性 25
構造化面接 161
行動 20
行動科学 6, 20
行動主義 6
行動分析学 60
交絡 46
交絡変数 46
交流的観察 137
コーエンの d 206
国際誌 249
誤差 55
個人差 28
個体間変動 52

個体内変動 52
好ましくない研究行為 234, 239
個別検査 177
コレスポンディング・オーサー 260
混合研究法 168
コンサルテーション 158
コンプライアンス 227

サ 行

再現可能性 11
再検査法 115
最小2乗法 216
最頻値 194
作業曲線 188
作業検査法 187
査定面接 157
査読 248
査読つき論文 248
サラミ出版 242
参加者間計画 46
参加者間多層ベースライン法 62
参加者内計画 47
残差 216
散布図 208, 212
サンプリング 54
サンプリング・バイアス 37
サンプル 199
サンプルサイズ 34, 200
参与観察者 136
参与観察法 136

視覚的アナログ尺度 94
刺激 7, 21
刺激閾 55
刺激頂 55
試行 42
自己開示 160
事後テスト 78

自己報告　87
事実　19
自然観察法　132
自然実験　74
事前審査　230
事前テスト　78
事前登録　15
悉皆調査　99
実験　32
実験群　32
実験参加者　41
実験室研究　8
実験室実験　68
実験者効果　50
実験条件　32
実験的観察法　133
実験的研究法　15，90
実験法　7
実証　10，29
実測値　216
質的　21
質的研究　9
質的データ　194
質問紙実験　70
質問紙調査法　87
質問紙法　87，181
児童向けウェクスラー式知能検査　177
シナリオ法　71
社会調査　152
社会的妥当性　147
社会的内向性尺度　183
社会的望ましさのバイアス　90
尺度　21
尺度水準　8，23
斜交回転　217
重回帰分析　215
自由回答法　91
自由記述法　91

終結　158
集合調査　101
修正尺度　183
収束的妥当性　26
従属変数　42，114
集団検査　177
集団式知能検査　177
自由反応段階　186
終末部　188
主観的等価点　55
主効果　43
主成分分析　218
主訴　157
受容　160
準実験　35，75
順序効果　47，104
順序尺度　22
順応　48
紹介　158
上下法　60
条件　42
条件づけ　62
常識心理学　11
上昇系列　57
状態不安　118
情報処理過程　7
剰余変数　46
初期解　217
除去　47
書籍　250
初頭効果　105
初頭部　188
序論　258
事例研究　152
人格の尊重　224
心気症尺度　182
新近性効果　105
信頼区間　207

信頼係数　207
信頼水準　207
信頼性　27
信頼性係数　115
心理援助　157
心理学　3
心理学的な構成概念　217
心理検査　171
心理測定関数　59
心理治療　157
心理物理学　55

水準　42
推測統計　199
推測統計学　8
スーパービジョン　158
数量化Ⅰ〜Ⅳ類　218
スタンフォード・ビネー式知能検査　176
ストレンジ・シチュエーション法　135
刷り込み　146

生活史研究　9
生活年齢　175
精神主義　60
精神衰弱尺度　183
精神年齢　175
精神病質的偏奇尺度　183
精神物理学　3, 55
精神物理学的測定法　55
精神分析学　5
生態学的妥当性　36, 136
正の相関　30, 208
絶対閾　55
折半法　115
説明と同意　189
説明変数　215
セラピスト　157
線形回帰　215

善行　224
先行研究　9, 247
潜在変数　216
全数調査　99
前操作期　139
全体IQ　179
全体インターバル記録法　140

粗悪学術誌　249
相関　30, 208
相関関係　10, 30, 208
相関係数　209
相関的研究　36
相関的研究法　15, 90
相関分析　172
操作　32
操作チェック　43
操作的定義　25
総説論文　258
測定　171
測度　24
組織的観察　133

タ　行

第1種の誤り　204
第2種の誤り　204
大数の法則　200
代表値　194
タイム・サンプリング法　139
対立仮説　202
多項選択法　93
多次元尺度構成法　218
多肢選択法　93
多層ベースライン法　61
多段抽出法　101
妥当性　25
妥当性尺度　182
ダブルバーレル質問　103

多変量解析　214
多変量データ　214
単一回答法　93
単一事例実験法　60
単回帰分析　215
探索型研究　198
探索的アプローチ　217
探索的因子分析　217
男子性・女子性尺度　183
単純構造　217
単純無作為抽出法　100
単盲検法　51

知能　172
知能指数　176
中央値　194
中間反応傾向　105
中間部　188
中心化傾向　93
中断時系列計画　81
調査対象者　87
調査票　88
調査法　7，36，87，96
調査面接法　152
調整法　57
丁度可知差異　56
直接観察　137
著作権　240
直交回転　217

追加尺度　182
追試　11

定義　24
定型曲線　189
ディセプション　34，229
ディブリーフィング　50
データサイエンス　8

適応的測定法　60
テキストマイニング　92，165
出口調査　102
テスト・バッテリー　189
電子面接　154
天井効果　114

投影　185
投影法　185
統計学　8
統計的仮説検定　200
統計的分析　8
統合失調症尺度　183
動作性 IQ　179
等質性　28
統制　32
統制群　32
統制条件　32
盗用　237，251
独自因子　217
特定不正行為　238
独立性　28
独立変数　42，114
度数　194
度数分布　194
トライアンギュレーション　155

ナ　行
ナイーブな観察者　147
内観法　4，20
内省主義　4
内的一貫性　28
内的整合性　28
内的妥当性　75
内容的妥当性　25，117
内容分析　164
ナラティブ　161
ナンバリング　112

二項選択法　94
二肢強制選択法　94
二次資料　253
二重投稿　235
二重盲検法　50
日誌法　138
日本心理学会　14
ニュルンベルク綱領　223
認知心理学　7
認知発達の段階説　139

捏造　237

ハ　行

パーソナリティ　109
外れ値　196
場面想定法　90
パラノイア尺度　183
バリマックス回転　217
半構造化面接　162
判定　171
反転法　61
反応　21
反応決定因　186
反応時間　42
反応性　48
判別分析　218

ピアソンの積率相関係数　209
比較刺激　56
被験者　4，41
被験者間計画　46
被験者内計画　47
非構造化面接　161
非交流的観察　137
非参与観察法　137
ヒステリー尺度　183
非定型曲線　189

ビネー・シモン式知能検査　174
評価懸念　49
表紙　88
標準化　181
標準刺激　56
標準偏差　114，196，198
剽窃　237，251
評定尺度法　93
評定法　93
標本　8，99，199
標本抽出　54，99
標本調査　99
比率尺度　23
比率知能指数　176
頻度尺度　183

フィードバック　189
フィールド研究　8
フィールドノート　136
フィールドワーク　9，35，136
フェイスシート　88
複数回答法　93
符号化　113
不等価群事前事後テスト計画　79
不等価2群事前事後テストデザイン　79
負の相関　30，208
部分インターバル記録法　140
プラセボ　51
ブランク試行　69
プレイルーム　134
プロフィール　183
プロマックス回転　217
文献　248
文献検索　11
文献検索法　247
文献調査法　247
文献レビュー　11，262
分散　196

文脈効果　96

平均値　194
平行検査法　115
ベイズ統計　219
ベイズ統計学　8
併存的妥当性　26
ベースライン　61
ベータ検査　177
ヘルシンキ宣言　223
ベルモント・レポート　224
偏差知能指数　179
変数　21
弁別閾　55
弁別的妥当性　26

包括システム　187
方法　258
訪問面接　152
法令等遵守　223
母集団　8, 54, 99, 199
補助仮説　25
ポピュラー心理学　11
本紙　88

マ　行
マインド・リーディング　228
マトリックス法　262

ミネソタ多面人格目録　127, 182

無作為化　54
無作為抽出性　69
無作為抽出法　100
無相関　208

名義尺度　22
メタアナリシス　258

メタ分析　258
面接ガイド　162
面接観察　137
面接調査　102
面接法　8, 36, 151
メンタルテスト　172

盲検法　13, 50
黙従反応傾向　105
目的変数　215
問題　258

ヤ　行
有意水準　202
有意抽出法　99
郵送調査　103
誘導的質問　95
床効果　114

要因　42
要因計画　45
要求特性　49
抑うつ尺度　183
予測値　216
予測的妥当性　26
予備実験　57

ラ　行
来談者中心療法　160
来談動機　157
ラテン方格　53
ラポール　160
ランダム・サンプリング　38

利益相反　239
リッカート法　93
リファー　158
留置調査　102

領域　186
量的　21
量的研究　8
量的データ　194
臨床尺度　182
臨床面接法　157

類型論　188

レビュー論文　258

ローゼンバーグの自尊心尺度　118
ロールシャッハ・テスト　185
論文　248

欧字・記号
AB デザイン　61
ABA デザイン　61
ABAB デザイン　61
CI　207
CiNii　254
Connected Papers　264

DeepL 翻訳　261
F 尺度　183
Google フォーム　87
Google Scholar　247, 255
IQ　176
JND　56
J-STAGE　254
K 尺度　183
KJ 法　166
L 尺度　183
MMPI　182
p 値　202
p 値ハッキング　238
PSE　55
PubMed　254
SD 法　94
Yes/No 課題　57

α　204
β　204
? 尺度　183

著 者 紹 介

本多　明生（ほんだ　あきお）　　　　　　　　（第 1，5，11，12章）

2001 年	山形大学人文学部人間文化学科卒業
2003 年	東北大学大学院文学研究科人間科学専攻博士前期課程修了
2006 年	東北大学大学院文学研究科人間科学専攻博士後期課程修了
現　在	静岡理工科大学情報学部情報デザイン学科准教授　博士（文学）

主要編著書

『心の科学——基礎から学ぶ心理学』（共編）（明星大学出版部，2011）

"The technology of binaural understanding."（分担執筆）（Springer International Publishing, 2020）

山本　浩輔（やまもと　こうすけ）　　　　　　　　（第 2，3章）

2011 年	慶應義塾大学文学部卒業
2013 年	慶應義塾大学大学院社会学研究科修士課程修了
2016 年	慶應義塾大学大学院社会学研究科博士課程単位取得退学
現　在	東北大学電気通信研究所助教　博士（心理学）

柴田　理瑛（しばた　みちあき）　　　　　　　　（第6〜9章）

2006 年　山形大学人文学部人間文化学科卒業

2008 年　東北大学大学院文学研究科人間科学専攻博士前期課程修了

2011 年　東北大学大学院文学研究科人間科学専攻博士後期課程修了

現　在　東北福祉大学総合福祉学部福祉心理学科講師　博士（文学）

主 要 著 書

"New ways of promoting mental well-being and cognitive functions."（分担執筆）

（Laurea Publications, 2019）

『リハベーシック心理学・臨床心理学』（分担執筆）（医歯薬出版，2020）

北村　美穂（きたむら　みほ）　　　　　　　　（第4，10章）

2001 年　山形大学人文学部人間文化学科卒業

2003 年　東北大学大学院文学研究科人間科学専攻博士前期課程修了

2006 年　東北大学大学院文学研究科人間科学専攻博士後期課程修了

現　在　株式会社イデアラボ研究員　博士（文学）

主 要 著 書

『単純接触効果研究の最前線』（分担執筆）（北大路書房，2008）

ライブラリ 心理学の杜＝3
心理学研究法
2022 年 6 月 10 日ⓒ　　　　　　　初 版 発 行

著 者　本 多 明 生　　発行者　森 平 敏 孝
　　　　山 本 浩 輔　　印刷者　中 澤　　眞
　　　　柴 田 理 瑛　　製本者　小 西 惠 介
　　　　北 村 美 穂

発行所　　株式会社　サイエンス社
〒151-0051　東京都渋谷区千駄ヶ谷 1 丁目 3 番 25 号
営業 TEL　(03) 5474-8500 (代)　　振替 00170-7-2387
編集 TEL　(03) 5474-8700 (代)
FAX　　　 (03) 5474-8900

組版　ケイ・アイ・エス
印刷　㈱シナノ　　　　　　製本　ブックアート
《検印省略》

サイエンス社のホームページのご案内
https://www.saiensu.co.jp
ご意見・ご要望は
jinbun@saiensu.co.jp　まで.

ISBN978-4-7819-1539-5

PRINTED IN JAPAN

心理学概論

行場次朗・大渕憲一　共著

A5 判・304 頁・本体 2,600 円（税抜き）

本書は，心理学を学ぶ上で入り口となる心理学概論の教科書です．研究・教育経験豊富な著者陣が，広範囲にわたる内容についてわかりやすく解説します．バラエティ豊かで，独特の面白さや深みを持つ心理学を学ぶ楽しさを味わってもらえるよう，興味深い実験例や事例，学説などについて適宜囲み記事を設けて紹介します．はじめて学ぶ方から心理職・資格を目指す方まで，おすすめの一冊です．

【主要目次】
第 1 章　心理学とは
第 2 章　心理学の歴史
第 3 章　感覚と知覚
第 4 章　注意と認知
第 5 章　学習と記憶
第 6 章　言語と思考
第 7 章　感情と動機づけの心理学
第 8 章　発達心理学
第 9 章　パーソナリティの心理学
第10章　社会心理学
第11章　臨床心理学
第12章　脳科学と心理学
第13章　認知科学・人工知能と心理学
第14章　行動経済学と心理学
第15章　健康と安全の心理学

サイエンス社